甘肃省一流学科建设项目资助成果

教育部人文社会科学重点研究基地西北师范大学西北少数民族教育发展研究中心资助成果

西师教育论丛

主编 万明钢

基础教育课程改革知识观研究

张永祥 著

Jichu Jiaoyu Kecheng Gaige Zhishiguan Yanjiu

中国社会科学出版社

图书在版编目(CIP)数据

基础教育课程改革知识观研究/张永祥著.—北京：中国社会科学出版社，
2018.11

ISBN 978 - 7 - 5203 - 3338 - 2

Ⅰ.①基…　Ⅱ.①张…　Ⅲ.①基础教育—课程改革—研究　Ⅳ.①G632.3

中国版本图书馆 CIP 数据核字(2018)第 243728 号

出　版　人　赵剑英
责任编辑　周晓慧
责任校对　无　介
责任印制　戴　宽

出　　　版　中国社会科学出版社
社　　　址　北京鼓楼西大街甲 158 号
邮　　　编　100720
网　　　址　http://www.csspw.cn
发 行 部　010 - 84083685
门 市 部　010 - 84029450
经　　　销　新华书店及其他书店

印　　　刷　北京明恒达印务有限公司
装　　　订　廊坊市广阳区广增装订厂
版　　　次　2018 年 11 月第 1 版
印　　　次　2018 年 11 月第 1 次印刷

开　　　本　710×1000　1/16
印　　　张　17
插　　　页　2
字　　　数　229 千字
定　　　价　76.00 元

总　序

　　正如学校的发展一样，办学历史越久，文化底蕴越厚重。同样，一门学科的发展水平，离不开对优良学术传统的坚守、继承与发展。西北师范大学教育学的发展，也正经历着这样的一条发展之路。回溯历史，西北师范大学前身为国立北平师范大学，发端于1902年建立的京师大学堂师范馆，1912年改为"国立北京高等师范学校"，1923年改为"国立北平师范大学"。1937年"七七"事变后，国立北平师范大学与同时西迁的国立北平大学、北洋工学院共同组成西北联合大学，国立北平师范大学整体改组为西北联合大学下设的教育学院，后改为师范学院。1939年西北联合大学师范学院独立设置，改称国立西北师范学院，1941年迁往兰州。从此，西北师范大学的教育学人扎根于陇原大地，躬耕默拓，薪火相传，为国家培育英才。

　　教育学科是西北师范大学教育学院的传统优势学科，具有悠久的历史和较强的实力。1960年就开始招收研究生，这为20年后的1981年获批国家第一批博士点打下了坚实的基础。当时，西北师范学院教育系的师资来自五湖四海，综合实力很强，有在全国师范教育界影响很大的著名八大教授：胡国钰、刘问岫、李秉德、南国农、萧树滋、王文新、王明昭、杨少松，他们中很多人曾留学海外，很多人迁居兰州，宁把他乡做故乡，扎根于西北这片贫瘠的黄土高原，甘于清贫、淡泊名利、默默奉献，把事业至上、自强不息、爱岗敬业的精神，熔铸在西北师范大学教育学科发展的文化传统之中，对西部教育事业的发展作出了重要贡献。"随风潜入夜，润物细无声。"先生之风，山高水长。为西北师范大学早期教育学科的卓越发展作出重大贡献的先生们，他们身体力行、典型示范，对后辈学者们潜心学术，继承学问产生了重要的、潜移默化的影响，体现了西北师范大学的教育学人扎根本土、潜心学术、面向全国、放眼世界，站在学科发展前沿，培养培训优秀师资，服务地方经济社会发展的教育胸怀与本色。

西北师范大学教育学科历经历史沧桑的洗礼发展走到今天，已形成了相对稳定而有特色的研究领域。尤其是在国家统筹推进世界一流大学和一流学科建设的大背景下，西北师范大学的教育学作为甘肃省《统筹推进高水平大学和一流学科建设实施方案》规划的一流学科建设项目，迎来了学科再繁荣与大发展的历史良机。为此，作为甘肃省一流学科建设项目成果、西北师范大学课程与教学论国家重点（培育）学科建设成果、教育部人文社会科学重点研究基地西北师范大学西北少数民族教育发展研究中心科研成果，我们编撰了"西师教育论丛"，汇聚近年来教育学院教师在课程与教学论、民族教育、农村教育、高等教育以及学前教育等方面的学术成果。这些成果大多数是在中青年学者的博士学位论文，科研项目以及扎根教学实践的基础上进一步凝练的结晶。他们深入民族地区和农村地区的村落、学校，深入大学与中小学的课堂实践，通过详查细看，对语文、数学、英语、物理、化学、研究性学习等学科课程教育教学的问题研究，对教育基本理论问题的思考，对教育发展前沿问题的探索……这些成果是不断构建和完善高水平的现代教育科学理论体系，大力提高教育科学理论研究水平和教育科学实践创新能力，进一步发挥教育理论研究高地、教育人才培养重镇、教育政策咨询智库作用的一定体现，更是教育学学科继承与发展的重要过程。

　　筚路蓝缕，以启山林。目前付梓出版的这些著作不仅是教师自我专业成长的一个集中体现，也是西北师范大学教育学院教育学科发展与建设的新起点。当然，需要澄明的是，"西师教育论丛"仅仅是西北师范大学教育学研究者们在某一领域的阶段性成果，是研究者个人对教育问题的见解与思考，其必然存在一定的不足，还期待同行多提宝贵意见，以促进我们的学科建设和发展。

万明钢

2017 年 9 月

目　录

序

胡德海

人类教育乃人类文化传递、继承的一种手段。教育事业在现当代所传承的又主要是作为文化重要内涵和组成部分的知识文化。因此，知识问题、知识文化问题成为现当代教育最需要把握的基本问题。而所谓知识问题和知识文化问题，从根本上讲，或者说其首先是一个知识观问题。这个问题直接影响着学校教育的目的、内容、课程设置、教学方式及评价等诸多方面。正是从这里我们可以看到研究这个问题的必要性和重要性。

持论辩证是本书的一个主要特色。作者首先辩证分析了影响当前我国基础教育课程改革的诸种知识观，包括客观主义知识观、建构主义知识观以及后现代主义知识观。作者认为，我国基础教育的现代性危机与其所秉持的课程知识观密切相关。从知识观来看，客观主义知识观是造成我国基础教育现代性危机的认识论根源。同时，从哲学知识论、科学发展史等学科视角来看，客观主义知识观自身也面临着诸多理论困境。由此，要解决基础教育所面临的诸多知识问题，就十分有必要反思、转变乃至重构我们的知识观。其次，作者辩证分析了作为思考我国基础教育课程改革的理论和实践价值的建构主义知识观与后现代主义知识观。最后，从知识观变革视角，阐明了知识观变革的内涵，指出马克思主义实践观点实现了哲学知识观的根本变革，并对知识与人的关系及其知识教育问题做了细致阐述。

　　作者综合运用哲学、文化学、人类学、心理学、教育学等多学科知识和视角，对基础教育课程知识问题做了深度的分析和阐述。整体来看，作者理论视野开阔、思虑周全，材料翔实，有明确的问题意识，这是一部有一定理论水平和实践价值的专著。

　　从事教育理论研究，思考教育中所存在的有关重大问题有其必要性，而正面的言说则尤为重要。现在，永祥在他博士学位论文的基础上，经过反复推敲修改，把他对有关教育问题，特别是对基础教育课程改革知识观问题的思考做了一次系统的言说和发表，这对于作者来说，自然是一件好事。德国著名社会学家马克斯·韦伯说过，在学术工作上，每一次"完美"，其实就是"新问题"的提出。学术研究无止境。期盼永祥以此为起点，在相关研究领域取得更大的成就。

　　是为序。

2017 年 5 月 8 日

导　论

一　问题之源

（一）知识与教育之间的内在关联性，凸显知识观在教育观念与实践中的内源性、根基性

教育离不开知识，正如人离不开各类营养物质（包括物质性营养和精神性营养）一样，人需要摄取一定的各类营养物质来"成为人"，人类的教育则靠传承一定的文化知识来培育人。离开了知识，教育就成为一具"空壳"，其各项功能便无从发挥，即如人若离开了各类营养物质，其人生、社会实践也便没有可能。从人类知识传播、传递、继承和发展的角度来看，教育又是一条必不可少的重要途径。没有了教育，知识的传承和发展便失去了本体依凭或生长机制。从人类社会教育发生、存在和发展的历史过程来考察，教育实质上是知识传承的一种途径、工具和手段。可以认为，教育与知识之间存在着一种共生共存的耦合关系。离开了任何一方，另一方都不能获得独立存在和发展。它们唇齿相依，相互为用，各自以对方的存在为条件。这也就是人们常说的教育与知识之间的"内在联系性"。由此，知识是影响和制约教育存在与发展的重要因素；反之，教育又是知识存续和发展的内在的、必然的诉求。

正如自然存在的各类营养物质不会自动、自发地成为人体本身的养分一样，知识也不会自动、自发地影响教育的存在和发展。即是说，知识对教育的制约和影响并不是"自然而然"的。人总是基于一定的需要、态度等对各类营养物质加以分析、选择、调配、加工而食用之，教育也总是与人对知识的态度、看法、理解、选择、价值取向、认识水平等因素相关联。所以，事实上，并不是知识本身直接影响着教育的发展，而是人们对知识的认识、理解、态度、看法、观点等影响着教育的发展。也即是说，是人们对知识的观念即知识观而不是知识本身影响着教育观念及其实践的发展。面对一个时代的知识状况，不同的人往往会有不同的看法、理解和认识，亦即会有不同的知识观，这是毫不奇怪的。对教育活动中的"人"来说，情况也是这样。之所以如此，乃是因为教育活动是"人为"和"为人"的活动，是有人参与的活动，离不开人的认识和实践。可见，归根到底，教育中的知识问题是一个知识观问题。知识观较知识本身更深刻、更内在，更具本源性和决定性。似乎可以这么说，知识观是构成教育活动的前提性和基础性要素之一。从学校教育活动来说，知识观深刻地影响着学校教育的目标、课程内容、课程实施、课程评价等方面。有学者这样指出："如何理解知识、如何安置知识，就不仅是解决课程问题的根本前提，也不仅仅是回答教育问题的重要条件……最关键之处还在于，它决定着教育情境下人的'生成方式'和人在教育中的命运。"[1] 可见，知识观对教育影响具有前提性和根基性。人们怎样理解知识，在某种程度上就决定了有怎样的教育。石中英认为："不理解一个时代人类已经达到的知识状况，就不能很好地理解那个时代教育活动的方方面面；分析一个时代教育所面临的问题也必然要分析那个时代所面临的知识问题。"[2] 美国学者索尔蒂斯（J. F. Soltis）也说："我们如何思考知

---

[1] 郭晓明：《课程知识与个体精神自由——课程知识问题的哲学审思》，教育科学出版社 2005 年版，第 7—8 页。

[2] 石中英：《知识转型与教育改革》，教育科学出版社 2001 年版，第 8 页。

识，确实在相当程度上影响着我们如何思考教育。"① 美国学者福克斯（J. T. Fox）通过考察布鲁纳（Charles J. Brauner）和杜威（John Dewey）的认识论、心理学与教育理论的关系后得出："教育理论是与理论家的认识论和心理学密切联系着的"，"理论采取的形式和重点，取决于它的认识论和心理学基础的形式和重点"②。

历史地看，中外著名教育家的教育观都与其知识观有着内在一致性。亦即是说，一种典型的知识观总是存在与其相一致的教育观；反之，任何一位教育家独具一格的教育理念和思想又总是隐含着某种特定的知识观（不论其是否对之有明确的意识）。苏格拉底（Socretes）、柏拉图（Plato）、亚里士多德（Aristotle）、培根（F. Bacon）、洛克（J. Locke）、夸美纽斯（J. A. Comenius）、赫尔巴特（J. F. Herbart）、斯宾塞（Herbert Spencer）、杜威、皮亚杰（J. Piaget）、布鲁纳等人的教育思想都有其知识观根源。苏格拉底认为，知识即美德。人们求知的目的就在于运用知识去过理想的生活。有关自然世界的知识只能从人自身的心灵去找寻。因此，在教育方式上，他提出"产婆术"，即通过对话，让那些"无知者"自识其"有知"，而让那些自认为的"有知者"意识到自己的"无知"。柏拉图认为，真正的知识是关于"理念"的知识。知识是心灵对理念的回忆。因此，学习的过程就是"恢复我们固有的知识"过程，"学习只不过是回忆"③。教育的过程也就是引导人们回忆固有知识即"最高理念"的过程。17 世纪捷克著名教育家夸美纽斯的知识观带有"泛智"色彩，是一种"百科全书式的"知识观，

①　[美] 索尔蒂斯：《教育与知识的概念》，载瞿葆奎主编，施良方、唐晓杰选编《教育学文集·智育》，人民教育出版社 1993 年版，第 62 页。
②　[美] 福克斯：《布鲁纳与杜威——他们的认识论、心理学及其与教育的关系》，载瞿葆奎主编，徐勋、施良方选编《教育学文集·教学》（上册），施良方译，人民教育出版社 1988 年版，第 428、451 页。
③　《西方哲学原著选读》（上册），北京大学哲学系外国哲学史教研室编译，商务印书馆 1982 年版，第 81 页。

反映在其教育思想上就是"把一切事物教给一切人"①。其著名的直观教学原则也奠基于其感觉论的知识观之上。德国教育家赫尔巴特认为："认识是在观念中摹写在它面前的东西。"② 认识的目的就在于在头脑中反映我们感知的事物。知识则是这种"摹写""反映"的产物。基于这种知识观，赫尔巴特强调教给学生各方面的知识，这些知识应体现于教材中，需要教师向学生传授。与赫尔巴特不同，杜威的教育思想深植于其实用主义认识论和知识观之上。杜威的实用主义认识论认为，有用的经验即是真理，经验与知识不是二元对立的，而是统一的。何谓"经验"？在杜威那里，"经验"是一个具有"两套意义的字眼"。"它之所以是具有'两套意义'的，是由于它在其基本的统一之中不承认在动作与材料、主观与客观之间有何区别，但认为在一个不可分析的整体中包括着它们两个方面。"③ 一言以蔽之，经验即是人与环境的交互作用。在杜威看来，知识不过是人们为了达到某种预期的工具。他认为，所有概念、学说、系统都"是工具，和一切工具同样，它们的价值不在于它们本身，而在于它们所能造就的结果中显现出来的功效"④。这种认识论和知识观反映到教育观上便是"教育即经验的不断改造或改组""教育即生长""教育即生活""学校即社会""做中学"等为人所耳熟能详的教育命题。同样，即使同一时期的教育家，也因为知识观相异而持有不同的教育观。譬如，19 世纪英国教育家斯宾塞的知识观给科学知识以崇高地位；相反，同期纽曼（J. H. Newman）的知识观则将古典知识视为最有价值的知识而倡导其"自由教育"之理想。

在我国教育史上，王阳明和陶行知对"知""行"关系截然相

---

① ［捷克］夸美纽斯：《大教学论》，傅任敢译，人民教育出版社 1984 年版，第 1 页。

② ［德］赫尔巴特：《普通教育学：教育学讲授纲要》，李其龙译，江苏教育出版社 2002 年版，第 64 页。

③ ［美］约翰·杜威：《经验与自然》，傅统先译，商务印书馆 1960 年版，第 10 页。

④ ［美］杜威：《哲学的改造》，许崇清译，商务印书馆 2004 年版，第 87 页。

反的看法，也影响了各自教育观的不同建构。王阳明认为："知是行的主意，行是知的工夫；知是行之始，行是知之成。"（《传习录》）王阳明的"知行合一论"对我国传统教育产生了深远影响。陶行知则改造了这种思想，认为"行动是老子，知识是儿子，创造是孙子。有行动之勇敢，才有真知的收获"。他强调对"真知识"的追求，所谓"真知识"是"思想与行为结合而产生的知识"。他着意打破"伪知识"的"坚壁"，认为"真知识"的"根是安在经验里的"，"伪知识"则反之。由此，他提出"生活即教育""社会即学校""教学做合一"的教育理念。这正如美国学者索尔蒂斯所总结的那样，"不同的知识观最终会导致不同的教育观"①。潘洪建从教学论层面对知识观与教学观的关系进行历史考察之后认为："有什么样的知识观可能导致什么样的教学观，教学观的发展与知识观的演进有着密切的内在一致性，知识观构成教学理论的重要基础。"②

　　课程离不开知识，不存在无知识的课程。自然，知识观与课程理论及其实践存在着更为密切的关系。人们对哲学认识论与课程关系的历史考察表明，哲学中关于认识来源和知识性质的观点，对课程理论和实践，尤其是课程设计模式起着直接的指导作用；认识论中有关知识价值问题的探讨，对课程内容的选择与组织关系甚大；认识论中有关知识的形式与分类的观点，在学校教育中"折射"为课程的类型和门类。此外，哲学上对认识过程的看法，也影响到课程实施问题。③可以看出，不管人们是否明确意识到，知识观总要通过课程这一基本载体对教育发生或远或近的影响。对知识来源、性质、分类、价值及其形成过程等的看法和认识从根本上决定了课

---

① ［美］索尔蒂斯：《教育与知识的概念》，载瞿葆奎主编，施良方、唐晓杰选编《教育学文集·智育》，人民教育出版社1993年版，第62页。

② 潘洪建：《教学知识论》，甘肃教育出版社2004年版，第31页。

③ 施良方：《课程理论——课程的基础、原理与问题》，教育科学出版社1996年版，第75—77页。

程的内容、组织、类型、结构、设计、实施、评价等诸多方面。知识观从本体层面上制约和影响着课程观及其实践；反过来，在理论根柢上，任何一种课程观念和课程实践也都隐含着某种知识观的假设。

综上所述，知识与教育之间的内在联系性，显现出知识观在教育观念和教育实践中的内源性和根基性。知识观构成教育观念及其实践的前提和基础，因而知识观是教育理念和教育实践的元依据。课程是学校教育的核心。知识观直接影响着学校课程的诸多方面，是课程理论及其实践的前提性、根基性观念。要审视基础教育课程改革中的诸多问题，课程知识观是一个不能回避的基本理论问题。

（二）我国基础教育课程改革中的理论争鸣和实践困境要求重新审视其知识观基础

2001 年，我国正式启动了新一轮基础教育课程改革（简称"新课改"）。新课改反思了我国基础教育课程设置的诸多弊端，提出"为了每一位学生的发展，为了中华民族的复兴"这一高远目标，着眼于学生实践能力和创新精神的培育，实践了一系列体现时代精神，反映教育理论新发展的思想、理念、做法和策略，凸显"以人为本"的教育关怀。十多年来，基础教育课程改革在质疑、争论、反思和困惑中推进。2011 年，教育部印发了修订后的义务教育各科课程标准，标志着义务教育课程改革由"实验"阶段迈向新的发展阶段。2017 年，教育部修订完成普通高中课程方案和语文等 14 门学科课程标准，并于年底印发。这次修订要求各学科凝练学科核心素养，标志着普通高中课程改革也进入了新阶段。

十多年基础教育课程改革实践，始终伴随着各种理论上的争论和实践中的困惑。其中，课程知识观即是其中引人注目的理论问题，具体表现为课改初期王策三教授和钟启泉教授关于知识问题的探讨以及由此引发的更为广泛的理论争鸣。从这二位先生关于知识问题的"对话"中我们看到，争鸣的关键在于如何看待知识，如何认识知识在学校教育中的地位和作用，如何认识知识与学生发展的关系等问题，争鸣反映了两种教育价值观、教育目的观、知识观、课程观和教育改革观。就知识问题而言，争鸣反映出究竟以什么样的知识观来指导我国当前基础教育改革的问题。① 目前，相关争鸣似乎暂时停歇了，但反映出的问题并没有得到有效澄清和令人满意的解决，似乎也没有达成起码的"共识"。

从国内外课程改革的历史来看，由于知识与课程之间的内在联系性，知识观的争论可以说贯穿着课程改革和发展的历史。知识观是课程设置的元依据。任何课程设置都隐含着一定的知识观基础。新课程改革从理论根柢上讲隐含着知识观的变革。进而言之，任何一次课程改革都必然面临着对传统课程所赖以奠基的知识观的全面审视和某种调适。可以这么说，新课程改革就是知识观的深度变革。不理解知识观的变革及其意义，就无法理解新课程改革。反之也可以说，要理解新课程改革的价值取向及其实践意图，就要从根本上理解其所秉持的知识观信念。进而，反思新课程改革的理论和实践困境、问题，也十分有必要反思其所秉持的知识观信念。

十多年来的新课改实践出现了很多问题。根据一位参与指导新课改的专家的概括，它所存在的主要问题有知识和技能，过程和方法，情感、态度和价值观三维目标虚化；课程资源开发与教学内容泛化；学生主体性的发挥与教师使命缺失；教学过程形式化等。② 也有人认为："当前主要的思想倾向是自然主义和相对主义。"③ 在语文课程改革之初，《全日制义务教育语文课程标准（实验稿）》

---

① 江峰：《客观与主观：当代课程哲学的两种知识观评析》，《北京大学教育评论》2006 年第 4 期。

② 余文森：《新课程教学改革的成绩与问题反思》，《课程·教材·教法》2005 年第 5 期。

③ 黄济：《关于教育改革的几点思考》，《教育学报》2005 年第 1 期。

提出"不宜刻意追求语文知识的系统和完整"的课程理念，结果在理论上引起了广泛的争论，在教学实践中也造成了很大的混乱。受后现代文艺思潮的影响，语文教学中文本解读摈弃了"一元解读"的立场，纷纷趋向"多元解读"。一时间，各种相对主义的观点频现课堂，给语文教学带来了负面影响。从更广的层面来看，我国基础教育阶段长期存在着课程内容与学生日常生活相隔离，教学过程中知识传承的机械和僵化，师生关系紧张，考试评价方式较为单一，中小学生长期背负着过重的学业负担，学生厌学情绪不断增长，创新意识和实践能力较为低下，素质教育难以真正有效推进等突出问题。从学理上分析，这些问题的发生和存在，都有其知识观根源，都可以从知识观上找到其症结。从理论上看，教育学对这些问题的探讨还有待深入。可以看出，以什么样的知识观来指导我国当前的基础教育课程改革，是一个亟待研究解决的现实课题。

（三）当代哲学知识观的复杂、多样形态需要教育学对其做出辩证思考和审慎应对

知识观是对知识的理解和认识。知识问题是哲学中的"核心论域"。什么是知识？我们到底能否形成知识？是否存在独立于我们心灵的、成为我们认识对象的客观世界？心灵能否把握"实在"？心灵如何把握"实在"？知识是客观的还是主观的？纵观哲学史，一代代哲学家无不反复地思索着这些问题，也提出了异彩纷呈的知识观点。当前，客观主义知识观、实用主义知识观、建构主义知识观以及后现代主义知识观对人们的知识观念影响尤为巨大。知识观的驳杂、多样给人们提供了认识知识的多元思路，但也容易造成人们思想观念上的混乱、偏颇乃至错误。如何正确认识这些"流行"的知识观念？如何正确看待这些知识观念对基础教育的复杂影响？这些显然是教育研究需要审慎应对的重要课题。

综上所述，本书主要思考和回答下列问题：（1）从当前基础教育课程改革的源头上，思考我国基础教育一向信奉的知识观是何种知识观？有何局限性？有无变革的必要？（2）在知识观变革的背景下，建构主义知识观和后现代主义知识观对我国当前基础教育课程改革有什么样的价值和意义？我们应该如何理性地看待当前这两种颇具影响力的知识观？（3）面对时代知识状况的波谲云诡，我们应该以什么样的知识观来指导当前的基础教育课程改革？

二　研究目的

（一）审视我国基础教育的现代性困境及其知识观根源，明了当前基础教育课程改革的逻辑前提和出发点

我国基础教育发展到现代教育阶段之后，取得了很大的成绩，但随之而来也面临着现代性困境。审视我国当前基础教育课程改革的知识观问题，就要探明我国基础教育所面临的困境及其认识论根源。这是当前基础教育改革的一个逻辑前提和基本出发点。认识到这一点，一方面有助于从知识观视野思考我国当前基础教育改革的"进路"；另一方面，也为本书厘定了必要的问题域。本书意在阐明我国基础教育一向信奉的客观主义知识观是我国基础教育现代性困境的认识论根源，同时其自身也面临着诸多危机，是一种需要被扬弃的知识观，由此揭橥我国基础教育改革在深层次上所面临的知识观转变乃至重构任务，进而提出改革或超越客观主义知识观既是我国当前基础教育改革的重要前提和内容，也是基础教育实践进一步发展的必然的、内在的诉求。

（二）分析建构主义知识观和后现代主义知识观对我国当前基础教育改革的贡献与局限

客观主义知识观自身面临着被解构的危机，因而寻求超越客观主义知识观就成为教育改革的必然前提和重要内容。毫无疑问，建

9

构主义知识观和后现代主义知识观为反思客观主义知识观信念及其支配下的教育观念与实践提供了良好的借镜，因而是值得深入研究和借鉴的知识观。基于知识观与课程改革所具有的内在联系性这一思路和认识，本书力图表明，建构主义知识观与后现代主义知识观对思考我国当前基础教育课程改革中的相关问题有着一定的认识论价值和借鉴意义，它们从不同程度、不同角度启发我们反思客观主义知识观及其主导下的教育观念和实践。要而言之，这两种知识观所蕴含的反思精神和批判意识，以及对人的创造性、能动性、主体性等的解放和张扬，都与时代精神气息以及当前我国基础教育改革所追求的目标具有内在一致性。但是，作为一种哲学知识观，在其追求认识的深刻性、彻底性和新颖性的同时，也不可避免地带有某种极端性、片面性和破坏性，甚至矛盾和悖论，因而又需要我们对之有辩证的认识和态度。这是基于对客观主义知识观的反思、从知识观视野审视我国当前基础教育改革的重要内容。

（三）阐明知识观变革的蕴涵，建构知识形态观、价值观和教育观

总体来看，时代的知识状况呈现出复杂、多元、变化、动态、开放、不确定等特点。基于这种"复杂性"，人们的知识观念也显现出众说纷纭、莫衷一是的整体样态。其实，就建构主义知识观和后现代主义知识观而言，其内部也是流派众多、观点纷呈的，各派之间往往争论多于共识，这种境况使得准确理解其思想内涵成为必要。对一种思想观念的误解和曲解往往会使其实践形态走样，也会招致不当批评。此外，当前人们总是存在着这样的疑问：建构主义的、后现代主义的知识观是不是已经完整地表达了当代知识的本质特点？它们能否作为我国当前基础教育改革的认识论基础？我们对其应该有怎样的认识和态度？我们能否寻求一种较为合理的知识观来指导我国当前的基础教育改革？对时代的知识状况应该有怎样的整体把握和认识？其实，这些问题正是当前我国基础教育改革所无法回避的基本理论问题。基于这些问题，本书力图阐明知识观变革的蕴涵，思考知识的形态观、价值观、教育观，以此作为研究的落脚点，并透视我国基础教育课程改革中的相关问题。

三　研究意义

（一）理论意义

一般说来，一项研究的理论意义标示着该研究对已有理论的潜在价值。在这个意义上，本书的理论意义主要表现为：其一是对知识与教育关系这一教育基本理论问题的深化性研究。知识与教育的关系问题是教育研究中的一个基本理论问题。传统上，人们对此二者关系的认识倾向于宏观抽象和一般概括。从不同知识观视野透视知识、教育及其改革实践的关系，可以看到它们之间的关系是复杂的、多维的和动态发展的，而并非简单的、单维的和恒定不变的。尤其是不同的知识观总是隐含着不同的知识与人的关系（如认识关系、意义关系、价值关系等）。教育是通过传承一定的文化知识来培育人的活动的，其根本旨趣和价值在于"成人""化人""立人""达人"。因而借助知识观这一视角，我们又可使原本知识与教育关系中隐而不彰的人的存在状态和意义凸显，从而获得对知识与教育关系新的理解和感悟。其二是有助于基础教育改革相关理论基础的深化。基础教育改革是一项牵涉面极其广泛的实践活动，其理论基础是综合的、多样的。基础教育改革离不开一定的哲学指导，尤其是离不开哲学认识论的指导。对基础教育改革知识观的探讨也就是要探讨基础教育改革的知识论基础问题。因而这样的探讨对于深化基础教育改革的相关理论基础无疑具有一定的价值和意义。

（二）实践意义

总体而言，本书属于理论研究的范畴。理论研究总是要借助于理论思维，以一定的概念、命题、判断、推理等来进行一些学理思辨，其目标在于"说理"，因而难免"抽象"，与"具体的实践"相隔较远。因此，本书的"实践意义"总是间接的，而不是直接的。我国当代著名教育学家胡德海先生在谈到教育理论和实践的关系时这样指出："真正的教育理论植根于实际又高于实际，既有鲜明的现实性与时代性，又有对现实与时代的超越性与理想性。所以，真正的教育理论不只是实践的操作行为指南，而是提供精神的引导，是一种实践的精神。教育理论应更多地作为实践精神而走向实际，充实、照亮、引导、激励实践的走向，这或许就是教育理论与实际相结合的真谛。"① 可见，一项理论研究的实践价值（前提是理论本身要有价值），往往是"提供精神的引导"，显现为"一种实践的精神"，终究是对实践走向的一种"充实、照亮、引导和激励"，而不只是"操作行为指南"。从这个意义上说，本书的实践意义或可归结为如下两点：

其一，有助于引导人们转变知识、教育观念。"要革新，先革心。"观念的变革是基础教育改革的先导。在教育改革史上，教育每前进一步，无不有赖于教育观念上的变革与突破。从这个意义上说，教育改革发展的历史，也就是教育观念不断变革的历史。观念变革反映了一定社会、时代的特点和需要。知识观的变革也是如此。它反映了当今时代人类知识状况的新变化、新发展、新动向。由于知识观对教育实践影响的本源性和根基性，正确认识知识观的时代变革对转变我们的教育观念、深刻认识传统教育之弊端无疑有着重要的认识论价值和意义。自觉把握知识观变革对基础教育改革的先导性、潜隐性，是理论发挥引领实践作用的要求和反映。

其二，有助于认清当前基础教育改革的走向。胡德海先生指出："理论之所以能够对实践有普遍的指导意义，是因为它对研究

---

① 胡德海：《教育学原理》，甘肃教育出版社 2006 年版，前言。

现象的科学抽象。这种抽象不是模棱两可的思辨，而是从一定的逻辑起点出发，通过现象对事物本质联系的分层次的升华。这样才能使理论指导实践成为可能。"① 本书立足于当代知识观的深刻变化，反思我国基础教育中所存在的问题，是基础教育改革的基本出发点；对建构主义知识观和后现代主义知识观作出辩证的学理分析，从不同知识观视野审视我国基础教育改革的进路，对深化我国当前基础教育改革、认清未来教育改革的方向无疑也具有一定的实践意义。

四　核心概念界定

（一）知识观

知识观（views of knowledge）是人们对知识的本质认识和根本看法，是经哲学反思的关于知识的观念。

首先，知识观是对知识的一种本质性或根本性的看法和认识，或者说，它要表达的是对知识性质的根本认识。显然，对知识性质的根本认识源于哲学认识论和知识论。认识论是对认识本身进行哲学反思，把认识的本身作为思考内容和研究对象的。② 知识是人类认识的产物。认识论必然关涉认识过程、知识来源、知识性质等知识问题。同样，知识论以认识之结果——"知识"为对象，也要研究知识的起源、知识的性质、知识的构成、知识的范围等问题。③ 哲学中所形成的对知识来源、知识性质、知识分类等的观点和看法带有总体性和根本性，而且这种看法和观点是成系统的，是一个理论体系，因此，哲学意义上的知识观并不等同于个体意义上所说的知识观。前者可称为"关于知识的观点"，后者只能是"关于知识

---

① 胡德海：《教育学原理》，甘肃教育出版社2016年版，前言。
② 夏甄陶：《认识论引论》，人民出版社1986年版，第3页。
③ 胡军：《知识论》，北京大学出版社2006年版，第46页。

的意见"。"所谓观点，就是指一贯性的看法，它贯穿在意见之中，统率着各种意见。"① 所以，尽管每个人都可以有自己"关于知识的意见"，但它必须经过一定的哲学反思，上升为理论形态，才能形成"关于知识的观点"，亦即我们这里所讲的知识观。在哲学意义上，知识观最初都来源于哲学家的独立思考，但它在孕育成熟的过程中，逐渐摆脱了零散而不成系统的状态，最终上升到理论形态，形成一种系统的、理论化了的关于知识的根本看法。所以，知识观是一个哲学范畴。它是人们关于知识来源、性质、构成等观念的集中、升华，它在更高、更抽象、更一般的层次上反映了人们关于知识的根本观点。同时，知识观一经形成，便具有了相对独立、客观的内容。也正因为这些特征，知识观才能从哲学高度对人们的日常生活、实践产生普遍影响，起到指导作用。

其次，知识观是一个具有多层次、多方面内容的观念体系。何为"观念"？观念其实就是思想中所把握到的现实。一般来讲，现实事物包含着无限的多方面的联系和特性。人们认识事物，也不是从单一方面、单个视角认识事物的某个侧面，而总是力图从多个层面、全方位地对事物加以整体的把握和认识。由此，人们对事物的认识所形成的各种思想观念就不是单一的，而是多方面的，是一组观念群或观念体系。人们对知识的认识亦是如此。在哲学意义上，知识观主要包括人们对知识来源、性质、分类、价值等的认识和观点。

知识来源的问题，主要是回答知识因何产生的问题。对知识来源的不同回答，形成不同的知识来源观。在中国哲学史上，孟子提出"良知"是"不虑而知""我固有之"的道德之知，这种知识"不假外求"，是一种先验知识。墨家学派明确提出了知识来源于感觉经验。《墨子·经说上》云："知：传授之，闻也；方不障，

---

① 冯契：《认识世界和认识自己》，《冯契文集》（第 1 卷），华东师范大学出版社 1996 年版，第 228 页。

说也；身观焉，亲知也。"所谓"亲知"即是由自己亲身体验而来的知识。又云："知，接也。"墨子强调了知识产生于人的感觉器官与外物接触。荀子、王充等人都认为，一切知识来源于感觉经验。王充认为："实者，圣贤不能性知，须任耳目以定情实。"（《论衡·实知》）张载明确区分"德性之知"和"见闻之知"。"德性之知"是在"穷理尽性"的道德修养基础上直觉体悟而来的知识，是关于宇宙全体之知识（"大其心而体天下之物"），它不源于感官，亦不受感官经验之限制；"见闻之知"则是由感官经验而来的知识。张载认为，"德性之知"高于"见闻之知"。陆九渊论知，强调"心即理"，认为"宇宙便是吾心，吾心即是宇宙"。明理只需尽心。"人皆有是心，心皆具是理。"心中含有宇宙之理。致知即是致吾心之知，穷理亦是穷吾心之理。欲求宇宙之理，不须外求，只需反求之于吾心，所谓"立大""知本""发明本心"。王守仁也认为，知之源在心，在良知，不在外界，"心外无物，心外无理"。"心明便是天理。"致知应求诸内而不当求诸外，"惟求得其心"。王船山反对陆王心学，认为知识非生而固有，而是后天发生的，认为"尽天地之间，无不是气，即无不是理也"。可以看出，中国古代哲学家论知之起源主要分歧在于"内外之别"，即所谓唯心和唯物的对立。另外，基于对知之来源的不同看法，哲人们也围绕知行关系产生了各种论争，主要有知先行后论、行先知后论、知行合一论等诸家学说。在西方哲学史上，对知识来源的歧见集中在近代哲学史上唯理论和经验论的双峰对峙上（参见下文，此不赘述）。中西哲学关于知识起源的各种观点显现出"百虑而一致，殊途而同归"的意蕴。

　　性质或曰本质反映事物的特性，是事物之所以为此事物的根本规定性。知识性质的问题，即是"能知"与"所知"之间究竟如何的问题。对知识性质的不同认识，又可导致不同的知识性质或本质观。人们对知识性质的认识与知识来源的看法密切相关。中国古代哲人大都倾向于认为知是可能的、客观的、确定的，但也有人"疑知"，比如庄子就认为知识的基础是"特未定"的。"夫知有所待而后当，其所待者特未定也。"（《庄子·大宗师》）在西方哲学史上，现代知识观以知识的客观性、确定性为最高标准，后现代的知识观则标榜知识的相对性、不确定性；客观主义知识观认为客观性是知识的根本特征，而建构主义的知识观则认为知识具有主观性。凡此种种，都反映了哲学上对知识性质的不同观点。此外，知识性质的表现也不总是单一的，而具有多方面的属性，表现为一种"性质束"。

知识分类既是对知识整体的认识，也是人们把握世界的一种方式。荀子认为："以类行杂，以一行万。"（《荀子·王制》）"辨异而不过，推类而不悖，听则合一，辨则尽故。"（《荀子·大略》）可见，分类又是人们认识事物的一种智慧。依据不同的知识分类标准，就会形成不同的知识分类观。譬如，中国古代墨家学派依据知识的来源将知识分为"闻知""亲知"和"说知"。"闻知"是由传授而来的知识，"亲知"是亲自体验得来的知识，"说知"则是由推论而来的知识。被誉为"古代世界学术的百科全书"的古希腊哲学家亚里士多德对人类知识做了最早的分类。他把知识分为理论科学（包括自然科学、数学、形而上学）、实践科学（包括伦理学、经济学、政治学、修辞学）和创造科学（包括诗歌、艺术）。这些是古代哲人关于知识分类的朴素思想。到了近代，知识分类渐趋复杂。培根的"知识树"典型地反映了这一点。波兰尼（M. Polanyi）提出的"缄默知识"或"隐性知识"的概念，与我国哲学史上"言意之辨"中"言不尽意"之说互通其义。知识，既包括可以言传的显性知识，也包括那些无法言语的默会知识。在中华人民共和国成立后的很长历史时期里，我国的教科书都提到毛泽东关于知识的分类。毛泽东在《整顿党的作风》中将知识分为生产斗争的知识和阶级斗争的知识。他写道："什么是知识，自从有阶级的社会存在以来，世界上的知识只有两门，一门叫做生产斗争的知识，一门叫做阶级斗争的知识。自然科学、社会科学，就是这两门知识的结晶。哲学则是关于自然知识和社会知识的概括和总结。"① 这种知识分类思想，强调了知识的"斗争性"，带有明显的政治色彩。20 世纪 90 年代出版的《辞海》对知识做了如下分类："依反映对象的深刻性，可分为生活常识和科学知识；依反映层次的系统性，可分为经验知识和理论知识。经验知识是知识的初级形态，系统的科学理论是知识的高级形态。按具体的来源，知识可区分为直接知识和间接知识。"②

价值关系是知识与人的重要关系。自知识产生以来，人类便基于自身种种需要而对其属性加以肯定或否定，从而形成了各异的知识价值观。我国古代的道家在知识价值观上持一种虚无主义态度，主张"绝圣弃智""涤除玄览""致虚极，守静笃"，希望"不出户，知天下，不窥牖，见天道"③。庄子也说："吾生也有涯，而知也无涯，以有涯随无涯，殆已。已而为知者，殆而已矣。"④ 可见，老庄都否定知识的价值，提倡无知无为。我国在"文化大革命"期间，提出"知识越多越反动""宁要社会主义的草，不要资本主义的苗"等口号，这也是一种十分极端、狭隘的知识价值观。在不同的历史时期里，我国社会中都会出现各种版本的"读书无用论"，这也是不能正确认识知识价值的一种表现。面向知识经济时代，已没有人轻言或贬低知识的价值了。但对知识的本体价值何在，知识对人究竟有何价值，什么样的知识最有价值，如何获取知识更有价值等问题，随着时代知识状况的变化而众说纷纭、莫衷一是。对这些问题的思考和回答，也是教育理论所面对的基本理论问题。

综上所述，人们对知识的认识牵涉到知识的来源、性质或本

① 《毛泽东选集》（第 3 卷），人民出版社 1991 年版，第 815 页。
② 辞海编委会：《辞海（普及本）》（下册），上海辞书出版社 1999 年版，第 4920 页。
③ 《老子》第十九章、第十章、第十六章、第四十七章。
④ 《庄子·养生主》。

质、分类（构成）、价值等诸多方面，因此也形成了关于知识的观念群或观念系统。这说明，知识观是一个具有丰富内容的观念体系。我们把握知识观，也要注意把握其内涵的丰富性、多维性和多层面性。需要指出，在知识观念群或系统中，知识性质或本质观具有根本性、决定性，是居于主导地位的观念，它是其他诸多观念的前提和基础。

最后，知识观是历史地发展着的。应该说，人类的知识同人类的存在历史一样久远。自有人类起，便有了认识，同时也产生了知识。但是，作为对知识进行哲学反思的知识观，其形成却离不开哲学的产生。即是说，只有在哲学产生之后，人们的知识观才成为自觉。

综观西方哲学史，近代以前的哲学是一种本体论哲学。反映到知识观上，在苏格拉底那里，表现为对"善"这个永恒的、普遍的、绝对不变的存在的认识，"知识即美德"，求知的理想旨在"认识你自己"。在柏拉图那里，知识则是对纯粹永恒的"理念世界"的"回忆"。亚里士多德提出，求知是人的本性，"吾爱吾师，吾更爱真理"。近代哲学用认识论取代本体论思索，奠基于笛卡尔主客二分的思维框架，知识就是主体对客体的认识，由此形成了近代哲学史上唯理论和经验论的知识观的长期对峙和争论。直到康德（I. Kant），他试图以"先验综合判断"调和二者的冲突和对立。17世纪以来，伴随着工业革命和现代社会的诞生，出现了以科学主义为主导的现代知识观念，表现为实证主义知识观的形成。实证主义知识观在19世纪与自然的"对话"中树立了权威，并逐渐向人文社会科学研究领域渗透，但这种渗透不断受到质疑，也促发了自然科学和社会人文学科的分野，定量和定性的区别，出现了所谓"两种文化"（C. P. 斯诺），并产生了人文主义知识观。从康德为"信仰"预留地盘，到叔本华（A. Schopenhauer）的"生活意志"、尼采（F. W. Nietzsche）的"权力意志"，及至萨特（J. P. Sartre）的存在主义哲学，强调了非理性因素诸如情感、欲望、意志等心理因素以及直觉等在认识中的作用。19 世纪末 20 世纪初，美国出现了实用主义的知识观。詹姆斯（W. James）、杜威等为其代表。实用主义知识观将有用性引入真理的探讨，提出了"有用即真理"的观点，并强调了知识的工具性地位和价值。20 世纪 60 年代以来，随着人类知识状况的变化，西方出现了一股反思（unthinking）现代性的哲学思潮，后现代主义知识观应运而生。后现代主义知识观以否定、解构、摧毁现代知识观为目标，对知识的"客观性""普遍有效性""价值中立性"等现代知识观念进行了无情的颠覆，给人们的传统知识观念带来了极大的冲击。其代表人物主要有法国哲学家利奥塔（J. F. Lyotard）、福柯（Michel Foucault）、德里达（Jacques Derrida），美国当代新实用主义的代表人物理查德·罗蒂（Richard Rorty）以及建设性后现代主义代表人物大卫·格里芬（David Griffin）等人。

中国古代哲人论知往往把求真与闻道、致知与崇德相联系，持一种"德知统一论"的知识观。《周易·说卦传》说："穷理尽性以至于命。"学易和"安命"息息相关。孔子曾提出对"真知"应有恰切的态度。他说："知之为知之，不知为不知，是知也。"[1] 又说："里仁为美。择不处仁，焉得知？"[2] "知及之，仁不能守之，虽得之，必失之。"[3] 孟子也说："是非之心，智之端也。"[4] "不仁，是不智也。"[5] 庄子则说："且有真人而后有真知。"[6] 此外，儒家认为，"格物""致知"的根本目的亦在于提高人的"德性"。这从儒家经典文献中的"三纲领""八条目"即可见出。中国古代的

---

[1] 《论语·为政》。
[2] 《论语·里仁》。
[3] 《论语·卫灵公》。
[4] 《孟子·公孙丑上》。
[5] 同上。
[6] 《庄子·大宗师》。

哲学家还十分重视"修身"在认知中的重要性。《管子·心术上》指出:"人皆欲知,而莫索其所以知,其所知,彼也;其所以知,此也。不修之此,焉能知彼。"宋明理学家提出的"道问学"和"尊德性"问题,其实质也是通过知识以达到提高自身修养的目的。19世纪五六十年代之后,中国渐次引进"西学",在知识观上便逐渐形成了"科学知识观"。将科学知识尤其是自然科学知识奉为知识的典范。中华人民共和国成立以后,马克思主义知识观成为主流形态。但从人们实际的观念看,马克思主义能动的反映论常被理解为单纯的"反映论",严重失落了人在认识中的主观能动性。如《辞海》这样总结道:"从总体上来说,人的一切知识(才能也属于知识范畴)都是后天在社会实践中形成的,是对现实的反映。"① 20世纪八九十年代以来,随着哲学界对马克思主义认识论的重新解读以及受建构主义和后现代主义知识观的影响,人们的知识观也发生了某种程度的变化。

知识观的哲学史考察表明,知识观是历史地发展着的。尽管在一定历史阶段知识观具有相对稳定性,但总体上呈现出一种动态变化的历史趋势。认识到这一点,有助于我们用动态、发展、变化的眼光去看待知识观的存在与发展,它也必然要求我们根据知识观的历史变化趋势,立足知识观的新发展,从新的高度对其加以体认和把握。

(二)基础教育

何谓"基础教育"(basic education)?"基础教育"的内涵、范围、性质、任务、意义何在?这是研究基础教育改革的出发点,是我们必须理清的问题。

1. 学校教育制度中的"基础教育"概念

从学校教育发展演变的历史轨迹来看,"基础教育"并不是今

---

① 辞海编委会:《辞海》(下册),上海辞书出版社1999年版,第4920页。

天才有的，而是和学校教育相始终的。《周易·蒙卦》就有"蒙以养正，圣之功也"之说。我国古代学校教育史上，一般将8—15岁儿童的"小学"教育阶段，称为"蒙养"教育阶段，对儿童进行启蒙教育的学校称为"蒙学"，所用的教材称为"蒙养书"或"小儿书"。我国自古就有重视启蒙教育的传统。在我国古代教育系统中，"基础教育"主要存在于官学和私学两轨之中。

晚清时期，日渐颓靡、空疏无用的封建教育在内忧外患中孕育着新的生机，经历着数千年来未有之大变局、大变革。从19世纪60年代始，各种新式学堂传递着历史潮流的信息。1902年，清政府制定了全国统一的第一个学制系统，称《钦定学堂章程》，又称"壬寅学制"①。该学制分三段七级。第一阶段为初等教育，包括蒙学堂4年，寻常小学堂3年，高等小学堂3年。规定儿童6岁入蒙学堂。蒙学堂和寻常小学堂共7年，为义务教育性质，"无论何色人等皆应受此七年教育"。第二阶段为中等教育，设中学堂4年，"为高等专门之始基"。该学制虽经公布但未及实行。1904年初，清政府又公布了新学制——《奏定学堂章程》，亦称"癸卯学制"。它是中国近代由政府颁布并首次得到施行的全国性学制。该学制也分为初等、中等和高等三段七级。初等教育阶段包括蒙养院4年，初等小学堂5年，高等小学堂4年。蒙养院是幼儿教育机构，招收3—7岁幼儿，将其纳入学制系统，标志着我国学前教育已进入国家规划发展阶段。初等小学堂为强迫教育阶段，所有儿童7岁入学，"使邑无不学之户，家无不学之童"，"以启其人生应有之知识，立其明伦理爱国家之根基，并调护儿童身体，令其发育为宗旨"。第二阶段为中等教育，设中学堂5年。1905年9月2日，绵亘1300年的科举考试制度终结，为新式学堂的发展扫除了障碍。民国初年，学堂改称学校。1913年，国民政府公布"壬子癸丑学

_____

① 史料主要参考孙培青《中国教育史》，华东师范大学出版社2000年版。

制"，此学制分为三段四级。初等教育段分为初等小学校和高等小学校两级共 7 年，不分设男校女校。其中初等小学校 4 年，为义务教育，法定入学年龄为 6 周岁；高等小学校 3 年。小学前的蒙养院没计入学制年限。1922 年 11 月 1 日，国民政府又公布了"壬戌学制"。它缩短了小学年限，改 7 年为 6 年，小学分为两级，初级小学 4 年为义务教育阶段，高级小学 2 年。幼稚园也纳入初等教育阶段，使幼儿教育与小学教育得以衔接，确立了幼儿教育的历史地位。延长了中学年限，改 4 年为 6 年。分初、高中两级。该学制在形态上已与现今我国实施的学制基本一致。

中华人民共和国成立后，随着各级各类教育的不断发展和人们认识的深入，"基础教育"所指称的范围不断扩大。20 世纪 50 年代，基础教育一般指小学教育。如《政务院关于改革学制的决定》（1951 年 10 月 1 日）指出："对儿童实施初等教育的学校为小学，应给儿童以全面的基础教育。"[①]《政务院关于整顿和改进小学教育的指示》（1953 年 12 月 11 日）指出："小学教育是整个教育建设的基础。""小学教育是人民的基础教育。"[②] 80 年代，基础教育逐步扩大到初中和小学教育。如 1978 年 1 月 18 日教育部颁布的《全日制十年制中小学计划草案》明确规定："中小学教育是基础教育。"[③] 顾明远主编的《教育大辞典》指出："基础教育亦称'国民基础教育'。对国民实施基本的普通文化知识的教育，是培养公民基本素质的教育。也是为继续升学或就业培训打好基础的教育。一般指小学教育，有的包括初中教育。"[④] 90 年代以来，基础教育概念已涵盖学前教育、小学教育、中学教育（初中和高中教育）几个

---

① 顾明远主编：《中国教育大系·20 世纪中国教育》（三），湖北教育出版社 2004 年版，第 2195 页。

② 同上书，第 2200 页。

③ 课程教材研究所编：《20 世纪中国中小学课程标准·教学大纲汇编（课程计划卷）》，人民教育出版社 2001 年版，第 326 页。

④ 顾明远主编：《教育大辞典》（第 1 卷），上海教育出版社 1990 年版，第 71 页。

阶段。如 1996 年 9 月 1 日颁布的《幼儿园工作规程》在"总则"中明确规定："幼儿园是对三周岁以上学龄前幼儿实施保育和教育的机构，是基础教育的有机组成部分，是学校教育制度的基础阶段。"从 2001 年颁布的《国务院关于基础教育改革与发展的决定》《基础教育课程改革纲要（试行）》《幼儿园教育指导纲要》等几个重要文件来看，基础教育是幼儿教育、小学教育、初中教育和高中教育的统称。

综上所述，基础教育是一个历史范畴。在当前的学校制度框架下，我国的基础教育涵盖幼儿教育、小学教育、中学教育（初中和高中）几个阶段，是它们的统称。

2. 基础教育的应有内涵

《说文解字》云："基，墙始也。""础，柱石也。""基础"在《现代汉语词典》中释为："事物发展的根本或起点。"在国人的观念里，"奠基""固本"对一个人一生成长的意义尤为重大。"君子务本，本立而道生。"（《论语·学而》）这种观念相沿既久，根深蒂固。立足于当代社会发展、时代精神特点和教育理论的新发展，我们认为，当代基础教育之"基础"应有如下内涵。

第一，基础教育的基础是面向全体的基础。面向全体的基础强调基础教育"面向全体性"这一基本特点。面向全体的基础意味着这个基础既不是大多数学生所需的基础，也不是少数学生（精英、尖子）所需的基础，而是每一个心智健全的普通国民所必须具备的基本素养和统一要求。所谓"国民基础教育"正蕴蓄此意。基础教育的根本目的在于提升全体国民之基本素质或素养。联合国教科文组织的报告将基础教育称为每个人必不可少的"走向生活的通行证"①。这种说法明示了基础教育的"全体性""基本性"之含义。1990 年 3 月，在泰国宗迪恩（Jomtien）举行的"世界全民教育大

① 国际 21 世纪教育委员会向联合国教科文组织提交的报告：《教育——财富蕴藏其中》，联合国教科文组织总部中文科译，教育科学出版社 1996 年版，第 109 页。

会"（World Conference on Education for All）上通过的《世界全民教育宣言——满足基本学习需要》提出："基础教育本身不仅仅是目的。它是终身学习和人类发展的基础。""每一个人——儿童、青年和成人——都应能获得旨在满足其基本学习需要的受教育机会。基本学习需要包括基本的学习手段（如读、写、口头表达、演算和问题解决）和基本的学习内容（如知识、技能、价值观念和态度）。这些内容和手段是人们为能生存下去、充分发展自己的能力、有尊严地生活和工作、充分参与发展、改善自己的生活质量、作出有见识的决策并能继续学习所需要的。基本学习需要的范围及其满足的方法因各个国家和各种文化的不同而不同，而且不可避免地会随着时代的变化而变化。"[①] 当前，经济合作与发展组织（OECD）以及一些发达国家紧跟时代发展之脉搏，着力于研究、提出学生发展的"核心素养"问题。所谓"核心素养"是指 21 世纪的学生应具备的适应终身发展和社会发展需要的"必备品格和关键能力"，突出强调个人修养、社会关爱、家国情怀，更加注重自我发展、合作参与、实践创新等方面。2016 年，我国正式发布了学生发展的"核心素养"体系。我国学生发展的核心素养体系，以科学性、时代性和民族性为基本原则，以培养"全面发展的人"为核心，分为文化基础、自主发展、社会参与三个方面，综合表现为人文底蕴、科学精神、学会学习、健康生活、责任担当、实践创新六大素养，具体细化为社会责任、国家认同、劳动意识、技术应用等 18 个要点。可见，为每一个适龄儿童提供均等的受教育机会，满足每个儿童、少年基本的学习需要，为每个国民搭建公正、公平的发展平台，这是面向全体之"基础"的基本内涵。在这个基本性、统一性、全局性的基础和前提之下，为适应每个学生的个体差异，为满足每一个学生个性化发展、多方面发展的需求，应尽可能提供多样化、多层

---

① 赵中建编译：《教育的使命——面向二十一世纪的教育宣言和行动纲领》，教育科学出版社 1996 年版，第 16 页。

次、多方面的发展机会，使基础教育呈现出既有统一要求，又能适应学生个性发展的"美美与共，各美其美"的局面。

第二，就社会个体而言，基础教育之基础又是每个人终身发展的基础。着眼于学习化社会，立足于终身教育观念，我们必须树立为人的终身发展打基础的观念。基于终身发展，面向人的一生发展，它要求这一基础具有可持续发展的潜力和价值。从学习化社会的要求来看，这个基础应该是终身学习的基础。从我国基础教育的现实来看，我们要摒弃那种着眼于升学、升好学、升好大学、好就业的功利化的、短视的基础观。这种基础观往往扭曲了人的生存状态，只问结果而漠视过程，只顾眼前而不顾未来，只重视考试高分而轻视人的全面发展，结出的只能是大量的教育"苦果""劣果"。当然，强调为终身发展打基础，并不必然排斥"升学"和"就业"，相反，它们之间具有内在的统一性。前者更具根本性，后者是前者的结果和表现形式。正像叶澜教授所指出的那样，无论从什么角度看，教育活动都不能离开真实的人来开展。通过"成事"来"成人"，是教育活动内在的"事"与"人"的关系。既"成事"又"成人"，在"成事"中"成人"，为"成人"而"成事"，用"成人"促"成事"①。教育活动中"成人"与"成事"的辩证原则，体现了教育内在的本真价值，又充溢着浓浓的生命关怀。

第三，基础教育的宗旨在全面发展。着眼于学生的一切方面的发展，着眼于发展学生的一切方面，是时代精神、时代教育理念的反映。扈中平认为，"全面发展"应包含四个层面的内涵，即完整发展、和谐发展、多方面发展和自由发展。人的"完整发展"即人的各种最基本或最基础的素质必须得到完整发展，各个方面可以有发展程度上的差异，但缺一不可，否则就是片面发展；人的"和谐

①　叶澜：《"新基础教育"研究引发的若干思考》，《人民教育》2006 年第 7 期。

发展"即人的各种基本素质必须获得协调发展，各方面发展不能失调，否则就是畸形发展；人的"多方面发展"即人的各种基本素质中的各素质要素和具体能力在主客观条件允许的范围内应力求尽可能多方面的发展；人的"自由发展"即人自主的、具有独特性和富有个性的发展。① 基础教育就要为学生的全面发展奠定基础。这个基础包括身、心完整、和谐的发展，包括道德、认知、情感、人格等各项基本素质的协调发展。也即是说，这个基础既要满足"成人"的需要，也要满足"成才"的要求，是"成人"和"成才"的有机统一。1996 年，在国际 21 世纪教育委员会向联合国教科文组织提交的报告中，基于对时代的把握和未来的瞻望，提出了"教育的四个支柱"，即教育应围绕四种基本学习加以安排，这四种学习将是每个人一生中的知识支柱。这四个支柱是：学会认知，即获取理解的手段；学会做事，以便能够对自己所处的环境产生影响；学会共同生活，以便与他人一道参加人的所有活动并在这些活动中进行合作；最后是学会生存，这是前三种学习成果的主要形式。② 当前，我国提出的学生发展核心素养体系，其核心也指向培养"全面发展的人"。孙喜亭教授认为，基础教育应该奠定儿童、少年的健康身体的基础、公民品德素养的基础、专门人才的基础、从事劳动的基础。而这四方面基础的统一点就是文化科学知识。③ 叶澜教授立足于对时代精神的把握，认为新时代需要的新人应具有如下的理想特征：在认知方面，有善于捕捉、组织各种信息和判断各种信息价值的能力；有善于认识自己的各种需求、能力、思维品质与策略、态度、行为等方面的反思能力，以及在此基础上的自我调控能力；具有立体、结构、多元统一、动态把握和直觉体悟的思维方

---

① 扈中平：《"人的全面发展"内涵新析》，《教育研究》2005 年第 5 期。
② 国际 21 世纪教育委员会：《教育——财富蕴藏其中》，联合国教科文组织总部中文科译，教育科学出版社 1996 年版，第 75 页。
③ 孙喜亭：《基础教育的基础何在》（上、下），《教育理论与实践》2001 年第 4、5 期。

式。在道德方面，有积极的人生价值体系引导人生的方向，有以社会责任感和义务感为核心履行公德的自觉和行为。在人的精神力量方面，要有自信，有迎接挑战的冲动与勇气，有承受挫折和战胜危机的顽强意志，有追求自我超越和完善的生命态度。①

第四，基础的内涵不是静止不变的，而是动态变化的。传统上，人们将"基础"静态化，将其看成是自足的、绝对的、一成不变的存在。民间长期流传着"三岁看大，七岁看老"之说，正反映了这种基础观，其实，基础的内涵是动态变化的。从社会发展对人的总要求看，基础总是随着时代的变化而变化的。孔子时代的"六艺"，古希腊的"七艺"，直到当今时代的"新三艺"②，便是基础发展变化的生动写照。适应当今知识社会的需要，动手实践能力和创新精神、批判意识等又成为时代基础结构中的新因子。就个体的发展而言，不同的人生阶段对基础的认识和要求也有明显的不同，并不存在决定一生的基础。由此可见，基础并不是一劳永逸、固定不变的。那种认为打下了一定的基础就可以"管用一生"的想法无疑是天真的。同样，那种在基础教育"基础"问题上只做"加法"而不注重除旧布新、更新换代的基础观，只能导致学生负担过重，超负荷生存。所以我们既要看到基础的相对稳定性的一面，也要看到其随时代发展而动态变化的一面。既看到基础构成要素显在的一面，也要看到其潜在的一面。在敏锐把握时代精神特征的前提下，动态认识基础，把基础和发展紧密结合起来，遴选出面向未来学生终身发展的"必备品格和关键能力"是教育适应时代发展的必然要求。

第五，文化知识在基础教育之"基础"中起着根基性作用。掌握一定的文化知识是奠定一生发展、全面发展基础的必由之路。离

---

① 叶澜：《"新基础教育"研究引发的若干思考》，《人民教育》2006 年第 7 期。
② 20 世纪 60 年代以后，美国将数学、自然科学和外国语三门学科统称为"新三艺"。见顾明远主编《教育大辞典》（第 1 卷），上海教育出版社 1990 年版，第 297 页。

开了知识，一切的愿望、理想、蓝图都会变成泡影；离开了知识，潜能开发、开拓创新、人格形成等只能是空中楼阁。人的生存与发展必须借助于文化知识，这是人的"文化"本性所决定的。离开了文化知识，人与禽兽何异？所以，学习文化知识是生命成长的必需，也是人认识客观事物的捷径。只有在学习、吸收人类社会的知识过程中才有我们所说的"基础"。正如孙喜亭教授所指出的，知识是学生的立身之本。知识就是财富，知识就是力量，知识是生命积极存在的基石，知识是人的真实的体现，人生的一切皆起源于知识。所以，在人生起始时期，如何让学生学好知识，就是教育的基本命题。① 当然这并不是说，仅仅掌握了一定的文化知识就算是打好了基础。也不是说，我们要继续坚持"为了知识而掌握知识"这种褊狭之论，更不是说传授知识是基础教育的唯一或全部内容。知识是人赖以生存和发展所必需的一种文化资源、文化营养，但这种营养本身并非终极目的。人活着必须吃饭，但人生的目的并不止于"吃饭"一事。杜威将"知识"视为一种"资料"，一种进一步探究的"资本"，一种"必不可少的资源"②。如何让知识真正转化为人生的"财富"，释放其"力量"，内化为"智慧"，凝结成"德性"，还必须有对知识恰切的态度，要善于消化、利用知识而不是成为知识的奴隶。"如何让学生学好知识"，让知识成为人之生成的"营养"而不是"负担"，如何让学习知识的过程、个体精神成长的过程同时成为一种"享用"知识的过程，如何让知识充满活力，让知识最大限度地发展人，化育人，造就人，让知识成为"为我之物"，这确实是教育研究的基本命题。传统的基础观最根本的问题就在于仅仅关注知识，止于知识，为了知识，而不关注人，不关注人的全面发展，并表现为一种普遍的、集体无意识的、根深蒂

---

① 孙喜亭：《再谈"基础教育的基础何在"》，《教育理论与实践》2003 年第 8 期。
② ［美］约翰·杜威：《民主主义与教育》，王承绪译，人民教育出版社 2001 年版，第 172—173 页。

固的观念。人的发展才是根本目的，知识必须服务于这个根本。我们对此必须有一个明白的认识。

总之，时代的基础教育之"基础观"是"以人为本"的基础观。人的全面发展是中心，是目的，是根本。

基础教育是教育事业的重要组成部分，是教育事业大厦的基础，是提高国民素质的基石，对每个人一生及经济社会发展都具有决定性的影响。"百年大计，教育为本。"基础教育更是本中之本，是民族之本，国家之本，人生之本。

（三）课程改革

本书聚焦于我国当前进行的基础教育课程改革。对本次课程改革，人们通常将其称为"新一轮基础教育课程改革"，简称"新课改"。本次课程改革凸显了"课程"意识，着眼于课程层面的改革和完善。我们知道，课程是学校教育的重心所在，由此课程改革成为教育改革的核心。纵观中外教育改革，无不把课程改革放在突出位置，把课程作为提高人才培养质量的关键加以改革和建设。当前突出强调课程改革也是因为我国现行的基础教育课程教材体系不适应全面推进素质教育的要求，不适应时代发展的要求。

我国当前的基础教育改革，从时间上来说，孕育于 20 世纪 90 年代，正式开始于新世纪伊始。截至目前，它大体上经历了四个阶段：酝酿准备阶段；试点实验阶段；全面推广阶段和纵深推进阶段。1999 年 1 月，国务院批转了教育部《面向 21 世纪教育振兴行动计划》，提出要改革现行基础教育课程体系，研制和构建面向新世纪的基础教育课程教材体系。1999 年 6 月，党中央国务院召开了我国改革开放以来第三次全国教育工作会议，颁布了《中共中央国务院关于深化教育改革 全面推进素质教育的决定》，做出了"深化教育改革，全面推进素质教育"的决定。该决定成为构建 21 世纪充满生机活力的有中国特色的社会主义教育体系的指导思想和行动纲领。《面向 21 世纪教育振兴行动计划》的颁布和"全教会"的召开，标志着课程改革开始启动。2001 年 5 月，《国务院关于基础教育改革与发展的决定》发布，该决定进一步提出要"加快构建符合素质教育要求的基础教育课程体系"。同时，教育部颁布了新课程改革指导性文件——《基础教育课程改革纲要（试行）》，义务教育阶段 18 科课程标准实验稿也同时出台。2001 年 9 月，20 个学科（小学 7 科，中学 13 科）的 49 种中小学新课程实验教材首次在全国 38 个国家级实验区试用。从酝酿、准备到启动历时两年，新课程改革进入试点实验阶段。在此阶段，国家和省两级先后进行新课程实验并逐步扩大试点范围，历时三年多时间，到 2004 年结束。经过对试点实验区全程跟踪评估、分阶段总结，在总结国家和省两级实验区的经验，对实验区工作进行全面评估和广泛交流的基础上，从 2005 年秋季开始，全国义务教育阶段起始年级全面实施新课程。与此同时，在实验基础上的各科课程标准的修订和完善也逐步展开。2010 年 7 月，国务院颁布《国家中长期教育改革和发展规划纲要（2010—2020 年）》。该纲要强调九年义务教育要深化课程与教学方法改革，推行小班教学；减轻中小学课业负担，学校要把减负落实到教育教学的各个环节，提高教师业务素质，改进教学方法，增强课堂教学效果，减少作业量和考试次数。高中阶段要注重培养学生自主学习、自强自立和适应社会的能力，克服应试教育的倾向。2011 年，为了落实纲要精神，适应新时期全面实施素质教育的要求，深化基础教育改革，教育部印发了修订后的义务教育各科课程标准，标志着义务教育课程改革的进一步深化。2014年，《教育部关于全面深化课程改革 落实立德树人根本任务的意见》提出全面深化课程改革，落实立德树人根本任务，充分发挥课程在人才培养中的核心作用。2017 年秋季，教育部统编义务教育道德与法治、语文、历史三科教材在中小学起始年级开始使用。

普通高中和幼儿教育的新课程改革同时积极推进。2003 年 3

月，教育部颁布了《普通高中课程方案（实验）》，这是新课改中高中课程总体规划层次的标志性文件。其主要内容包括高中教育的培养目标、课程结构、课程内容、课程实施与评价等方面。2004年秋，广东、山东、宁夏、海南四省（区）率先进入高中新课程实验阶段。2013年，教育部启动普通高中课程方案和课程标准修订。2017年底，教育部发布历时4年修订后的普通高中课程方案和14门学科课程标准。新课程方案和课程标准体现出鲜明的育人导向，进一步明确了普通高中教育的定位，优化了课程结构，首次凝练、提出了学科核心素养，这标志着高中课程改革进入新阶段。

本书聚焦我国当前基础教育课程改革的知识观问题，问题域集中于基础教育课程和教学领域。

五　研究综述

（一）国外的研究

20世纪六七十年代，西方学者从广阔视角对知识的性质、类型、价值等问题展开了多维透视。如赫斯特（P. H. Hirst）探讨了博雅教育的知识论基础，彼得斯（R. S. Peters）对知识的性质，波兰尼对缄默知识等问题进行了研究。[①] 美国教育学家索尔蒂斯较早探讨了知识观与教育的关系问题。[②] 美国学者谢弗勒（Israel Schefler）探讨了经验主义知识观、理性主义知识观和实用主义知识观所对应的不同课程形式。[③] 同时，他在《知识的条件》一书中指出："一种适当的教育哲学不仅必须论述一般的认识论问题，而且

---

① 以上研究参见瞿葆奎主编，施良方、唐晓杰选编《教育学文集·智育》，人民教育出版社1993年版。

② ［美］索尔蒂斯：《教育与知识的概念》，瞿葆奎主编，施良方、唐晓杰选编：《教育学文集·智育》，人民教育出版社1993年版，第63—65页。

③ Israel Schefler, *Epistemology and Education*, in R. McCormick, & C. Paechter, (eds.), *Learning and Knowledge*, London：The Open University, 1999.

还必须努力从教育任务与目的的角度来看待这些问题。"①

　　20世纪70年代中期以后，受现象学、存在主义、法兰克福学派、哲学解释学、精神分析、新教育社会学等理论的影响，在美国兴起"概念重建"课程理论。其代表人物有派纳（F. Pinar）、阿普尔（M. W. Apple）等。他们用后现代的立场、观点和方法，批判现代课程的典型模型——"泰勒原理"，抨击实证主义的科学观及其课程理论，在课程领域掀起了"概念重建"运动。②

　　20世纪80年代以来，建构主义思潮成为国际教育界影响巨大的思潮，引发了教育观念上的重大变革和发展。1989年末，美国佐治亚大学教育学院邀请建构主义研究领域11位国际著名学者如冯·格拉塞斯费尔德（Von Glasersfeld）、斯特弗（Steffe）、德莱沃（Driver）、科布（Cobb）、斯皮若（Spiro）等，围绕"教育中的新认识论"问题组织系列座谈会。他们试图从"新认识论"的视角对仍然误导着教育的笛卡尔认识论做深刻的反思。③ 在系列研讨会上显现出六种核心的建构主义新范式，它们是：激进建构主义（radical constructivism）、社会建构主义（social constructivism）、社会建构论（social constructionism）、社会文化认知观点（social-cultural cognition）或称对待中介行为的社会文化观点（social cultural approaches to mediated action）、信息加工建构主义（information-processing constructivism）和控制系统论（cybernetic system）。④ 系列研

---

　　① 转引自泰勒《论谢弗勒知识的条件》，瞿葆奎主编，施良方、唐晓杰选编：《教育学文集·智育》，人民教育出版社1993年版，第76页。
　　② 代表性的著述有［美］威廉·F. 派纳《理解课程》，张华等译，教育科学出版社2003年版；［英］麦克·F. D. 扬（Michael F. D. Young）主编《知识与控制——教育社会学新探》，谢维和、朱旭东译，华东师范大学出版社2002年版；迈克尔·W. 阿普尔《意识形态与课程》，华东师范大学出版社2002年版；迈克尔·W. 阿普尔《文化政治与教育》，阎光才等译，教育科学出版社2005年版；W. 阿普尔《国家与知识政治》，黄忠敬等译，华东师范大学出版社2007版等。
　　③ 高文：《教育中的若干建构主义范型》，《全球教育展望》2001年第10期。
　　④ ［美］莱斯利·P. 斯特弗、杰里·盖尔主编：《教育中的建构主义》，高文、徐斌燕、程可拉等译，华东师范大学出版社2002年版，前言。

讨会的成果集中体现在莱斯利·P. 斯特弗（Leslie P. Steffe）和杰里·盖尔（Jerry Gale）主编的论文集《教育中的建构主义》（*Constructivism in Education*）一书中。①

20 世纪 80 年代中期以来，受哲学领域后现代主义哲学思潮及其知识观的影响，兴起了后现代主义课程理论及其实践。较有代表性的人物如小威廉姆·E. 多尔（William E. Doll Jr.）、高夫（N. Gough）等人，他们反思和抨击科学主义和实证主义知识观的弊端，分别从不同角度提出了新的知识观，并阐明其对课程理论和实践的影响。

美国学者多尔借鉴非线性理论、测不准原理以及杜威的经验哲学、怀特海（A. N. Whitehead）的"过程哲学"和普利高津（I. Prigogine）的耗散结构等理论，以建设性的后现代视角，设想了一种后现代课程观，提出了课程设计的"4R"思想，即丰富性（rich）、回归性（recursive）、关联性（relational）和严密性（rigorous）。② 在《后现代与复杂性教育学》（*Postmodern and Complex Pedagogy*）一书中，他对后现代课程基础做了细致阐述，提出了一种"具有动态性、创生性、转变性和非线性的发展性课程概念"。③

澳大利亚学者高夫提出一种生态政治观的课程架构。④ 生态政治观反对实证主义的科学方法中心论倾向，反对主客二元对立，反对事实与价值的分离，反对课程设置中的分科逻辑，主张从生态环境的角度来思考课程及其相关因素，生态、人性、精神、个体经验等成为课程设计的关键词。总体来看，生态政治观旨在弥合分裂，寻求实用的、综合性的一体化形式，重视学生的现实生活的意义和

---

① See Leslie P. Steffe & Jerry Gale, *Constructivism in Education*, Lawrence Erlbaum Associates, Inc., 1995.

② 参见［美］小威廉姆·E. 多尔《后现代课程观》，王红宇译，教育科学出版社 2000 年版。

③ ［美］小威廉姆·E. 多尔：《后现代与复杂性教育学》，张光陆等译，北京师范大学出版社 2016 年版。

④ N. Gough, "From Epistemology to Ecopolitics: Renewing a Paradigm for Curriculum," *Journal of Curriculum Studies*, 1989, 21 (3), pp. 225 – 241.

价值。从认识论向生态政治观的转变，意味着还原论的科学世界观走向整体化的生态世界观。

总体来看，国外学者从知识观视野审视教育中的相关问题，具有视角敏锐、紧跟时代、重批判求新、富有前瞻性等显著特点，不足之处是往往流于极端。

（二）国内的研究

1. 立足哲学知识观分析其对教育的影响

知识观是人们对知识的根本看法，是经哲学反思的关于知识的观念。因此，从哲学层面探讨知识观问题具有本体性、根基性。借助哲学知识论成果，很多学者认为，当代的知识状况发生了巨大的变化，相应地，人们对待知识的态度、观念也发生了重大的变革，具体表现在对知识内涵、性质、功能、增长方式、分类等不同方面的认识上。从哲学层面或者说从宏观理论层面探讨教育中的知识问题，集中体现在已出版的一些教育哲学著作和相关论文中。20 世纪 30 年代，吴俊升在其著《教育哲学大纲》中探讨了知识论与教育的问题，就经验主义、理性主义、实用主义和社会学派知识论对于教育的影响做了检讨和批判。[①] 80 年代，黄济教授在其著作《教育哲学通论》[②] 中，辟"知识观与教学论""知识论与教学"两章来研讨此问题。之所以将知识观和教学（论）联系在一起，按作者之意，是"对知识的掌握，最主要的手段是教学活动"。在"知识观与教学论"章中，作者对中国传统教育哲学思想中"知"的释义，知识论中的几个关系诸如知德关系、名实关系、知行关系、道艺关系等做了考辨。在"知识论与教学"章中，作者认为，目前在知识论上的争论，重点已经不在知识的来源问题上（如历史上的经验主义和理性主义之争），而是什么知识最有价值和如何有效地掌

---

① 吴俊升：《教育哲学大纲》，商务印书馆 1935 年版。
② 黄济：《教育哲学通论》，山西教育出版社 2002 年版，第 108—122、461—476 页。

握知识的问题（如知识的结构、智力的开发等）。他分析了几个主
要哲学流派的知识观如经验主义知识观、理性主义知识观、实用主
义知识观、要素主义知识观和马克思主义知识观的基本主张及其对
教育的影响。这种研究理路及其言说方式，代表了教育哲学一贯的
思想路径。钟启泉也考察了理性主义、经验主义、实用主义、结构
主义、知识社会学、后现代主义、生态政治、马克思主义等知识观
及其对课程开发的影响。①

　　石中英教授则从更宏观的视角考察了人类历史上的三次知识转
型及其与教育改革的关系，成果集中反映在其教育哲学专著《知识
转型与教育改革》② 一书中。他认为，人类历史上出现过四种主要
的知识型③——原始知识型或神秘知识型、古代知识型或形而上学
知识型、现代知识型或科学知识型以及正在出现的后现代知识型或
文化知识型，作者较为详细地阐述了历史上四种知识形态与教育形
态的关系，特别是知识转型对不同时期教育改革的影响。该著还从
知识性质的转变与教育改革，知识增长方式的转变与教育改革，显
性知识、缄默知识与教育改革，本土知识与教育改革等方面进行了
专题研究。尽管也有学者对该著的一些观点提出了"商榷""质
疑"④，但此书所论富于前瞻性和启发性。

　　王坤庆教授从哲学价值论视角分析了"知识教育价值观"⑤。
他认为，知识教育价值具有客观性，体现在三个方面，即功利价
值、认知价值和发展价值。学校教育要重视科学知识的功利价值，

---

① 钟启泉：《知识论研究与课程开发》，《外国教育资料》1996 年第 2 期。

② 石中英：《知识转型与教育改革》，教育科学出版社 2001 年版。

③ 按石中英的解释，"知识型"（form of knowledge）是由与知识概念有关的四组问题
（知识与认知者的关系、知识与认识对象的关系、知识作为一种陈述本身的逻辑问题、知
识与社会的关系问题）具有逻辑一致性的回答所构成和产生的、具有结构特征的知识形
态。参见石中英《知识转型与教育改革》，教育科学出版社 2001 年版，第 19—20 页。

④ 李朝东：《现代教育观念的知识学反思》，《教育研究》2004 年第 2 期。

⑤ 王坤庆：《教育哲学——一种哲学价值论视角的研究》，华中师范大学出版社
2006 年版，第 287—317 页。

发挥科学知识的认知价值，倡导科学知识的发展价值。他认为，在人类知识进展中，出现过各种各样的知识观，其中称得上主流知识观的主要有四种：理性主义知识观、经验主义知识观、建构主义知识观和后现代主义知识观。从这四种知识观的主张上看，前两种知识观倡导理性（包括科学理性和经验理性）权威和绝对主义，后两种知识观倡导批判和反思。基于这种差别，将前两种知识观视为权威主义的知识观，而将后两种知识观定义为批判主义知识观。他指出，根据知识观的当代转型，我们的知识教学应该变革，特别是在教育价值观上应进行必要的超越，以一种适应当代社会和教育发展的新的知识观，即批判的知识观为基础，改革知识的传输方式和知识的掌握方式，更多地倡导探究学习、发现学习和自主学习，真正让学生成为固有知识的批判者，为创造和发现新的知识提供良好的教育引导。这种观点代表了知识转型时期相当一部分人的看法。

很多学者从后现代知识观视野对基础教育课程改革提出建议：改变我们的课程理念；重新审视课程目标；调整课程结构；改革教学过程；改革教学组织形式；[1] 培养新型教师——智能型的"知识工作者"；发展面向社会需要的学校教育；构建立体开放的终身教育体系；[2] 打破科学知识垄断课程内容的局面，纳各种知识于课程之内；回归生活世界，加强科学世界与生活世界的沟通；加强人文课程，培养学生探究、怀疑、批判意识；消解教师绝对权威，使教师成为"平等中的首席"；扩展课程外延，使教学也成为课程建构过程；[3] 课程内容应更多地关注学生的精神成长，课程实施应采取"自下而上"的实践范式，教学过程中应更多地激发学生的自主学

---

① 石中英、尚志远：《后现代知识状况与基础教育课程改革》，《教育探索》1999年第2期。

② 王凤秋：《当代知识的变化与教育改革》，《教育研究》2000年第4期。

③ 聂荣鑫：《后现代知识观中的课程改革》，《全球教育展望》2003年第6期。

习；① 联系生活世界，让学生获得现实的知识是当前教育改革最紧迫的任务。②

当然，也有人分析了后现代知识观带给教育的消极影响。如潘新民等人认为，后现代知识观具有反科学知识倾向，不宜作为新课改的主导知识观，马克思主义哲学为走出后现代主义知识观提供了总原则和方向。③ 于伟提出了当前我国教育改革中对后现代科学观应持有的辩证态度。④

从总体上看，基于哲学知识观的基础教育课程改革研究是一种根基性、基础性的研究，这类研究大多从现代知识观向后现代知识观"转变""转型""转向"的角度，来分析其对我国基础教育课程改革的"启示""反思""借鉴""意义"等，显现出鲜明的前沿性、敏锐性、时代性等特点，研究成果醒人耳目，对反思传统课程的痼疾和深入推进课程改革具有较大的启发意义和价值。存在的主要问题是：以一种线性思维的方式，对现代知识观和后现代知识观的关系做了片面的、简单化的理解，认为知识观的演变是一个线性的历史过程，对复杂的知识问题缺乏哲学知识论或认识论的深度思考，对二者之间的联系性或互补性缺乏必要的审视，对后现代知识观的合理性以及它能否作为我国基础教育改革的知识观基础缺乏辩证分析，表现出理论上的不彻底性。让人不禁会问：后现代知识观对我国基础教育改革而言，其适切性究竟有多大？有没有适合我国基础教育实际的知识观？显然，如果教育学者只是盲目认同、照搬或移植域外时新的知识理论来指导本国的教育实践，如果只针对

---

① 姜勇、阎水金：《西方知识观的转变及其对当前课程改革的启示》，《比较教育研究》2004 年第 1 期。

② 黄首晶：《哲学"生活世界"知识观及对教育改革的启示》，《内蒙古社会科学》（汉文版）2007 年第 1 期。

③ 潘新民、张薇薇：《必须走出后现代知识观——试论科学知识教育的作用与价值》，《教育学报》2006 年第 4 期。

④ 于伟：《后现代科学观及其对科学教育观的消极影响》，《外国教育资料》2005 年第 11 期。

一点而不及其余地进行"单向度"的所谓"启发"和"借鉴"研究，那么，其成果还存在着一定的片面性。另外，从既有研究成果来看，教育学者对知识观的研究，由于缺乏厚实的哲学素养，其研究成果支离琐屑者多，整体贯通者少，对知识观演变的整体图景缺乏必要的描述，倡导性的泛泛而谈，显得底蕴不足，也招致了一些哲学研究者的批评。在话语方式上，也显现出趋同化的现象。正因为这种"转型"研究自身存在着诸多理论困境，因而也引发了许多反思和批驳。

2. 教育知识观层面的研究

不少学者指出，当前对课程改革知识观的理论研究存在着严重的问题，完全照搬照抄哲学知识观，显现出"完全哲学化、非教育学化"的倾向，这类研究已经造成了教育实践中的诸多困境，[①] 需要摈弃那种对哲学知识观的单向"掘取"式的研究，对基础教育课程改革知识观的研究必须有教育学的视角，即形成教育知识观。有人指出，在对哲学知识观加以反思的基础上，需要进一步探讨的问题是：哲学知识观在多大程度上、在什么意义上会对教育中知识性质的认识产生影响？是怎样对教育产生影响的？教育是否真的就反映了哲学知识观的变化？这种影响在理论与实践研究中有着怎样的表现？[②]

在知识社会中，从人的生存处境出发，思考人与知识的关系，这是知识社会探讨知识观的根本出发点。[③] 从人的发展的角度建立知识观是教育学探讨知识观问题的独特视角。课程知识观要从本体

---

① 黄首晶：《审视当前知识特征观研究：教育学的视角》，《内蒙古师范大学学报》（教育科学版）2007 年第 9 期。

② 周志平：《重考知识的性质——一种教育学的视角》，《教育理论与实践》2005 年第 10 期。

③ 薛晓阳：《知识社会的知识观——关于教育如何应对知识的讨论》，《教育研究》2001 年第 10 期。

论的知识观转向主体论的知识观，从静态的知识观转向动态的知识观。① 立足当代知识观视野，课程改革应确立如下新的课程理念：开放、生成的课程本质观；基于知识掌握、追求素质提升的课程目标观；平衡、整合的课程结构观；形态多样、价值多维的课程内容观；创生、构建的课程实施观；关注过程、尊重差异的课程评价观。②

总体而言，教育学视角的知识观研究反映了教育学者的一种理论自觉、文化自觉。教育知识观研究有别于哲学知识观研究，它不是从知识来源、本质等知识本体论出发思考知识问题，而是从知识与人、社会尤其是知识与人的生存、发展的关系来考虑教育对知识的态度和立场，它更为关心知识对于人的生存与发展的"意义"以及人如何面对知识、人在知识中的"境遇""命运"等问题，因而显现出某种"超越性"的品格。可以看出，教育学对知识问题的思考重心已发生转移，由仅仅关注知识本身转向更为关注教育情境中学习者生存与发展的问题。即是说，以人的生存处境为起点，思考教育如何面对知识而不是从知识的逻辑出发寻求教育如何传递知识，这或许是教育知识观研究的本真意蕴。将知识与人的生存与发展的根本问题置诸教育知识观研究的中心，对基础教育课程改革无疑具有重大的理论意义。这种研究理路与我国当前基础教育改革的根本旨趣具有内在一致性，即实现教育中人的生存方式的变革是课程改革的根本价值诉求。但是，教育学对知识观的研究，由于"悬置"了对知识问题的哲学思考，将知识观的前提性、根基性问题置于"模糊"地带，显现出教育学者在课程知识观研究中理论上的"不彻底性"，或者说，教育学者对知识观问题没有做出认真的审视和严格的追问。理论上的不彻底，往往会给实践造成很多困惑。

---

① 郭元祥：《新课程背景下课程知识观的转向》，《全球教育展望》2005 年第 4 期。
② 潘洪建：《当代知识观及其对基础教育课程改革的启示》，《课程·教材·教法》2003 年第 8 期。

这在当前的基础教育课程改革领域已有显现。这种现实无不提醒着人们，要真正明了教育知识观问题，就必须从哲学知识观这个理论根蒂上来探讨。尽管对此问题的认识存在着很大的难度，但这始终是一个不容回避的问题。

3. "生存论转向"的知识观研究

从哲学领域来看，很多学者提出了哲学知识论向生存论的"转向"问题。

俞吾金教授认为，从传统知识论到生存实践论的发展，是西方哲学史发展中的一条根本性的线索。[①] 李文阁教授认为，近代认识论是一种科学主义的认识论，现代认识论则是一种生活认识论。现代哲学是从根本上反对近代科学世界观的。生活世界观或回归生活世界正是现代哲学的基本精神。[②]

有学者认为，自 19 世纪 40 年代始，西方人学发生了生存论人学的转向，几乎所有的现代人学都以关注人的生存作为自己人学的起点、基础和一以贯之的逻辑主线。生存论已经成为一切现代人学的普遍品格和出场策略。马克思既是知识论人学的终结者，也是生存论人学的开启者。从知识论路向到生存论路向的变革和跃迁，是人学思想史上具有重大意义的范式革命。[③]

也有学者认为，"生存论转向"表达了现代哲学的理论自觉。在对传统哲学的"反叛"中，现代哲学正是从"生存论转向"中"坚定出场"的。它超越传统的知识论路向，开启生存论路向；摧毁"实体存在论"，开显"生存论存在论"；解构永恒"在场"的"非历史性"，凸显人的存在的历史性。[④]

---

① 俞吾金：《从传统知识论到生存实践论》，《文史哲》2004 年第 2 期。
② 李文阁：《生活认识论：认识论之现代形象》，《南京社会科学》2001 年第 2 期。
③ 陈曙光：《从知识论路向到生存论路向的范式转换——论马克思开辟的人学路向》，《河南大学学报》（社会科学版）2008 年第 4 期。
④ 王虎学：《论"生存论转向"的哲学表征》，《集美大学学报》（哲学社会科学版）2008 年第 1 期。

从生存论的意义上看，知识不仅仅是人的认识问题，更是人的存在问题。基于此，以知识为主要媒介的学校教学，就不能满足于使学生获得理性认识能力的发展，而应使学生理解知识，吸纳知识中所蕴含的丰富的精神能量，获得个性全面而自由的发展。[①] 也有人认为，将生存论的视角引向知识观，就是要探讨知识对于人的生存与发展的价值。生存论的知识观的意义在于更加强调知识对于个体的意义，它对教学的意义和影响在于促进教学功能的重心从仅仅关注知识本身转变为更加关注学习者的生存和发展状况。[②]

将生活世界、价值论、生存论等视角引入知识观探讨，为我们思考教育中知识与人的关系打开了另一扇窗户。这种研究取向虽显端倪，但关于该取向的问题域、内容架构、研究旨趣等还有待于人们对之做出更深入、细致的阐述和思考。

4. 总结与展望

从整体上看，国内对基础教育课程改革知识观问题的研究经历了一个从自在到自觉，从单一视角到多维视角的研究历程。新一轮基础教育课程改革是此研究走向学术自觉、展开多维透视的鲜明标志。对基础教育课程改革的知识观的理论自觉，反映了人们对课程改革理论基础思考的深化，也展示着课程改革向纵深推进的某种向度。

在新课程改革之前，我国教育理论界对课程改革知识观问题的研究基本上处于自发的、随意的、自在的状态。个中原因是，一方面，时代的知识状况包括知识观念的变革及其对教育的影响还远未引起人们足够的重视；另一方面，在国家课程一统局面的前提下，基础教育改革主要着眼于教学层面的改革，带有浓厚的"方法情结"，还未能深入课程领域，所以还不可能就课程改革的知识观问

[①] 阎亚军、周险峰：《知识的生存论意义及教学转型》，《湖南师范大学教育科学学报》2007 年第 3 期。

[②] 俞伟娟：《生存论知识观的教学意义》，《基础教育》2008 年第 2 期。

题做出深入的剖析和思考。

自新课程改革以来，随着人类社会知识状况的急剧变化，课程改革的深入推进，人们的知识观念也随之发生了前所未有的变化，这种变化深刻地影响了人们对教育问题的思考。用什么样的知识观来指导新课程改革成为课程改革当中一个重大的理论问题。也可以说，新课程改革激活了人们对这一问题的深入思考。自新课改以来，围绕着知识观问题，人们做了多角度、多层面、多维视野的探讨，出现了许多理论争鸣。很明显，这一问题已成为新世纪教育理论研究的一个热点问题。

课程改革的知识观问题是一个多学科共同关注的问题。由于知识观概念内涵的丰富性、不确定性，未来的相关研究需要进一步明确概念内涵，厘定研究的层面，以避免出现研究的问题域交叠、逻辑混乱等现象。

对西方各种哲学知识观要做出"多元视野的观照"。这种"观照"，不是要提出一种新的"哲学知识观"，而是要把当前课程改革领域所盛行的各种知识观直接作为自己的"研究对象"，借助于多学科理论资源和视野，认真审视其"究竟是怎么回事"，其对课程改革而言"意味着什么"，课程改革应该如何"应对"。这是本书所秉持的基本取向。

教育学也需要对课程改革知识观问题做出独立的探索。教育研究者不能仅仅停留在对哲学、文化学、人类学、社会学等学科知识观念的套用、移植、照搬上，而必须要有本学科独特的视角。从教育学的视角来看，从本体论的角度思考知识性质是重要的，但思考知识之于人的"意义"也同样具有重要意义和价值。探究教育知识观的价值在于凸显知识与人的意义关系、价值关联。教育知识观研究在关注哲学知识观的同时，也应该密切关注人在知识中的情感、需要、体验、命运、感悟、精神自由、智慧生成等问题。在教育研究中，如果离开了对人的"终极关怀"而单纯思考知识就变得毫无意义了。可见，知识生存论的研究也是课程改革知识观研究的内在要求。它凸显了人在教育中的地位，它使人超越了知识授受而走向知识生存。

六　研究思路与方法

前已述及，本书主要是一种"多元视野的研究"。"多元视野的知识观研究"主要不是提出一种"定于一尊"的知识观，而是要对影响基础教育课程改革的诸种知识观尤其是客观主义知识观以及近年来影响很大的建构主义知识观、后现代主义知识观做学理上的辨析，在探求其"是什么"的同时，辨析其"为什么是"，同时思考这种知识观对基础教育"意味着什么"，基础教育课程改革应该对其保有一种什么样的态度。所谓"多元视野"，主要是从哲学知识论、教育学、科学史、文化学等学科视野出发来"观照"基础教育课程改革当中诸多问题的。

哲学的方法是本书采用的重要方法。谈到哲学的方法，人们会习惯地认为，无非就是抽象的思辨。其实，哲学方法不仅仅是单纯思辨。哲学方法从根本上说，乃在于运用辩证法。在黑格尔看来，辩证法是一种"较高的思维方式"。用这种思维方式足可以把握"无限的真理"。马克思曾这样阐述辩证法的本质，即"辩证法不崇拜任何东西，按其本质来说，它是批判的和革命的"。可见，所谓"哲学的方法"就是"辩证法"，也就是解决哲学基本问题的方法。知识观是对知识的哲学反思，反映的是对知识的本质认识和根本看法。研究知识观就必须研究知识本身辩证发展的过程及其自我否定、自我发展的历史过程。研究的方法也应该符合知识本身发展的辩证法。主观和客观是人类认识永恒的矛盾，二者所体现的思维和存在的问题是哲学的基本理论问题。要科学认识和回答此一问题，就必须运用辩证法。只有认清知识本身的辩证发展过程，才能形成关于知识观的科学认识。这同那种主观的、纯思辨的方法是不同的。

知识是多学科关注的对象。哲学、科学史、知识社会学、心理学、教育学、文化学、人类学等学科都关注知识。因此，要形成对于人类知识的较为科学的认识，就必须用跨学科的研究方法。要采撷、运用多学科的知识来支持我们对知识的有关思考。一方面，通过分析不同学科对知识观的相关研究成果，为本书奠定坚实的理论地基；另一方面，综合运用多学科知识成果，为思考当代知识状况，思考知识与人的关系提供借鉴。

比较研究法是教育研究中常用的一种方法。在中外教育理念碰撞、融合的时代背景下，中国教育的"本土行动"离不开"国际视野"。中西比较视野的教育研究，并不是简单的比附，而需要从文化背景、价值取向等方面入手。以人观我，可以知短长；以我观人，可以明得失。中西比较，主要是为了促进本土的教育改革实践。

第一章　客观主义知识观与基础教育课程改革

　　我国教育现代化的历程波澜壮阔，画卷宏伟。现代化是一个历史过程。我国教育现代化始自何时？胡德海先生认为，其关键性的转折发生在 19 世纪五六十年代之交。① 晚清一批头脑清明、思想敏锐的革新人士，被战争的枪炮声所震醒，睁眼看世界，认清了中国社会现实内忧外患日亟的残酷事实，看到了晚清教育的空疏、无用、衰朽和不堪，看到了"洋器""西学"的威力，认识到"奇技"并非"淫巧"，转而主动"师夷之长技以制夷"，学习西学，了解西方，从而反思、解析和重构中国传统文化，发出了改革旧教育、向西方学习的呼声。在这种社会转型、中西文化激烈碰撞、冲突与融合的时代背景下，中国教育现代化的大幕徐徐开启。自此以后，中国教育靠"改革"这一动力机制开始了其现代化的远航。

　　回溯历史，在教育现代化的轨道上，中国教育一刻也没有停息其"改革"的步伐。确实可以说，"不断变革是现代教育的本性和存在形式"②。20 世纪初，"废科举、兴学堂"使中国传统教育面貌焕然一新。20 年代，"五四"新文化运动对"民主、科学"的竭力倡导和引介，使得中国教育逐步摆脱传统思想的严重束缚，以更

---

① 胡德海：《论 20 世纪中国的教育改革》，《教育研究与实验》2003 年第 1 期。
② 黄济、王策三：《现代教育论》，人民教育出版社 1996 年版，第 197 页。

为开放的姿态吸纳世界多元文化，在各个方面渐次踏上了现代化道路。三四十年代，本土的各种教育思潮、教育运动和教育实验层出不穷，教育现代化呈现出东西会通、融合发展的势头。1949年，新中国教育迎来了新的历史机遇，但遗憾的是，在中华人民共和国成立以后很长的一段历史时期里，由于极"左"思潮的泛滥和严重干扰，中国教育现代化进程一度走上歧途，及至发生"文化大革命"时期教育领域的毁灭性灾难。"文化大革命"结束以后，经过拨乱反正，反思重建，中国社会和教育领域获得了新的历史发展契机。邓小平"教育要面向现代化，面向世界，面向未来"的题词，成为新时期教育改革的指导方针。"尊重知识，尊重人才""科教兴国"成为我国的基本国策，教育改革成为教育发展的直接动力，教育在社会主义现代化建设中的优先发展战略地位得以牢固确立。

改革开放40年来，经过一系列的改革，我国教育基本上确立了现代教育的理念和形貌。

纵观中国教育现代化及其改革的一百多年的历史，一个基本的趋势或主要的使命，就在于"与世界接轨"，也就是从其基本的教育目的、教育理念、教育制度、教育内容等方面与世界进步的教育思想趋于一致。历史经验表明，中国的教育现代化不可能离开世界教育发展的基本趋势这一历史性参照框架。或者说，中国教育现代化必须具有世界性眼光和开放性胸襟。当前，我国教育所面临的全球化、终身教育、知识经济等议题，也便是这一历史趋势、时代需要在教育领域的根本反映。明确认识到这一点，能够使我们从根本上认清我国教育改革的方向，对于深化当前的基础教育课程改革具有重大的理论意义和实践价值。

在历史的坐标系中，我们看到，到20世纪90年代，我国教育已基本上确立起了较为完备的现代学校教育制度、内容、思想、管理模式等。然而，历史在前进，时代在发展。我国教育发展到现代教育阶段之后，也日益显现出深刻的危机或困境。在世界性教育改革大潮的萌发和催动下，我国的教育也孕育着新的改革，以适应变化了的形势和时代的需要。在新的历史和时代条件下，如何通过教育改革使我国基础教育进一步走向现代化，克服在现代化过程中随之而来的一系列危机或困境，便是世纪之交我国新一轮基础教育课程改革理论运思的基本出发点和改革的宏观背景。

　　探讨基础教育课程改革的知识观问题，需要探明我国当前基础教育课程改革的基本出发点或逻辑起点。这是改革的前提，也即是要回答"为什么要改革""改革要改什么"等问题。从知识观视角来看，需要搞清楚的是我国基础教育发展到现代阶段所秉持的知识观是一种什么样的观念？它与时代的知识状况是否吻合？与我国当前基础教育课程改革的目标是否一致？有无变革的必要？如有必要，如何变革？如前所述，我国教育现代化的过程，也就是西方现代科学知识在学校教育中由排斥到引进终至完全接受且占据主导地位的过程。伴随此一过程，我们也逐渐引进、接受了现代知识所蕴含的知识观及其思维方式、价值观念。"现代教育可以说是以科学知识为主要内容，以满足个体和社会的世俗性需要为主要目的，以大众化为主要发展方向，以理性启蒙为主要理念的教育。现代教育的基本精神就是科学主义、功利主义和客观主义。它以科学主义反对古代教育的形而上学和神学，以功利主义来反对古代教育的古典主义，以新的客观主义反对古代教育旧的客观主义。"① 无论从理论视野还是实践探索方面，都可以认为我国现代基础教育所秉持的是一种客观主义知识观。审视我国当前的基础教育课程改革知识观基础，就有必要认识客观主义知识观。

① 石中英：《知识转型与教育改革》，教育科学出版社 2001 年版，第 113 页。

第一节 客观主义知识观的源流、内涵及引进

一 客观主义知识观的流变

客观主义知识观有着悠久的历史渊源，其哲学源头可以上溯至古希腊时代。

苏格拉底（Socrates）认为，真正的知识是概念的知识。概念表征事物的本质。事物的本质是普遍而不变的。因此，所谓真知识就是把捉事物普遍而不变的本质，也就是要确定事物的概念。确定概念的方法就是给事物下正确的定义。这就是他的概念论。

柏拉图的理念论承脉于苏格拉底的概念论，并有所增广和补足。他将世界一分为二：由具体事物组成的"可见世界"和由永恒理念组成的"可知世界"。可见世界是瞬息万变的，只能是"意见"的对象；而永恒不变的理念世界则是真实的，是知识的对象。所以，真正的知识是关于理念的知识。关于理念的知识不是得自感官，而是得自心灵。理念是纯粹永恒的和绝对的存在。知识是不朽的灵魂固有的。人们可以通过观照感性事物而回忆到这种知识。在柏拉图那里，灵魂似乎知道一切事情，人们能做的事情只是将它正确地回忆出来。

柏拉图以降，西方哲学史上很多哲学家都赞同他的这种观念。在知识问题上，笛卡尔（R. Descartes）认为，由感官获得的知识是混乱的，而且只能得到个别的、片面的认识，是人与动物共有的；只有理性才能获得普遍的、必然的认识，是人类所独有的。在笛卡尔的心目中，凡是在"我"心灵中"清晰明白"的观念，就是确定的，从而是真正的知识。如他所说，"我思故我在"。一切皆可怀疑，独有"我思"本身不可怀疑。他把数学作为确定性知识的最高尺度。

笛卡尔之后，斯宾诺莎（Spinoza）、莱布尼茨（Leibniz）等人

承袭了理性主义的认识论传统。

斯宾诺莎认为，一切事物都受一种绝对逻辑必然性的支配。在精神领域既没有所谓自由意志，在物质世界也没有偶然。凡发生的事都是神的不可思议的本性的显现，所以各种事件照逻辑讲就不可能异于现实状况。① 他认为，对宇宙间的逻辑联系进行探索的唯一合适的方法就是几何学的方法。宇宙和人生的本质都可以通过几何学的方法从自明的公理中逻辑地演绎推导出来。

莱布尼茨的哲学建立在"实体"概念上。他相信宇宙有无限个实体，他称之为"单子"。每个单子是一个灵魂。任何两个单子之间决不相互作用，没有因果关系。照他的说法，单子是"没有窗户的"②。莱布尼茨主张，一切单子反映宇宙，这不是因为宇宙对单子发生影响，而是因为神给了它一种性质，自发地产生这样的结果。一个单子中的变化和另一个单子中的变化之间有一种所谓的"预定的和谐"。单子好比时钟，所有的钟经造物主安排定在同一瞬间报时，这不是由于它们彼此影响，而是因为这些钟各是一套完全准确的机械。他认为，人的肉体也完全由单子组成，这些单子各是一个灵魂，各自永生不死，但存在一个主宰单子，它构成人的肉体的一部分，就是人的固有灵魂（心灵）。人体的种种变化是为了主宰单子而起的。莱布尼茨非常强调逻辑在知识获得过程中的重要性，认为凭借逻辑，在形而上学和道德领域就可以像在数学领域一样进行推理。

在近代哲学史上，与唯理论比肩鼎立着的还有经验论传统。如果用一句话概括经验论的根本观点，那就是一切知识皆起源于感觉经验。以此与唯理论的知识观针锋相对。

英国哲学家培根是经验论的奠基人。培根认为，要获得真正的知识，就必须铲除各种"幻象"和"偏见"。所谓"幻象"是指能

---

① ［英］罗素：《西方哲学史》（下册），马元德译，商务印书馆1976年版，第95页。
② 同上书，第109页。

让人陷入谬误的种种不良心理习惯。培根归纳了长期以来影响人们思想的四种"幻象"——"种族幻象""洞窟幻象""市场幻象"和"剧场幻象"①。"种族幻象"是人性当中固有的、与生俱来的幻象。"洞窟幻象"是由个人的性格、境遇、教育、读书等而来的私人成见。"市场幻象"是受语言影响的幻象，容易将符号的语言和实物相混同。"剧场幻象"是对经典、传说、权威思想、哲学教条、错误陈述等的盲目崇拜与信奉。培根认为，这些"幻象"的存在使人们的观念没有一种是完全反映外界事物本质的，都是虚妄、扭曲和错误的。抛弃这些"幻象"是获得真正知识的前提。他认为，人们应该遵循自然和观察自然，从感觉经验中归纳出一般性的结论。他提出一切知识都来源于感觉经验。真正的知识就是对外界事物的忠实反映。观察和实验是获得这些知识的最可靠的途径。当然，培根也重视人的理性在认识中的作用。他曾用蚂蚁、蜘蛛和蜜蜂的著名比喻来强调经验和理性结合的重要性。他说，我们既不应该像蜘蛛，从自己肚子里抽丝结网，也不可像蚂蚁，单只采集，而必须像蜜蜂一样，又采集又整理。

步培根之后，洛克将经验论发挥得更是赅博精致。他说："我们的一切知识都在经验里扎着根基，知识归根结蒂由经验而来。"②洛克认为，一切知识都源于感官，一切概念都源于经验。所有观念都是由感觉而来的，感觉是获取知识的唯一通道。人类认识的途径只能经由对个别现象的感知归纳进而上升到对一般原理的认识。洛克区分了三类知识：一是"直觉的知识"，直觉是人类理性所具有的一种"洞察力"或天赋的"理性之光"，凭借直觉，心灵可以知觉到两个观念之间联系与符合，或不符合与冲突；二是"证明的知识"，这是在直觉基础上运用推理而得到证明的知识，这类知识的典范是数学命题；三是"感性的知识"，这类知识虽然没有前面两

---

① ［英］罗素：《西方哲学史》（下册），马元德译，商务印书馆1976年版，第64页。
② 同上书，第140页。

类知识那样确实可靠，但它也超出了"或然性"的范围，它能帮助我们确知外界事物的存在。洛克提出"白板说"，认为人生下来大脑类似一块"白板"，经验可以在上面书写所有知识。

总体来看，唯理论和经验论在知识来源、知识的可靠性诸问题上存在着根本分歧。但是，它们之间也存在着很多共同之处：第一，知识是客观存在之物，关键的问题在于如何去"发现"。在主客二分的思维框架下，唯理论强调了"思维着的我"在知识形成中的作用，而经验论则强调了经验对象在知识形成中的作用。第二，强调了知识的绝对性特征。二者都致力于寻求知识的绝对普遍性、客观性、必然性和可靠性。第三，强调知识与认识对象的完全"符合"或"一致"。

19 世纪以来，实证主义知识观是经验主义知识观在新的历史时期变化了的新形态。实证主义知识观在很大程度上继承和维护了知识的客观性信念。其代表人物是法国哲学家孔德（Auguste Comte）、英国哲学家穆勒（John Stuart Mill）和斯宾塞（Herbert Spencer）等。

孔德是实证主义的创始人。他认为，只有用观察、实验等科学方法才能获得关于世界的可靠知识，这种知识就是实证的知识。人类社会、自然界的变化都存在因果关系或相关关系。只有实证知识才能反映这种关系。自然科学的逻辑方法和研究程序同样适用于对人类社会的研究。建立一门关于人类行为的科学是可能的。社会学完全可以和物理学、化学、生物学等自然科学一样，发展出抽象的理论原理，构造出反映客观世界的一般性质的模型。依照孔德的看法，实证知识是知识进化的必然结果。他认为，人类知识必然经过三个阶段，即神学阶段、形而上学阶段和实证阶段。所有的科学，或迟或早，都要经过上述三个阶段，而最终达到实证阶段。实证阶段是人类智慧的最高阶段。按照达到实证阶段的历史发展顺序，孔德将科学分为六类：数学、天文学、物理学、化学、生物学、社会学。社会学是最复杂的科学。这个顺序反映了一种知识从单纯到复杂、从抽象到具体、从一般到特殊的进化历程。①

穆勒的知识观深受休谟和孔德的影响。他认为，知识的本质表现为命题和判断，普遍性的真知都是从观察和实验而来的。逻辑学对于合理推断具有重要作用。归纳法、演绎法和假设法是重要的逻辑方法。他提出著名的"归纳五法"，即求同法（契合法）、求异法（差异法）、剩余法、共变法及求同求异共用法。穆勒还认为，那些只提供事物细节或局部性事实和信息的知识，并不是真正有用的知识，是"浅表性知识"，真正有用的知识是有关事物的"总体性知识"。在他看来，人类的存在和经验是不可分割的有机整体。因此，不同知识存在着关联性和整体性，"总体性知识"才是关于事物的"主导性真理"，那些拥有"总体性知识"的人才是"有教养的知识分子"（cultivated intellects）。他认为，学习的目的是要掌握对自然和人生宏观的、正确的观点，而不是为实际上不值得为之的琐屑事物而浪费时间。

斯宾塞是19世纪下半叶英国实证主义的主要代表。他企图像研究自然现象一样来研究社会现象，把关于社会领域的研究变成像自然科学一样的科学研究。他将知识分为最低级的知识、科学知识和哲学三类，它们都是关于现象的知识。他基于"为完满生活做准备"的观念，提出了一个为教育学人所熟知的观点："什么知识最有价值？一致的答案就是科学。"

二 客观主义知识观的内涵

客观主义知识观所指称的知识的客观性主要是认识论上的规定性。在认识论上，知识的客观性是指：认识对象是不依赖认识者而独立存在的客观实体；知识是与客观事物本质的"完全一致"或

---

① 黄忏华：《西洋哲学史纲》，东方出版社2007年版，第289页。

"符合"。客观主义知识观认为，客观世界存在着永恒不变的本质。知识即是这种事物本质的反映或显现。它不因时、地、空、人而异。认识的目的在于发现这种客观存在的本质知识。知识一经发现，便产生了普遍有效性，不必再对之加以质疑。因为知识的这种普遍有效性，它对每一个人具有同样的效力，不因个体的人生信仰和价值观念的转变而转变。在客观主义知识观视界里，知识不受认识者的信念、情感、态度、性别、种族、价值观、文化环境等因素的影响，它是纯粹经验和理性的产物。科学知识是唯一符合这种标准的知识，因而也是真正的知识。

客观主义知识观反映了人类认识客观世界的一种心智努力的取向和信念，它致力于为科学知识寻求牢固的哲学基础，因而对自然科学的发展乃至推动人类社会的进步都功不可没。客观主义知识观之所以是"主义"式的，就是因为它对知识的客观性、普遍性和中立性等性质做了绝对化理解。在客观性上，它过分强调"客观世界"在知识形成中的作用，即强调知识是与"对象"的完全"符合"；在普遍性上，强调了真理的绝对性和普遍性，将其视为放之四海而皆准的真理；在中立性方面，它强调了心灵之"镜"对客观事物真实无误地"映照"。正是因为这种对知识的简单化、片面化、绝对化的理解，客观主义知识观日渐显示出其时代的局限性，不仅其自身面临着较大的理论困境，也给我国基础教育带来了诸多困境。

三　客观主义知识观在我国的引进与接受

从严格意义上讲，中国古代并没有产生本书所讨论的"客观主义"知识观。前已述及，中国古代哲人论"知"，往往把"知"和"德"相联系，持一种"德知统一论"的知识观。在这种知识观传统里，哲人们关注更多的是人的道德性命问题，所谓"格物致知""致良知"，都注重"向内用力"，而较少如西方知识论传统的"向外探索"那样关注自然万物的奥秘和规律。

在我国的传统文化中，自汉武帝确立"罢黜百家，独尊儒术"之后，儒家学说一直居于主流地位。盛唐时期，存在着"尊道、礼佛、崇儒"三教并行的局面。有宋一朝，理学昌明。有明一代，倡扬心学。清末民初的"新儒学"也承继了宋明儒学传统。这种"独尊儒学"的文化传统，在我国传统社会里渐次形成一种崇尚权威、服从权威、迷信权威的文化传统。这种文化传统使得人们的知识观念较为守旧，即认为"先王之道""圣贤之言"都是必须接受和遵守的，是无须"证伪"的，也不能对之持质疑和批判的态度。在这种知识观念的影响下，中国古代的读书人著书立说较多地倾向于祖述尧舜，旁征博引，引经据典，以博通古今为能事，而不以标新立异为鹄的。

鸦片战争以来，"西学东渐"的文化渗透，传统社会的解体与转型，"内忧外患"的社会现实以及"救亡图存"的强力需要，一批有识之士开始"睁眼看世界"。魏源、林则徐、龚自珍等士人一方面抱残守缺，埋首义理、考据、词章之学；另一方面，他们主张"师夷之长技以制夷"。这种"中体西用"的知识观，试图以旧纳新，但结果却不尽如人意。较早留学西方的严复就对这种知识观深不以为然。严复留学英伦，对时称"日不落帝国"的英国社会的飞速发展有极深切的感受，也对故国的衰朽不堪有了更明确的认知。他经过长期思考，认为中国欲救亡图存就必须学习和发展西方的科学知识文化。作为开明的知识分子，严复对科学的真知灼见对于廓清人们的思想迷障、推动近代社会转型具有积极意义。19世纪末20世纪初，随着早期派遣出国留学之人的次第回归，一些西方的自然科学知识被大量引进，并成为学校教育的重要内容。与此同时，"科学知识观"也伴随着西方科学知识的系统引进和大量传播而渐及人心。1919年，"五四"新文化运动的爆发，"科学"和"民主"的基因开始植入人心。此后，经过"科玄论战""全盘西化"与"东方文化派"的反复论战，传统的文化知识观渐渐被"解构"，代之而起的是被奉为知识"圭臬"的"科学知识观"。但是，正如很多学者所注意到的，科学知识观传入我国之后，我们更多地习得了科学知识的成果，看到了科学知识在解决社会、经济、文化、生活等方面的"效用"，而较少关注其背后的"科学精神"。

中华人民共和国成立之初，我国社会、政治、经济、文化等领域全面学习苏联。随着马克思主义在意识形态领域主导地位的确立，马克思主义认识论原理形塑了人们新的知识观念。但由于对马克思主义认识的局限性，人们对知识的看法仅仅囿于"反映论"。例如，权威辞书《辞海》是这样解释"知识"的："人的知识（才能也属于知识范畴）是后天在社会实践中形成的，是对现实的反映。"① 这种"反映"论的知识观，代表了此一时期人们的知识观念。

改革开放以来，随着我国社会各个领域的拨乱反正和恢复重建，各条战线走上了建设现代化之路。科学技术现代化成为四个现代化的关键，教育则成为科学技术人才培养的基础。"科技是第一生产力"及相伴而来的科学知识观念从此深入人心。

可以看出，客观主义知识观虽非本土自生，但其在本土经历了一个引进、传播和接受的历史过程。客观主义知识观和教育的"联姻"，在基础教育领域也造成了一定的问题。

第二节　基础教育的现代性危机及其知识观根源

由于对知识"客观性""普遍性"和"中立性"的狭隘、绝对化理解，客观主义知识观不仅不能恰当地解释自然科学的新发展，而且越来越培养了人们对待知识的一种普遍化、绝对化、简单化的

---

① 辞海编辑委员会编：《辞海》（缩印本），上海辞书出版社 1994 年版，第 1952 页。

思维方式和倾向，反映到教育领域，便造成了诸多困境，成为我国基础教育现代性危机或诸多困境的知识观根源。这种情况主要在基础教育的课程和教学领域里反映出来。

一 课程知识与学生日常生活的疏离

遵奉客观主义知识观的知识标准，课程知识往往以"纯粹理性"为知识旨趣，"科学化、理性化和实证化"是其基本尺度，以"科学知识"为主的理论知识是课程学习的主要内容。[①] 在人们的心目中，形式化越强，越是抽象的知识，越是远离社会生活的知识，才算得上是真正的知识。而那些贴近社会生活实际，对实际生活发挥着重大作用的知识，亦即形式化程度不高的知识比如思想、常识、经验、个人体验、感悟等均算不上知识或者认为是"主观的知识"，是学校教育不需要专门学习，也不值得重视的东西。于是，那些所谓"真正的知识"成了与人们的社会生活和社会活动没有任何关联的知识，成了"人们追求和崇拜的对象"[②]。在学科课程的逻辑下，课程知识的选择、设计主要从科学知识的逻辑出发而很少考虑学生现实生活的需要。所以，学生整天被封闭于学校生活空间中，沉浸在抽象知识的掌握中，而较少有直接感受真实社会生活的机会，越来越多地为"未来生活"而准备、仓储大量现实生活中几乎用不到的知识，也越来越缺乏自主发现、解决日常生活问题的兴趣和能力。他们所拥有的仅仅是来自书本知识的"虚拟体验"和"虚拟感受"，而较少真实生活的体验和感受。这种对抽象知识的崇拜，遮蔽了知识与学生鲜活社会生活的联系，因而在学生的眼中，这类知识显得"繁、难、偏、旧"，与自己的日常生活有较大的隔膜。课程知识和儿童生活的隔离，使得儿童的人格被分裂为两个互不接触的世界——"在一个世界里，儿童像一个脱离现实的傀

---

① 钟启泉：《课程的逻辑》，华东师范大学出版社 2008 年版，第 8 页。
② 林建成：《现代知识论对传统理性主义的超越》，《社会科学》1997 年第 6 期。

偏一样，从事学习；而在另一个世界里，他通过某种违背教育的活动来获得自我满足。"① 这样，教育仅看到"知识"，而没有关照教育中的"人"。教育失落了对人的生存与发展的关怀，亦即对人的生命存在的漠视，便沦落为"唯知识的教育"，也就是非人的教育。

过于追求课程知识的抽象化和体系化，也给学生身心全面发展带来了沉重的负担，越来越多的学生出现厌学、身心疲惫、精神紧张和焦虑等症状。教育越来越呈现出"挑选适合教育的儿童"的特点，从而越来越少地给予那些所谓"学业不良""不可造就"儿童以关怀和期冀。学生的生命、时间被禁锢在学校或"教育世界"之中，而属于儿童自己的、自主的"生活世界"的时间和空间却越来越少。由于过度迷恋掌握抽象的课程知识，学生的动手实践能力也变得越来越差。有报道指出，我们的中学实验课热衷于"纸上谈兵"，一些学校的理化实验停留在"黑板上做实验、报告册中填实验、课后背实验"的怪圈中，结果是"精通电路的物理尖子生不敢换灯管、半数学生在骑车上坡时从未想过走曲线省力，甚至有学生到了高三还不会划火柴、不会换保险丝……这样的事如今正出现在中学校园里"②。由于缺乏动手实践，在遭遇现实问题时，书本知识便显得无能为力："让中学生用二极管、磁铁、电线圈、电池等材料组装出可发光的灯，多数学生不是不会切割磁力线，就是忽视了二极管的适用电流。概念全部都了解，但灯就是无法亮起来，这样的事并不少见。"③ 可见，在片面的书本知识的掌握中，学生渐渐丧失了对于情境性问题独特的"思考力"和"判断力"，当书本知识并不能完全给出生活中问题的答案时，大部分学生表现出紧张、焦虑，无所适从的情绪。

---

① 联合国教科文组织国际教育发展委员会：《学会生存——教育世界的今天和明天》，华东师范大学比较教育研究所译，教育科学出版社 1996 年版，第 12 页。

② 李爱铭：《中学实验课如何摆脱"纸上谈兵"》，《中国教育报》2008 年 1 月 29 日第 2 版。

③ 同上。

为什么现代教育知识使人如此地"成了问题"？也许我们可以从德国哲学家胡塞尔（Edmund Husserl）的相关思想著述中受到启发。胡塞尔在他的晚期著作《欧洲科学的危机与超越论的现象学》中对近代自然科学所隐藏的危机进行了深刻的哲学反思和批判。在胡塞尔看来，生活世界是科学世界的根基与源泉，科学的有效性与意义最终要回溯到生活世界里，而近代科学的危机以及与此相关的人的生存危机就在于遗忘了这个源泉。胡塞尔认为："科学的'危机'表现为科学丧失其对生活的意义。"① 他说，在19 世纪后半叶，现代人的整个世界观唯一受实证科学的支配，并且唯一被科学所造成的"繁荣"所迷惑，这种唯一性意味着人们以冷漠的态度避开了对真正的人性具有决定性意义的问题。"单纯注重事实的科学，造就单纯注重事实的人。"② 可见，近代科学之所以出现危机，根本上在于它已完全变成了"实证科学"。一方面，由于"实证主义将科学的理念还原为纯粹事实的科学"③，它只关注"事实"，而渐渐遗忘了人的"生活"或"生命"，实证科学"从原则上排除的正是对于在我们这个不幸时代听由命运攸关的根本变革所支配的人们来说十分紧迫的问题：即关于这整个的人的生存有意义与无意义的问题"④。叩问整个人生有无意义的问题正是对所有人都"具有普遍性和必然性的问题"，这些问题终究关系到人作为"自由主体的人"之可能的问题，是必须要以"理性的洞察给予回答"的问题，而"单纯关于物体的科学"对此却什么也不能说。另一方面，"就精神科学来说（精神科学确实在所有特殊的和一般的科学中，在人的精神的存在中，因此在人的历史性的地平线中考察人）"，胡塞尔说："它严格的科学性

---

① ［德］胡塞尔：《欧洲科学的危机与超越论的现象学》，王炳文译，商务印书馆2001 年版，第15 页。
② 同上书，第16 页。
③ 同上书，第15 页。
④ 同上书，第16 页。

要求研究者小心地将一切评价的态度，一切有关作为主题的人性的，以及人的文化构成物的理性与非理性的问题全都排除掉。"①因此，无论是"关于物体的科学"，还是"精神科学"，其旨趣都在于追求一种"客观真理""实证真理"。"科学的客观的真理仅在于确定，世界，不论是物质的世界还是精神的世界，实际上是什么。"② 这样一来，基于实证主义的近代科学只问"事实"而根本上忘却了对人生"意义"这一"形而上学"问题的终极追问。依胡塞尔的洞见，欧洲近代科学危机的直接根源就在于本质上的实证主义和客观主义。胡塞尔认为，科学只是前科学的生活世界发展起来的一种认识方式，离开了生活世界，它就失去了自身存在的条件，失去了它的真理意义。因此，由科学世界还原到生活世界是彻底克服近代科学危机和人的生存危机的唯一出路。

胡塞尔对欧洲科学危机的深刻分析和"生活世界"概念的提出，对我们反思基础教育现代性危机中课程知识与学生的日常生活日益疏离的状况提供了良好的思想资源。教育并不等同于学校教育。生活世界的教育是其他一切教育的源泉和基础。生活世界的教育具有自然性、直观性和奠基性等特点，而科学世界的教育则是一种体系化、技术化、课题化的教育。③ 从总体上看，生活世界的教育和科学世界的教育各自具有不同的特性，它们对于人的生存与发展具有不同的作用和价值。二者之间存在着一种互补、互通、共生的关系，而不宜相互隔绝或脱节。学校教育如果遗忘了其赖以奠基的生活世界的教育，就如同河边芦苇，"头重脚轻根底浅"，因失去了生存本体的护持而变得欠缺深度和厚度。

宽泛地说，人是教育的产物。教育是人的一种生存方式。教育

---

① ［德］胡塞尔：《欧洲科学的危机与超越论的现象学》，王炳文译，商务印书馆2001年版，第16页。

② 同上。

③ 项贤明：《"生活世界"的教育与"科学世界"的教育》，《教育研究与实验》1999年第4期。

作为人的一种生存方式意味着教育过程即是生活过程，而不仅仅是为了未来生活之准备。教育是在生活中、通过生活、为了生活而展开的。教育不是在人的生活之外孤立发生的。离开了生活无所谓教育。生活含蕴着教育人和发展人的价值。如何能够让学生"在求知中得到快乐，在学习中健康成长，在生活中准备生活"①，这是基础教育的一个基本问题。从基础教育的视角来看，求知的目的也在于使学生获得一种更好的生活，即健康地成长。教育的本体价值和旨趣就在于教人过一种值得过的生活。"人是为了生存、生活才去索取知识的，生活才是第一性的，知识只是生活的工具。"② 显然，以人的生活、生存处境为起点来思考教育如何面对知识而不是从知识的逻辑出发寻求适合知识的教育（及人），这是基础教育的一个基本的立场。怀特海（Alfred North Whitehead）认为，生活和实践是教育的唯一源泉。教育没有游离于生活和实践之外的主题，它"只有一个主题，那就是五彩缤纷的生活"③。生活的意义比知识的目的更具根本性。这也是现代哲学的一个普遍取向。胡塞尔"生活世界"理念，海德格尔（Martin Heidegger）将人类的"此在"概括为"生存"，即"在世界中存在"，提出人要"诗意地栖居"在大地上，尼采更是喊出了"生活更高，生活是统治力量"的口号，认为知识以生活为前提，毁灭了生活的知识最终也将自行毁灭。一旦知识的目的代替人的生活而成为"中心"，生活和知识的关系就完全被颠倒了，让知识的价值凌驾于生活之上，变成了对人生活的统治。

生活变成一种知识崇拜的"仪式"，个体精神则变成一种

---

① 张春兴：《教育心理学——三化取向的理论与实践》，浙江教育出版社1998年版，第23页。
② 鲁洁：《一个值得反思的教育信条：塑造知识人》，《教育研究》2004年第6期。
③ ［英］怀特海：《教育的目的》，徐汝舟译，三联书店2002年版，第12页。

完全形式化的东西。在这种"仪式"里，人成为知识的工具，心灵成为知识的"市场"，人性被切割、窄化，人的完整性遭鄙弃，人忘记了"我是谁"或"我所是"，而成为他人、社会或物质利益等外在事物的奴隶。[①]

有人指出：

> 学校教育的关键问题之一，在于它在制度上逐渐地忽视或者排斥了人的社会生活和日常生活所具有的教育意义。学校教育蕴藏着一种特有的"隐蔽课程"（hidden curriculum），一种顽固的思想观念和思维定势，即认为只有通过学校所传授的东西才是有教育价值的，社会生活和日常生活并不具有所谓科学的教育价值，甚至是违反学校教育的价值标准的。

我们需要一种走向生活的知识教育，"走向生活的知识教育的根本意蕴在于，知识教育需要与人的生活紧密地连接起来，教育中的知识需要转化为人的生活素材、生活经验和生活智慧"[②]。

二　课程知识的"单一化"

从客观主义知识观对知识的标准来看，科学知识无疑是最符合这类标准的知识。据此，科学知识成了课程知识选择的绝对核心。毫无疑问，科学知识是我们这个时代最为重要的知识。我们的生活离不开科学，科学给我们的物质生产生活和精神生活带来了翻天覆地的变化。这是不容置疑的事实。但是，科学知识并不

---

① 郭晓明：《课程知识与个体精神自由——课程知识问题的哲学审思》，教育科学出版社 2005 年版，第 58—59 页。

② 靖国平、张丽萍：《论当代知识教育方式的变革》，《湖北大学学报》（哲学社会科学版）2003 年第 5 期。

能代表知识的全部。我们需要科学知识造福人类，但并不意味着我们不再需要除此之外的其他类型的知识。我们需要科学，但科学并不能解决人类安身立命的所有问题。人作为文化性存在，其文化需求是多样化、多层面的。科学知识能够满足人的某些方面的需求，但还远远不能说达到了满足人的全部生活（物质生活和精神生活）需求的境地。我国基础教育发展到现代化成形阶段之后，科学知识的"霸权"在一定程度上也是存在的。科学知识对人文知识等其他类型知识的排斥、压制也决不是耸动观听的危言。科学知识的强势地位不仅造成了人文知识在学校教育中的尴尬境况，而且科学知识还对一些极具人文性的课程知识进行"科学化"改造，使其沦为科学主义的附庸，翼蔽在科学主义的阴影之下。20世纪90年代学者们对语文教育的"忧思"就真切地反映了这一点。

对科学知识"霸权主义"的反思并不意味着我们反对科学知识在学校教育中的重要性。我们反对的是其"霸权"，反对其唯我独尊，反对的是"唯科学主义"及其简单化的思维方式。单一的课程知识形态并不能培养精神健全、人格丰满的人，并不能满足人的多样化的知识需求。当前多元文化的存在日益要求学校教育关注非主流文化、边缘文化、地方性知识和民俗文化等文化知识对人的精神培育的潜在价值。客观主义知识观主导下的课程知识选择取向在根本上隐含着一种"知识霸权"，它强调统一性而漠视差异性，它制造标准化而抹杀异质性，它重视科学知识而相对忽视人文知识，而那些对学生精神生活、日常社会生活具有很大价值的常识、个人体验、感悟等则被置之度外，这正是客观主义知识观主导下的课程知识与人的生存与发展的潜在矛盾。有人深刻地指出："无论是人文主义精神还是科学主义精神，在我们的社会中都是十分缺乏的，相反，与人文主义相对立的专制、极权、等级思想，与科学主义相对立的愚昧、无知、迷信（甚至科学也经常被当作迷信的对象）、盲从思想，仍然十分严重。"① 因此，"在课程中同时加强人文精神和科学精神"依然十分必要和紧迫。

有学者对以实证主义知识观为基础的现代教育观进行了深刻的哲学批判和反思。研究指出，实证主义知识观"是一个未经批判性反思的观念，我们时代的悖谬和教育的困境皆源于此"。

> 由于实证主义知识观错误地把西欧近三百年来的知识运动形式看作人类知识运动的普遍形式，把最初权利均等的宗教、形而上学和科学三种人类精神的永恒立场和认识形式看作神学、形而上学、科学的线性替代关系，因而把一小部分人所拥有的宗教和形而上学在市民阶级资本主义时代的没落看作一般宗教和形而上学精神"寿终正寝"的普遍过程。实证主义诉诸经验理性，它拒斥神学的信仰和哲学的理性并使实证主义的科学知识成为近现代唯一合理的和独有的知识类型，遗憾的是，现代教育作为知识的传播介质，其理念就建立在这种实证主义的经验理性的基础之上。②

研究认为，人作为一个生命个体，在教育中必须解决三个层面上的问题：信仰、生活和生存。单纯的科技知识只能解决生存层面的问题；生活开始追问生命的意义和价值；而信仰则是一种在终极意义上对人类命运的思索，它在形式上表现为人与神圣之间的媒约，而"神圣"在本质上是人在类的意义上所追求的终极价值。

三　课程知识呈现"完成时"，而缺失"进行时"

教材是课程内容呈现的最重要的载体。受客观主义知识观影响，课程知识呈现"完成时"，成为学生需要记忆、掌握的"绝对

---

① 丛立新：《课程论问题》，教育科学出版社 2000 年版，第 156 页。
② 李朝东：《现代教育观念的知识学反思》，《教育研究》2004 年第 2 期。

真理"，是不容置疑的东西，而对这些知识赖以产生的过程、条件，对这些知识中还有待探究的问题或可能存在的问题等均予以排除，从而把尚未完备的知识创生过程"简化""确定化"和"静止化"，削弱了学生对已有知识的质疑和新知识的探究、发现。有研究者这样指出：

> 书本知识在很大程度上只是一种认识结果与产品的记载，它很少能够反映出知识当初被生产、被发现的原始认识过程，这种原始认识过程是相当复杂、曲折、丰富的，其中包含知识初创者大量的直觉与想象、猜测与反驳、反省与推理等，使学生的思维复归这一原始的认识过程，这本身就具有极大的思维训练价值，但现在通过书本，学生们看到的只是一个经过仔细整理的、得到精心阐述的、条理化的、逻辑化的静态知识体系。通常教师只是将书本知识作为现成的东西传授给学生，最多给予一定程度的说明、分析与解释，久而久之，学生变得习惯于接受现成的知识，不会自己去发现和探索知识。[①]

这种见解同杜威批判过的传统教育中知识的存在状况不谋而合。杜威指出：

> 学校所教的东西被认为实质上是固定不变的。正是所教的东西视同已经完成的产品，因而既不关心它原来是怎样建立起来的，也不关心它将来必然会发生的种种变化。在很大程度上，它是那些认为将来很像过去的社会的文化成果，可是在一

---

① 夏正江：《论知识的性质与教学》，《华东师范大学学报》（教育科学版）2000年第2期。

个变化是常规而不是例外的社会里，竟把它作为唯一的教育资料。①

在杜威看来，"教材只不过是精神的食粮，是可能具有营养作用的材料。""它代表一种可以立即生息的资本。"② 他主张："抛弃把教材当作某些固定的和现成的东西，当作在儿童的经验之外的东西的见解。"③

有研究者曾以某套初中物理教材为例并加以分析：

光的速度

闪电和雷声是同时发出的，但我们总是先看到闪电，后听到雷声，这是因为光的速度比声音的速度大得多的缘故。

光在真空中的速度为 2×10^8 米/秒。光在不同物质中的速度是不同的；在空气中的速度跟在真空中差不多，约为 3×10^5 千米/秒，在水中的速度相当于真空中速度的 3/4；在玻璃中的速度是真空的 2/3。④

研究者评论说，这一段定论式的叙述剥夺了学生思考问题的诸多机会，如关于先看到闪电，后听到雷声原因的假设机会；提出怎么测光的速度问题的机会；提出"光在不同物质中速度是否一样"问题的机会；对自己设想的测光速方法进行验证的机会；用模型符号表达光速的机会……

---

① ［美］杜威：《经验与教育》，《杜威教育名篇》，赵祥麟、王承绪编译，教育科学出版社 2006 年版，第 246 页。
② ［美］杜威：《儿童与课程》，《杜威教育名篇》，赵祥麟、王承绪编译，教育科学出版社 2006 年版，第 67 页。
③ 同上书，第 69 页。
④ 转引自杨晓微《近二十年我国基础教育课程研究的方法论探析》，《教育研究》2000 年第 3 期。

其实，在很长的时间里，我们的课程知识就以这种"绝对真理"的姿态"傲然挺立"于学生面前。这种情况不仅在确定性程度较高的有关自然科学知识课程中存在着，而且大量存在于一些较为灵活的人文知识课程领域。譬如，20世纪八九十年代我国某些语文教材，受知识"客观性"的影响，每课练习中须设计若干"单项选择题"，要求学生选择"唯一正确"的答案，审其内容，则是对"课文中心思想""写作特点"等的概括和描述。学生如果"只能'臣服'于事先规定好的、一元化的、权威性的理解，这就斩断了知识与个体生命的血脉联系"①。试想，在这种年复一年、日复一日地掌握"客观真理"的过程中，学生怀疑、探究、想象、幻想等创造性的幼芽如何得以生长？学生如何不会变成知识的奴隶？当学生用这种课堂上接受的"定论"式的知识不能解释丰富的自然现象和社会问题时，他们是否会陷入怀疑主义的迷宫？

教材在人类文化传承中起着不可或缺的作用，也是教育活动得以有效开展的重要保障。没有教材，人类教育就只能退回到口耳相传的初民时期，人类文明的进步几乎无从谈起。然而，正如有研究者指出的，教材作为教育活动中知识的载体，存有明显的缺陷，即"过度简约化、逻辑化和体系化，以致将人类活生生的科学与人文文化最终简约为抽象的知识和一个个封闭的逻辑体系，变得远离时代、远离社会，特别是远离创造者生命。""人们课堂上所学的往往只局限于按某种教学大纲精心编制的教科书，科学家、艺术家、哲学家等创造者们所创造的原始性东西很少涉猎。因此，事实上我们充其量是在用第二手材料进行教学。"② 幻想、假设、想象、顿悟、灵感、直觉、创造、体验等是科学知识得以产生的不可或缺的因素。著名科学家爱因斯坦在《论科学》一文中明言："我相信直

---

① 李召存：《知识的意义性及其在教学中的实现》，《中国教育学刊》2006年第2期。
② 孟建伟：《教育与生命——关于教育的生命哲学的思考》，《教育研究》2007年第9期。

觉和灵感。""想象力比知识更重要，因为知识是有限的，而想象力概括着世界上的一切，推动着进步，并且是知识进化的源泉。严格地说，想象力是科学研究中的实在因素。"① 但在客观主义知识观的支配下，这些因素在教科书中难觅踪影。它们留存于伟大科学家的传记、轶事、回忆录、日记等文字中。这也使我们想起为什么很多著名的科学家、文学家等在谈及自己成功的经验时，都会谈到得益于"课外阅读"这一点。其中一个很重要的原因就在于，教育中提供的知识大多是"死"的知识，而在广泛的课外读物中他们有机会接触到那些富含创造者"生命气息"的知识，亦即"活"的知识。人类知识发展的历史充满着各种"知识"之间的斗争、对抗和竞争。这些鲜活的知识印迹可以被称为知识之"源"，然而作为"源头活水"的知识被教育所选择、压缩、精简、概括化并纳入教材之后，它就不可避免地脱离其得以产生的文化生境，成为知识之"流"。儿童接触这样的知识，往往获得的是其成品，即作为"结果"的知识，而对知识产生的条件、境域、需要以及科学家在创造知识过程中的感受、科学家为捍卫真理所付出的巨大牺牲等却甚少体会和感悟。正如有学者所指出的：

> 在教材中，他们（指儿童。——笔者注）看不到人类精神进化的印记，感受不到发现真理的快乐，弄不懂捍卫真理的意义，更难以发展出真正的知识的兴趣。所以，从某种意义上说，人类为了实现知识的传授的目的而对知识进行改造所付出的代价也是很沉痛的。课程改革，可以有各种各样的理由，但如何使课程内容保持并发展作为源的知识的生命活力与创造精神，当是一个永恒主题。②

---

① 《爱因斯坦论科学与教育》，商务印书馆 2016 年版，第 1 页。
② 潘庆玉：《知识之源与课程之流——试论知识观对课程观的影响》，《山东师范大学学报》（人文社会科学版）2003 年第 4 期。

四 课程知识的"箱格化"

将知识分门别类、"箱格化"地纳入不同的课程体系,这是现代学校教育的一个鲜明特点。这一特点反映了近代自然科学知识发展的总体趋势,是近代自然科学知识发展的一个"结果"。而且,自然科学分门别类化的斐然成就,又诱使人文科学和社会科学也按照分科化的原则建立起自己的"知识体系"。培根的"知识树"清楚地反映了这种知识分化的普遍状况。知识的分门别类化,必然会反映到学校教育中来。这便在学校教育中形成了普遍的分科教学制度。由于"实证主义将科学的理念还原为纯粹事实的科学"[①],各门学科只关注各自的"事实",由此,不仅自然科学各学科门类之间产生了"分野",而且自然科学与人文科学之间也横亘了一条人为的"鸿沟"。原本只具有相对意义的学科分类和专业划分被当作绝对事实。长期以来,我国基础教育高中阶段的课程被过早地分为文科和理科,学生被过早地锁定在专门化的学问之中,他们分为两大群体,成为文科生和理科生,他们之间很早就丧失了共同感兴趣的话题,形成了"文不沾理,理不沾文"的教育格局和怪象。分科教育主要是为了造就专门人才,但在我国,其意图似乎是为升学考试竞争服务的。在基础教育阶段,通才教育显然更有实际意义和价值。因为基础教育是面向全体的教育,对基础教育阶段的学生而言,他们之中将来只可能有极少数人能够成为科学家、工程师、专家学者等。即使是对这些极少数"精英",过早和过分的专门化训练也绝对不利于他们的全面发展。就科学知识学习而言,"大多数人真正需要的是领会科学的精神、掌握科学的方法、树立恰如其分的科学形象,以便在这个科学时代理智地对待科学、对待社会、对

---

① [德]胡塞尔:《欧洲科学的危机与超越论的现象学》,王炳文译,商务印书馆2001年版,第15页。

待生活"①。

中国传统的治学之道是"博通之学"，强调文史哲不分家，讲求融会贯通。到 19 世纪五六十年代，经历了鸦片战争中"洋枪洋炮"的洗礼，国人认识到西艺、西学的威力，迫于外侮与救亡图存之需，有识之士便提出要"师夷长技以制夷"。国人学习西方，从认识上经历了从表层到深层"觉悟"的过程，即如梁启超所言，"先从器物上感觉不足"，其次"是从制度上感觉不足"，最后"便是从文化根本上感觉不足"②。起初，中国留学生到西方主要学习造船造炮知识，后来才逐渐认识到夷之长技不止于"坚船利炮"，更有支撑其"坚船利炮"的一整套知识体系。这套知识体系，最初被翻译过来时称为"格致学"，到 20 世纪初被正式定名为"科学"。这个译法来自日本，取其"分科之学"之意，以区别于中国传统的文史学不分的博通之学。③ 这样，中国人的"科学"观念一开始便与"分科"结下了不解之缘。不仅自然科学有数学、物理学、化学、生物学、几何学等概念，而且也按照"科学"观念对传统知识进行科学化改造，改造的结果便是原本三位一体的文史哲也分而别之，各立门户。这种对"科学"的观念，即如梁启超曾经驳斥的将"科学看得太呆了，太窄了"：人们"只有数学几何学物理学化学……的概念"，而"没有科学的概念"；"学校里教的数学几何化学物理，但总不见教会人做科学"④。这种对科学的观念至今犹存。

分化和综合是人类知识增长的两种主要形式。近代以前，人们对事物和现象只是一种笼统、直观和整体的认识，是一种低水平的

① 吴国盛：《科学的历程》，北京大学出版社 2002 年版，第 8 页。
② 梁启超：《五十年中国进化概论》，梁启超：《梁启超全集》（第 14 卷），北京出版社 1999 年版，第 4028 页。
③ 吴国盛：《什么是科学》，《博览群书》2007 年第 10 期。
④ 梁启超：《科学精神与东西文化》，《梁启超全集》（第 14 卷），北京出版社 1999年版，第 4005 页。

综合。近代以来，分化成为知识增长的主要方式。20 世纪中叶以后，综合的趋势则渐趋成主导。这好比人类个体认识路线的发生过程，总是先笼统地知道"是什么"（综合），而后再究根溯源问一个"为什么"（分析），最后也要在整体中全面地把握和认识事物（综合）。人的完整存在需要从整体上认识和把握事物，需要整体的知识。而课程分门别类设置则加深了两者之间的矛盾。从人类文明演进的历程来看，人类文明整体上经历了古代的综合（只有一种文化）到近代的分化（人类文化分化为两种，即科学文化和人文文化），今天科学文化和人文文化相互融合的态势已经十分明显。"合久必分，分久必合"，否定之否定，这是合乎逻辑的发展结果。人类今天已走到了第二次以综合为起点的新阶段。当前人类所面临的问题日益表现出全球性的而非局域性的，综合性的而非单一性的特点，这就必然要求人们形成关于全局和整体的知识，以适应未来生活的需要。任何寓于一隅或仅靠个人的力量已越来越难以适应复杂的问题。"宇宙本是个统一的整体，只是在人们对它进行研究时，才分成许多互相独立的学科。"[1] 德国物理学家普朗克也说：

> 科学乃是统一的整体，将科学划分为若干不同领域，这与其说是由事物本身的性质决定的，还不如说是由人类认识能力的局限性造成的。其实，从物理到化学、通过生物学和人类学到社会科学，这中间存在着连续不断的环节。[2]

科学是内在的统一体，它被分解为单独的部分不是由于事物的本质，而是由于人类认识能力的局限性。当今时代，学科的不断分化使人们越来越失去了对全局的了解，各学科从不同的领域分别地、割裂地进行探索，并不能达到整体地、全面地、综合地认识事

---

[1] 胡德海：《教育学原理》，甘肃教育出版社 1998 年版，第 233 页。
[2] ［德］普朗克：《世界物理图景的一致》，《国外社会科学》1984 年第 6 期。

物的目的。科学理论如果在分化的同时，失去了一定的综合，置身于分科研究领域，就越来越有变成井底之蛙的危险。

当前，设置适当比例的综合课程是适应科学技术发展趋势的明智之举。综合课程能够在一定程度上体现人的完整性存在的特点，也反映出各类知识之间内在的、相互关联的特点。较之过分分化的知识，综合性的知识更接近所要认识事物的本质，也更能发挥学生的主观能动性。这是其他类型的课程，特别是学科课程所办不到的。

五 课程知识的"实用化"

从总体上看，从晚清时期开始，中国知识界对西方科学技术的文化心态就是要"致用"。这种实用主义文化心态使得从一开始，国人学习"西学"的目的就在于"实利"，要"经世致用"。我们看到的是西方的"船坚炮利"，学习西方的根本目的在于"富国强兵"。从根本上言，鸦片战争之后的中国，迫于救亡图存的民族生存压力，国人对于"西学""西艺""西技"就和"实用"二字结下了不解之缘。及至"五四"以后，中国请进"德先生"和"赛先生"，社会文化的主潮流还是"一切要致用"。中华人民共和国成立后，面对"一穷二白"的社会底子，"活学活用，学用结合"依然是时髦的口号。从 50 年代后期开始，大力提倡"急用先学""学了能用"，甚至要"立竿见影"。"文化大革命"中的"用"，突出表现为"教育为无产阶级的政治服务"，就是要致政治之用。这种极"左"的做法，因为极端轻视文化科学知识，又为"文化大革命"之后千军万马挤独木桥埋下了伏笔（从一个极端到另一个极端），并奠定了深厚的社会心理基础。事实上，改革开放之后，国门洞开，放眼世界，我们才发现自己已十分落后。于是，在"落后就要挨打""发展才是硬道理""赶超世界先进国家"等心态之下，将目光紧盯在发达国家的数字上，使急功近利的心态疯长。全面否定和彻底批判"文化大革命"之后，党的中心工作转移到了经济建设上来，教育必须服务于国家经济建设需要这一大局。于是在很多人的心目中，教育由"为政治服务"转变为当下为"经济服务"，这在一定程度上造成教育"目中无人""急功近利"之弊。从学习内容上看，因为理工科知识"抓得着，用得上，看得见"，正堪经济建设之大用，而文史类知识则因"见效慢""无甚大用"而被弃置不顾。透过历史的影像，我们清晰地看到，中国教育现代化自始至终都伴随着一种功利主义的心态。当然，我们不能否认知识在"功利上的必要性"。因为科学从一开始就是因其"功利上的必要性"而在课程中取得地位的。① 罗素（Bertrand Russell）就曾谈到"只关心物质利益的人"和"只注意精神愉快的人"之间的争论，认为仅仅以"精神的东西比纯物质的东西更有价值"的说法去驳斥只重知识实用价值的观点是不公允的。② 但是，如果知识教育蜕变到了"唯利是图"的地步，那么，教育中的文化意蕴就会被荡涤殆尽，育人的目的也就势难企及。

有人指出，功利主义教育观的缺陷和偏颇在于：第一，它对"有用"做了过分狭隘的、肤浅的理解，只强调技术的有用性，而忽视比技术更深层的知识的有用性，这种知识也许对人的素质和能力起着更加决定性的作用。第二，它将"有用"看作唯一的目的，而大大忽视了人的自身发展，它触及不到知识的深层和人的心灵深处。③ 科学知识是有实际用途的，它既有物质方面的用途，但同时也有精神方面的用途；它有改造世界的方面，但同时也有认识世界的方面。一味强调一方面而忽视另一方面，科学知识的生命就会完结。

仅仅从"功利"价值或者从"效用"的角度来理解科学，科

---

① ［美］布鲁巴克：《西方课程的历史发展》（上），瞿葆奎主编，陆亚松、李一平选编：《教育学文集·课程与教材》（上册），人民教育出版社 1988 年版，第 60 页。

② ［英］罗素：《教育论》，靳建国译，东方出版社 1990 年版，第 9～10 页。

③ 孟建伟：《试析科学教育与人文教育分离的根源——从科学观与人文观的角度看》，《教育研究》2004 年第 1 期。

学也就丧失其精髓或真谛——科学精神。科学知识是从人对自然的不懈叩问中孵化而来的。然而，人们为了使科学焕发出更大的"力量"，产生更多的"财富"，带来更大的"价值"，为了快速有效地掌握这些人类文明的精华成果，于是在其被摄入"学校知识"中时，就将其简化、形式化、定型化，在这种抽丝剥茧的过程中，科学精神也日益从"科学知识"中疏离乃至剥离出去。何谓"科学精神"？一般认为，所谓科学精神包括尊重事实、实事求是的求实精神，勇于怀疑、自我否定的批判精神以及勇于超越现状、大胆创新的创造精神。显然，科学精神的核心是批判精神、怀疑精神和创新精神。而反观我们的教育活动，科学实验仅仅成了验证结论的过程，而实验的目的则被定格在背诵、默写实验步骤，牢记实验注意事项及其结论上，以备在考试中取得好成绩。科学知识被赋予了"绝对真理""客观知识"的面孔，成了原理、定理、公式、结论，成了人们只准掌握而不予置辩的东西，成了学生"学习它、记住它"的对象。科学知识被神化、圣化、绝对化，学生思维则变得教条化、僵化。学生不知道这些理论因何而生，从何而来，向何处去，只相信它是"真的"，只埋首于"记诵"，显然，这种教条态度与科学精神是格格不入的，但这种态度在学校教育和学生当中又是相当普遍的。长此以往，学生逐渐丧失了怀疑和批判精神，也就失去了对"科学"的真正理解，科学知识最终成了僵化的、奴役人的东西。从根本上说，科学知识一旦丢掉了其灵魂——科学精神，也就成为人精神自由发展的桎梏。李醒民教授这样写道："科学毋宁说是一种知识体系、研究活动和社会建制，其精髓在于科学思想、科学方法和科学的精神气质。……工具主义和实用主义地看待科学，无异于买椟还珠——因为它消解了作为一种文化和智慧的科学的本真，泯灭了科学的精神价值和文化意蕴。"[1]

---

① 李醒民：《思想的迷误》，《自然辩证法通讯》1999 年第 2 期。

在课程知识功利主义的利诱下，学生普遍重视学习那些社会、用人单位急需而对自己来说能显示出较大发展潜力的知识和技能，知识的功利价值或外在价值完全抑制了知识对人的精神的滋养和涵育。更有甚者，由于"应试教育"的强大，对"什么知识最有价值"的思考往往变成了"什么知识最有应试价值"的考量。所以，在学生沉重的书包中塞满了《应试秘笈》《高分宝典》《决战指南》之类的书籍。课程知识的过分功利化，强化了教育外在的、功利的工具主义倾向，诱使教育偏离了促进人的全面发展的根本目标。

> 抛弃知识的精神价值的直接后果，是"人的分裂"和教育生活的表浅化。在现代人的各种分裂形式中，精神的沉沦和人的物质化是最严重的一种；而在教育的所有悲哀中，受教育者心灵的荒废是最大的悲哀。表浅化的生活造就了表浅化的人。[1]

英国哲学家穆尔（W. T. Moore）这样概括功利主义者的教育知识观，他说：

> 功利主义者认为，所谓教育是为学生在现世的幸福生活做准备的手段。例如，科学，通过法则性因果体系的引导，我们就有可能预见我们的行为结果，以及这一行动对于我们自身及他人产生的影响。这种知识是真正的力量，历史、社会科学及政治学、道德也是如此。教授这些学科可以使人们的反应具备一定的准确度，我们有可能加以预测。宗教知识——倘若设置的话——可以指引我们注意现世与来世的幸福。传统课程亦即人文科学与自然科学，其中所包含的种种学科不仅是幸福、学习者自身的幸福，而且可以指引他同有着社会交往的一切人们

---

① 郭晓明：《课程知识与个体精神自由——课程知识问题的哲学审思》，教育科学出版社2005年版，第74页。

的幸福联系起来。①

当今社会，理工科知识依然拥有崇高的地位。在校园里，理科教师受宠，身价百倍，而文科教师则成为"鸡肋"，尤其是音体美教师则被称为"副科教师"。在这种校园文化影响下，学生的文化素养提升、道德境界提高等基本上被置之度外。

综观人类文明史，2000 多年前，古希腊哲人苏格拉底提出"知识就是德性"。那时，追求知识也就是追求德性，知识的根本目的在于人的道德的完满，有知识的人就是德行高尚的人。中国古代哲人论"知"更是将其与"德性"内在地联系在一起，所谓"做学问先做人"的教诲即其明证。到了近代，培根提出"知识就是力量"，将人们从蒙昧无知中唤醒，人们仿佛在一夜之间认识到科学在征服自然中的"有效性"和"力量感"，于是科学成了知识的代名词。但人们在"外向探索"中也淡忘了"内向探索"的意义。原本对人类生存具同等价值之"两条腿"逐渐变成"一条腿长，一条腿短"。在对物质生产生活的无餍追逐中，人类的精神品位和成长却一直徘徊不前，原地踏步。时至今日，在所谓"知识经济时代"或称"知识社会"里，"知识就是金钱"已成为家喻户晓的共识。追逐金钱成为人们创造知识和获取知识的重要目的和动因。在这种情况下，知识有可能与德性脱离，甚至可能完全背离。今天，有知识的人完全可以没有德性决不是危言耸听了。

从教育视角来看，科学知识首先是一种育人的精神文化，而不是一门功利性的实用技术。在基础教育阶段，科学教育的基本出发点和目标，是促进人的全面发展，而不是培养科技专家。

---

① ［英］穆尔：《知识与课程》，钟启泉译，《外国教育资料》1995 年第 6 期。

科学之所以能够转变成这样一种精神文化，就在于科学实质上是人与自然对话的一种语言，它由科学知识、科学方法、科学精神三部分组成。由这种语言，可以创作出反映人与自然关系的各种华彩乐章、英雄史诗和美丽图画，其中涵盖了真、善、美的各种要素。因此，在教育上，科学与语言文字、音乐美术等学科一样，首先也应该是"人文"的。①

六 知识教育方式僵化

在客观主义知识观视界里，教师被赋予"知识权威"，学生则被视为"无知的人"，因而教师获得了凌驾于学生之上的权力，学生因为"无知"或"缺乏知识"，面对占有知识或真理化身的教师，显得唯唯诺诺，处于被动状态。学生的知识学习过程成为准确"掌握""理解""记忆""提取"知识的过程，个人的"阐释""质疑"被认为是无意义的。教育的过程成为一个教师向学生单方面"传授"知识的过程。巴西教育家保罗·弗莱雷（Paulo Freire）将这种教学称为教育中的"存储行为"，是"'灌输式'的教育概念（'banking' concept of education）"②。杜威将这种知识学习称为"静止的、冷藏库式的知识理想"。他批评道："知识常被视为目的本身，于是，学生的目标就是堆积知识，需要时炫耀一番。""这种理想不仅放过思维的机会不加利用，而且扼杀思维的能力。在乱糟糟地堆满废弃破烂的场地上，没有人能建造房屋。学生'脑子'里装满了各色各样从来不用的材料，当他们想要思考时，必然受到障碍。"③ 其实，人们一再批判的"书本中心""课堂中心""教师

---

① 周川：《教育中的唯科学与反科学》，《教育研究》2000 年第 2 期。
② ［巴西］保罗·弗莱雷：《被压迫者教育学》，顾建华等译，华东师范大学出版社 2001 年版，第 25—26 页。
③ ［美］约翰·杜威：《民主主义与教育》，王承绪译，人民教育出版社 2001 年版，第 173 页。

中心"等教育弊端，也有其深刻的认识论根源。

真实地来看，"知识不能是自认为有知识的人'普及到'或'灌输到'自认为没有知识的人；知识是通过人与宇宙的关系，通过充满变化的关系建立起来的，在这种关系中批判地解决问题，又继续促使知识的发展"①。弗莱雷也这样认为："知识只有通过发明和再发明，通过人类在世界上、人类与世界一道以及人类相互之间的永不满足的、耐心的、不断的、充满希望的探究才能出现。"②他认为，对知识的"储蓄型"理解应当由"对话型"所取代。所谓知识，与其说是习得的、掌握的，不如说是生成的、实施的；与其说是名词，不如说是动词。他说："隐含在灌输式教育背后的是人与世界可以分离的假设：人仅仅是存在于世界中，而不是与世界或其他人一起发展；个人是旁观者，而不是再创造者。由此看来，人不是意识的存在，确切地说，是意识的拥有者而已：空洞的'头脑'被动地接受着来自外部现实世界的存储信息。"③ 在《理想国》中柏拉图说道，往一个人的灵魂中灌输真理，就像给一个天生的瞎子以视力一样是不可能的。真理就其本性而言就是辩证的思想的产物。因此，如果不通过人们在相互的提问与回答中不断地合作，真理就不可能获得。④

学生并不是"空着脑袋走进教室的"，学生也并非完全是"缺乏知识"的社会个体，他们的"未成熟性"只是相对的而不具有绝对的含义。学校课堂并非儿童获得知识的唯一场所和途径。儿童在成长过程中，也不断地用眼睛在看，用耳朵在听，用手在操作，用身体在感触，用心灵在感悟，因而儿童在丰富多彩的社会生活中，也

① 联合国教科文组织国际教育发展委员会：《学会生存——教育世界的今天和明天》，华东师范大学比较教育研究所译，教育科学出版社 1996 年版，第 98 页。

② ［巴西］保罗·弗莱雷：《被压迫者教育学》，顾建华等译，华东师范大学出版社 2001 年版，第 25 页。

③ 同上书，第 27 页。

④ ［德］恩斯特·卡西尔：《人论》，甘阳译，上海译文出版社 2003 年版，第 10 页。

积累、习得了大量的"知识"。英国物理学家波兰尼（M. Polanyi）提出的"缄默知识"（tacit knowledge）概念启迪我们，缄默知识尽管从显性知识的视角来看，显得不完善、模糊和不准确，但是这些知识在儿童的日常生活及认知活动中却起着难以想象的作用。学生获得知识的过程，就是一个不断基于自己的个人的经验、常识、习惯、缄默知识、好奇心、求知欲、认知能力等吸纳新知识的过程。显然，在这个过程中，原有的知识基础起着重要作用。

课程知识的绝对客观性形象从根本上抹杀了学生的批判意识和批判性思维能力的增长。事实上，培养学生的批判意识和批判性思维能力是现代教育普遍的要求和追求。对于基础教育阶段的学生来说，"批判"并不意味着要否定知识的接受和学习，并不意味着完全否定前人的认识成果。相反，"批判"意味着对知识的一种积极的、开放的、动态的"理解"态度，一种基于个人经验的反思，是对知识的一种主动的而不是被动的学习态度。"批判性意识"意在说明，对任何知识未经省察的全盘接受是不可取的，是有害的。基于批判性的知识学习是对知识的一种更深刻的理解和感悟，它要对既有的知识进行"再检验""再思考"，当然也可以是"再辩护"。哲学家罗素曾对批判提出了令人反思的主张，他说："总之我们所要达到的批判并不是毫无理由地就决定摒弃每种显而易见的知识，而是根据每种显而易见的知识的价值来对它加以衡量，经过衡量以后，保留下来任何表现为知识的东西。"① 科学哲学家波普尔（Karl Popper）通过与教条态度的对比来界说批判态度，他说："教条态度是一种信念坚强的征象，使我们墨守自己的最初印象，批判态度是一种信念比较软弱的征象，它随时准备改变信条、允许怀疑和要求检验，批判态度与其说同教条态度相对立，不如说是叠加在后者之上。"② 教育要使人能够"聪明"起来，就要使人学会思考。杜

---

① ［英］罗素：《哲学问题》，何兆武译，商务印书馆2004年版，第127页。
② ［英］波普尔：《科学知识进化论》，三联书店1987年版，第77页。

威的"反省性思维"（reflective thinking）① 概念意在表明，不经过思维的参与便不能获得有意义的经验，对任何知识形态要考虑支持它的理由和它所导致的进一步结论。所谓"思考"，用后现代哲学家福柯的话说，就是对前人思考的东西来一番"再思考"②。总之，以批判性态度而不是以盲目接受式态度去学习知识，符合"人类知识是通过批判而增长"的规律，是接受知识的一种理智的、反思的态度。

当然，在基础教育阶段提倡对知识的批判态度，并不是让中小学生在仅仅学过几年数理化等知识之后就对某一个定律或定论提出异议或新观点，但是，"引导学生区分定理或规则的适用范围，分析它们可有效解决哪些问题，又对哪些问题无能为力；尝试对文中的论点和结论的形成过程进行分析，并结合社会生活实际进行评价；思考所学的原理、规律对现实生活的启示，等等。诸如此类的批判，既论证了知识作为真理的有限性，同时又可加深学生对知识本身的理解。"③ 只有在批判性知识学习的过程中，学生才能学会质疑、问难、发现问题、寻求合理解答、尝试多角度理解及至创造新知识等思维方式方法，才能培养形成知识社会对人才所需要的基本素养。只有经过自己反思性批判后所获得的知识才是最有价值的知识，而只有这种获得知识的过程才能反过来促进人的批判精神和批判能力的增长，也才能有利于人更加理性、更加客观地获取他所感兴趣的知识或者说他所需要的知识。

---

① 杜威指出："反省思维的功能是把经验含糊的、可疑的、矛盾的、某种失调的情境转变为清楚的、有条理的、安定的以及和谐的情境。"参见［美］约翰·杜威《我们怎样思维·经验与自然》，姜文闵译，人民教育出版社 1991 年版，第 83 页。
② 王治河：《后现代哲学思潮研究》，北京大学出版社 2006 年版，第 24 页。
③ 吴平：《知识批判观及其对基础教育改革的意义》，《当代教育科学》2008 年第9 期。

七 对学业评价推崇标准化的测验和考试

遵循客观主义知识观，教育评价也追求"客观性"和"标准化"。所谓评价的"客观性"是指存在唯一正确的"标准答案"，课本则是这种"标准答案"的范本，评价不因时、地、人、物而异；所谓评价的"标准化"是指客观性的测验和考试是最能检验学生掌握知识准确程度的有效工具，因为其评价指标、操作程序、结果统计、差异对比等都可以尽可能做到"细化""量化""操作化"和"精确化"。总之，在客观主义知识观视野里，教育评价是"简单的"，它"假设其他情况都相同"，目的是给出一个"客观公正"的"分数"，它无须学生表达个人独特的见解，重要的是再现课本知识。可以看出，标准化考试与客观主义的知识理想可以说是一对孪生兄弟。客观主义知识观需要标准化考试，而标准化考试及其制度又强化了这种信念。

遵循客观主义知识观的标准化测验和考试有其特定的应用范围和存在界限。一般来讲，标准化测验和考试较为适合那些公认的、有较大确定性的知识领域，也适合那些能够以显性化的语言加以描述的知识领域。反之，面对很多尚无定论的知识领域，以及某些"只可意会，不可言传"的知识领域，标准化的测验和考试难免"英雄无用武之地"。用一把标准化的尺子来量度所有的教育情境，无疑是阉割了生动活泼的教育实践，有意回避或逃避了很多现实中的复杂问题。

总而言之，客观主义知识观是一种"无人的知识观"。知识具有"非人化"的特点。知识是对客观事物（世界）的完全符合，是单纯关于"客体"的知识。其一经获得，便成为"客观真理"的化身，它被纳入学校课程中便以"绝对真理"的面目自居。知识对于人而言，是已完成的、静态的、绝对不变的、纯粹客观的对象物。知识是封闭的而不是开放的，是死的而不是活的，人只能精准掌握知识而不能与知识展开"对话"。人与知识的关系仅仅是一种认识与被认识的关系，它遮蔽了知识对人的意义关系的多样性、复杂性和丰富性。人在知识面前从根本上讲难逃被动、给定的宿命，而无法施展其内蕴的生命活力、魅力和创造力。用杜威的话说，这是一种"静态的、冷藏库式"的知识观。① 美国哲学家理查德·罗蒂将其称为"准确再现的知识观"，在他看来，"'准确再现'观只是对那些成功地帮助我们去完成我们想要完成的事务的信念所添加的无意识的和空洞的赞词而已"②。

　　人对知识"客观性"的盲目尊崇，使得知识提升人、发展人、创造人的品质被遮蔽，而成了束缚人、占有人、控制人的东西，从而造成了知识和人的发展之间的矛盾和悖论。教育借助知识之"力"实现"成人""成才"的目的。德国教育家第斯多惠有一句广为传诵的名言："教育的艺术不在传授的本领，而在于激励、唤醒、鼓舞。"教育中知识的根本作用也在于"激发""唤醒"和"鼓舞"。它要激发人的"求知欲"，唤醒人的"自我意识"，鼓舞人建构一个活泼泼的"精神世界"。一方面，知识要向人开放；另一方面，人对知识也需保有"开放"的态度。其开放性就意味着"向新的知识成就开放、向文化的整体性开放，还要向未知的世界开放"③。后现代解释学家主张真理的开放性需要一种无知的态度——"博学的无知"④。它要求对话者在向真理开放的过程中时时省察自己，保持一个开放的心胸。它要求我们反思说着和想着的是什么东西，它提醒我们反过来探究反思的种种情况和条件。陶行知力倡用"活的知识"来培养"活的人"。怀特海指出，如何使教育中的知识充满活力，这

---

　　① ［美］约翰·杜威：《民主主义与教育》，王承绪译，人民教育出版社 2001 年版，第 173 页。

　　② ［美］理查德·罗蒂：《哲学和自然之镜》，李幼蒸译，商务印书馆 2003 年版，第 8 页。

　　③ 郭晓明：《课程知识与个体精神自由——课程知识问题的哲学审思》，教育科学出版社 2005 年版，第 91 页。

　　④ ［荷兰］T. 德·布尔：《从本质现象学到解释学现象学》，安延明译，《哲学译丛》1991 年第 5 期。

是一切教育的核心问题。① 正是在这个意义上，我们要深入反思客观主义知识观在教育领域的"所作所为"。

综上所述，基础教育的现代性困境的诸种表征，归根究底源于学校教育中课程知识与人的生活、生命、实践、人的完整存在之间的冲突和紧张。而这从根本上说源于客观主义知识观的偏颇，隐含着客观主义知识观的危机。明乎此，我们则可以说，解决我国基础教育现代性危机的根本出路亦在于对现代基础教育所奠基的客观主义知识观做认识论的检视和反思。不如此，则不足以从根源上解决基础教育的现代性危机或困境。

第三节　客观主义知识观面临的挑战

一　科学图景的变化

近代科学②的一个标志性成果是建立了一套有别于既往时代的自然观和方法论。由哥白尼发轫，经第谷、开普勒、伽利略、笛卡尔、牛顿等先驱者的发展和完善，到 17 世纪行将结束之时，在人们心中播殖下一幅新鲜的"科学图景"，即自然的数学化结构和机械论的世界观。科学先驱者们深信"大自然这本书是用数学的语言写就的"。科学的任务就是以数学语言对万事万物的运动规律做出精确描述，发现潜藏于自然界的"秘密"。基于这种知识信念，一种机械论的世界观应运而生。在伽利略—笛卡尔—牛顿的数理世界里，世界是简单的，处处充满着井然有序的理性规律和法则，万有引力是它们的一个象征。行星在其轨道上永无休止地运转，所有系统在平衡中按决定论原则运行。人们用一些贴切的比喻来摹状这种世界观，即世界像一台已经启动的机器或者一架机械地摆动的大钟

---

① 参见［英］怀特海《教育的目的》，徐汝舟译，三联书店 2002 年版。

② 本部分所涉及的一些基本的科学事实资料主要参考吴国盛《科学的历程》，北京大学出版社 2002 年版。

或者像一台编好程序的计算机。总之，运动是规律的，规律是普适的，是能够发现的——知道了它的初始状态，就可根据普适的动力学定律推演出它随时间变化所经历的一切状态，因而役使自然也是可能的。显然，这是一幅可逆的、不变的和严格决定论的画卷。决定性和确定性是其主要特征。在这样的世界观中，谈论偶然性、不确定性是愚蠢的、不明智的。"上帝不曾掷过骰子。""一切都被给定。"科学的目的就是寻求不受时空条件限制的普适定律。依恃精密的数学计算和物理学实验控制装置，现代科学君临于原本生机勃勃的自然世界之上并使其"黯然失色"。科学家拉普拉斯放言：只要给出充分的事实，我们不仅能够预言未来，甚至可以追溯过去。

近现代科学的世界观导引了人类前进的方向，使得过去的三个世纪成为辉煌的科学的世纪。科学与技术的"联姻"，工业上震撼人心的"革命"，科学知识的日趋严密和可靠，所有这一切都足以使人产生幻觉。以致很多科学家认为，绝大多数自然界的基本规律都已经被发现，以后所能做的工作就是使计算结果再精确一些，将已经建立起来的理论原理应用于自然界的种种现象上去。

然而，科学终究不是"神话"。肇端于近代的科学在一片礼赞声中迎来了20世纪。20世纪依然是科学的世纪，但这不是传统的"科学万能"的世纪，而是"科学革命"的世纪，是人们"科学觉醒"的世纪。这种"革命""觉悟"广涉与科学、人类自身、宇宙世界等一切相关领域。一方面，科学的胜利裹挟着大量令人忧惧的事实，使人类的自负不得不有所收敛和忌惮。人口问题、能源问题、核扩散问题、环境污染问题、生物多样性、文化多样化被破坏等即是明证。另一方面，经典的科学图景正面临着"范式转换"的危机。

其实早在19世纪初，在经典科学取得胜利的时候，热力学及其著名的第二定律就已经对牛顿经典力学构成威胁。先是傅立叶（J. Fourier）的热传播定律对不可逆过程进行了第一次定量描述，这在经典力学体系中是不可想象的。而后热力学第二定律①揭示了物理世界的演化性、方向性、过程性和不可逆性，给出了与牛顿宇宙机械图景完全不同的世界演化图景，从而在物理学中引入了"时间之矢"。

20世纪伊始，爱因斯坦的相对论消解了牛顿的绝对时空观。相对论表明，时间、空间和物质运动是紧密联系在一起的，时间与空间不是独立不倚的两个东西，而是相互不可分割的统一体中的两个方面。这样，世界图景不再是经典物理学的绝对时空观，时空与物质的二分消解了，宇宙中并不存在绝对的、恒定的基本点。相反，每个事物都在与其他事物的相关中运动着。

1900年，德国物理学家普朗克在研究黑体辐射问题时发现，物体的辐射能不是连续变化的，而是以一定的整数倍跳跃式的变化的。他将不可再分的能量单元称作"能量子"或"量子"。量子力学剧烈地改变了世界的图景。

如果说相对论只是把时空框架与物质运动融为一体，还保留了牛顿力学固有的严格决定论的数学微分方程，保留了因果律，保留了定域性（拒绝超距作用），那么这一切在量子世界图景中都或多或少地遭到了破坏。量子概念是量子力学的首要概念，它的引入导致了一系列基本概念的改变：连续轨迹的概念被打破，代之以不连续的量子跃迁概念；严格决定论的概念被打破，代之以概率决定论；定域的概念被打破，代之以整体论的概念。②

---

① 1865年，德国物理学家克劳修斯发现，一个系统的热含量与其绝对温度之比，在系统孤立（不与外界发生能量交换）之时总会增大，在理想状态下将保持不变，但在任何情况下都不会减少。克劳修斯将之命名为"熵"。热力学第二定律因而也被称为"熵增定律"。

② 吴国盛：《科学的历程》，北京大学出版社2002年版，第445页。

爱因斯坦首先建立了光量子论以解释光电效应中所出现的新现象。光的波粒二象性显示出，光有时表现出波动性，有时表现出粒子性。但它既非经典的粒子也非经典的波。这表明在不同的实验装置中，为着不同的实验目的，量子世界中的实验客体会显现出不同的面貌。这不啻向经典物理学领域投射了一枚"核弹"。这对于奉行"科学理论是建立在以客观观察为基础的经验事实之地基上"的科学来说，是致命一击。量子力学的哲学含义是十分复杂而深远的。美国后现代理论家斯蒂芬·贝斯特（Steven Best）和道格拉斯·科尔纳（Douglas Kellner）认为：

> 通过对在其中观察着的主体不能确切地掌握感知客体的存在领域进行理论化，量子力学在所有可能的领域中向现代的再现认识论发出挑战。与牛顿世界的确定性相反，量子力学发现，实在的最基本层次用任何精确的方式都不可能再现。确实，既然没有测量仪器的帮助，没有什么人可以真正地看见一个电子，量子力学科学家承认，与其说他们在确切地反映实在，倒不如说他们在塑造实在，他们认为我们关于"客观世界"的概念是一个认识结构。
>
> 量子力学使存在于主观和客观之间的区别成为问题，通过暗示观察者在被观察者行为中的作用，从而破坏了从中立观察者出发的认识论。在主体既是观察者又是知觉过程的参与者的地方，所谓绝对科学的独立存在就成为一种怪物。[①]

1927 年，德国物理学家海森堡（Werner Heisenberg）提出了"测不准原理"，即任何一个粒子的位置和动量不可能同时准确测量，要准确测量一个，另一个就完全测不准。著名科学家、诺贝尔

---

① ［美］斯蒂芬·贝斯特、道格拉斯·科尔纳：《后现代转向》，陈刚译，南京大学出版社 2002 年版，第 283—284 页。

化学奖获得者普利高津（I. Prigogine，又译普利戈金）教授认为："海森堡测不准关系必然引起因果概念的修正"，"构成经典力学基础的那些概念被深刻地改变了"①。他说：

> 全部描述意味着一种对测量装置的选择，一种对所提问题的选择。在这个意义上，答案，即测量结果，并不能使我们接近某个给定的实在。我们必须决定我们将要实行哪个测量，以及我们的实验将向系统提出哪个问题。因此对一个系统来说，有不可约化的表象的多重性，每一个表象联系着一个确定的算符集。②

经典科学的世界是一个"祛魅的世界"。在这个世界中，认识主体是一个客观、中立的观察者，而客体则是数字化的存在，两者彼此区分于非参与的断裂处。作为"自然之镜"的心灵能够准确再现客观世界。但是，测不准原理告诉我们事实并非如此。正像海森堡所指出的："我们所观察的不是自然本身，而是暴露我们追问方法面前的自然。通过这种方式，量子力学使我们想起了古老的智慧，在存在的戏剧中，我们既是演员又是观众。"③ 这用现代科学术语来说就是："理论先于观察""观察负载理论"或"观察渗透理论"。

玻尔（Niels Bohr）以海森堡"测不准原理"为基础，提出了"互补原理"。"互补原理"认为，在量子领域总是存在互相排斥的两套经典特征，它们互补构成了量子力学的基本特征。玻尔的"互补原理"遭到了爱因斯坦的坚决反对，曾引发两人长达半个世纪的争论。但 60 年代以来物理学的很多新实验却愈来愈倾向于否定爱因斯坦等人关于量子力学不完备的指责。普利高津等人认为：

---

① ［比］伊利亚·普利戈金、［法］伊·斯唐热：《从混沌到有序——人与自然的新对话》，曾庆宏、沈小峰译，上海世纪出版集团 2005 年版，第 224 页。
② 同上书，第 225 页。
③ 转引自王治河《后现代哲学思潮研究》，北京大学出版社 2006 年版，第 20 页。

从互补性原理学到的真正教训，一种也许能够转移到其他知识领域的教训，在于强调现实的丰富，它超过了任何单一的语言，任何单一的逻辑结构。每一种语言所能表达的只是实在的一部分。例如，音乐的任何一种实现，任何一种作曲风格，从巴赫到勋伯格，都没有穷尽音乐。①

如果说爱因斯坦的相对论还在许多方面与牛顿力学体系保持着一致的话，那么，20世纪五六十年代以来兴起的自组织理论、非线性理论、复杂性理论等则试图改变古典的还原论、原子论、决定论的世界图景，向古典科学发起了根本性的挑战。与伽利略—笛卡尔—牛顿所描绘的简单的、原子构成的、决定性的世界图景不同，非线性理论、复杂性理论等则试图给我们描绘出世界的整体性、不可还原性、非决定性和复杂性等特征。自然的机械决定论正在转向有机构成论。

1969年，普利高津等人提出了"耗散结构理论"。"耗散结构理论"认为，一个远离平衡态的开放系统，当其变化达到一定阈值时，通过涨落有可能发生突变，由原来的混沌无序状态转变为一种在空间上、时间上或功能上的有序状态和有组织结构。耗散结构就是能够通过与外界保持开放并将自己维持在远离平衡态的有序状态的系统。耗散结构让我们看到了在远离平衡态的条件下，系统会自发地产生有组织的行为。

1971年，德国科学家哈肯提出了协同学的主要概念构架。协同学认为，任何系统的子系统都同时存在着两种运动倾向。一是无规则运动，它通常导致系统走上无序的道路；二是由于子系统之间的关联而引起的协调运动，它导致宏观有序。不同的协同运动导致

---

① ［比］伊利亚·普利戈金、［法］伊·斯唐热：《从混沌到有序——人与自然的新对话》，曾庆宏、沈小峰译，上海世纪出版集团2005年版，第225—226页。

不同的宏观结构。子系统的这两种运动倾向同时存在，如果前者占上风，系统表现出均匀的无序状态；如果后者占上风，系统则会在某一个关节点上突然表现出高度有序的结构。这两种运动此消彼长，受制于外界环境的控制。

混沌研究就像是科学领域中的一个"奇怪吸引子"，强烈地吸引了不同学科科学家的注意和兴趣。目前科学家们对于混沌尚无明确统一的定义，但是混沌现象具有一些共同特征：对初始条件高度敏感；整体稳定，局部不稳定；非周期性，同时具有跨越尺度的对称性；源于确定性的内在随机性；短期行为可预测，长期行为不可预测；具有非整数维，只有用相空间中的分形点集才能进行描述。无疑，混沌理论描述了与经典科学完全不同的世界图景。

> 混沌理论，过去曾经是弃儿，现在则被很好地安置于科学体制的内部；曾经是模糊的和处于地下状态的，现在有关混沌理论的杂志和会议则层出不穷。混沌理论挑战了长期存在于学科之间的藩篱，从而创造了一种学科之间互动的新方式，打破了物理学、生物学、自然科学和生命科学之间的边界。①

从伽利略—笛卡尔—牛顿到当代世界图景的演化中，我们深切地认识到，人类的知识不是绝对不变的，而是随着人类社会的不断进步和知识探索的不断深入而不断丰富与发展的。自然科学以其自身发展的历史雄辩地证明了它本身并不是无条件的，并不是"放之四海而皆准"的真理，而是有其边界和限制的。一部科学史就是一部科学知识发展、进化的历史，也是一部科学知识"否定之否定"辩证发展的历史。原先一些被人们普遍视为"真理"的科学理论被不断"证伪"或"修正"，而一些古老的"猜想"却又被新近的科

---

① ［美］斯蒂芬·贝斯特、道格拉斯·科尔纳：《后现代转向》，陈刚译，南京大学出版社 2002 年版，第 287 页。

学实验和观察所"证实"。正如美国当代著名哲学家苏珊·哈克
（Susan Haack）所言：

> 科学已经成功发现了大量的关于这个世界及其如何运行的
> 东西，但它毕竟完全是人类的事业，因而也是凌乱的、可错的
> 和摸索性的，它并非运用着其他探究者所无法运用的唯一的合
> 理的方法，而不过是最为寻常的经验探究的延续。①

科学发展史表明，我们的自然观正经历着根本性的变化，由经
典力学体系简单的、决定论的、永恒性的向着多重性、暂时性和复
杂性变化。科学哲学家波普尔写道：

> 科学家的目的不在于发现绝对的确定性，而在于发现愈来
> 愈好的理论或者发明愈来愈好的"探照灯"（这些理论可以接
> 受愈来愈严厉的检验，并由此而引导我们达到最新经验，照亮
> 我们的最新经验）。②

的确，科学犹如"探照灯"，总是把探索的光芒投向广阔的未
知领域。科学知识也总是一个需要不断改进和发展的活的有机体。

有人指出，在 21 世纪信息文明时代，人类思维方式要发生一
次根本性的变化，要从牛顿—笛卡尔的思维方式转为量子思维方
式，这样才能从根本上适应新时代。在这样两种思维方式中，人的
位置是不同的。在前一种思维方式中，人基本上是被动的，有着根
本上的宿命性，只能听命于、适应于自然界的规律。但在信息化时

---

① ［美］苏珊·哈克：《理性地捍卫科学——在科学主义与犬儒主义之间》，曾国
屏、袁航译，中国人民大学出版社 2008 年版，前言。
② ［英］卡西尔·波普尔：《客观知识——一个进化论的研究》，舒炜光等译，上
海译文出版社 2005 年版，第 403 页。

代，按照量子理论，你的测量，你的操作，你的生命活动本身，就在改变着结果。人在起主导作用，起决定作用。① 确实，在经典力学的世界里，人在世界面前是"孤立"的，人只是世界的一个"旁观者"，人与自然的"对话"不是使人与自然之间更加亲密，而是成了"宇宙的吉普赛人"（宇宙的流浪者、无家可归者），成了"清醒世界的陌生之客"（普利高津语）。"人类推理的胜利转变成一个令人悲伤的真理，似乎科学把它所接触到的一切都贬低了。"② 人"丧失了类似于在家的舒适感"③。而科学的革命则改变了人在世界中的处境。世界就是我们存在的"家"，人由世界的"旁观者"转变为世界的"参与者"。随之，我们的世界观也要由"旁观者的世界观"转变为"参与者的世界观"。

科学自身的发展也表明了那种所谓纯粹"客观""中立"的观察（观察者）是不存在的。观察渗透着理论（汉森）。科学家爱因斯坦和印度诗人泰戈尔发生过一次争论。爱因斯坦强调科学必须和任何观察者的存在绝对无关，这也导致他否认时间作为不可逆性、作为演变的真实性。反之，泰戈尔主张即使存在绝对真理，它也是人的思维所难以接近的。孰是孰非？科学家普利高津这样认为：

> 当前科学的演变正朝着这位伟大的印度诗人所说的方向前进。无论我们把实在叫作什么，它只是通过我们所参加的活动结构而被揭示给我们的。
>
> 在相对论、量子力学或热力学中，各种不可能性的证明都向我们表明了自然界不能"从外面"来加以描述，不能好像是

---

① 陈建翔：《量子教育学：一百年前"量子爆破"的现代回声》，《教育研究》2003 年第 11 期。

② ［比］伊利亚·普利戈金、［法］伊·斯唐热：《从混沌到有序——人与自然的新对话》，曾庆宏、沈小峰译，上海世纪出版集团 2005 年版，第 7 页。

③ ［美］斯蒂芬·贝斯特、道格拉斯·科尔纳：《后现代转向》，陈刚译，南京大学出版社 2002 年版，第 260 页。

被一个旁观者来描述。描述是一种对话，是一种通信，而这种通信所受到的约束表明我们是被嵌入在物理世界中的宏观存在物。①

一方面，在多元话语的时代背景下，人们对科学的认识和态度往往从一个极端走向另一个极端。传统的科学"尊崇主义者"过分乐观地看待科学，认为科学是"完美的"，而一些"反科学"的"犬儒主义者"又绝望地看待科学，认为科学不过是一个人类智识精心谋划的"骗局"。但是，凭借常识和直觉，我们依然可以理直气壮地说，科学依然是我们这个时代最伟大的精神成就，我们没有任何理由去反对科学，去漠视科学理论在人类社会生活中日益发挥的巨大作用。我们无法想象，离开了科学，我们的生活会是什么样子？科学绝非"骗局"。"无论如何，自然科学无疑已处于人类最成功的事业之列。"②

另一方面，科学自身的发展却提醒我们对科学要有恰切的态度。科学不是"神话"，也非"神圣"，科学是由人创造而为人类服务的。科学发展史表明，我们不能盲目尊崇所谓"科学知识"，我们不能将其奉为无可置疑的"权威"，也不能想当然地认为对科学实践的任何批评都是"反科学的偏见"。科学自身并非"完美无缺的"。科学孕育了当代人类文明，又不断为新的文明成果所扬弃。任何理论都有其存在的边界和条件，科学理论也是如此。科学自身的发展不断挑战经典理论，表明了经典理论的局限性，但经典理论并没有丧失存在的价值，并没有失效。它仅仅说明了，"普适定律"并不普适，而仅适用于现实世界的局部区域。我们只能说，科

---

① ［比］伊利亚·普利戈金、［法］伊·斯唐热：《从混沌到有序——人与自然的新对话》，曾庆宏、沈小峰译，上海世纪出版集团 2005 年版，第 291、299 页。

② ［美］苏珊·哈克：《理性地捍卫科学——在科学主义与犬儒主义之间》，曾国屏、袁航译，中国人民大学出版社 2008 年版，前言。

学的发展让我们对科学自身有了更好、更准确、更完整的理解。孙正聿教授说：

> 真正懂得欧氏几何，是在掌握非欧几何之后；真正懂得经典物理学，是在掌握非经典物理学之后；真正掌握线性代数，是在掌握非线性代数之后；真正懂得普通逻辑，是在掌握辩证逻辑和数理逻辑之后；真正懂得古典经济学，是在掌握马克思的经济学之后。[①]

我们是否也可以说，真正懂得科学，是在了解科学发展史之后呢？正如科学史家托马斯·库恩（Thomas S. Kuhn）在谈其"第一次接触到科学史"的感受时说："使我非常惊讶的是，接触到了过时的科学理论和实践，竟使我从根本上破除了关于科学的本质和它所以特别成功之理由的许多基本观念。"[②] 总之，我们对科学需要一种恰当的态度，即能够鉴别、判断什么是对科学"过分的""无理的"要求。

当今时代正从基于资源、能量、资本和劳力的工业时代逐步过渡到以信息、创造、发明、知识、智力、思想、智慧作为关键资源的后工业时代。与此相一致，应该有与时代精神相一致的关于世界的新图景，这是毫不奇怪的。现实世界也正如人们所感受到的那样，绝大部分并非有序、稳定、简单和平衡的，而是充满变化、无序和过程的沸腾的世界。或许，法国哲学家埃德加·莫兰（Edgar Morin）提出的"开放理性"思想能给我们理性地对待科学以启迪。在莫兰看来，"复杂的理性不再在绝对的对立中，而是在相对的对立中，也就是在互补、沟通和交流中来认识以前一直被看作对立的

[①] 孙正聿：《探索真善美》，吉林人民出版社 2007 年版，第 37 页。
[②] ［美］托马斯·库恩：《科学革命的结构》，金吾伦、胡新和译，北京大学出版社 2003 年版，序。

理智和情感、理性和狂热之间的关系"①。开放理性意味着承担非理性，承认有序与无序的不可分离及无序的建设性，意味着要重新认识主体的价值与地位。的确，在新的科学图景中，经典科学的一系列对立范畴，诸如必然性和偶然性、确定性与不确定性、简单性与复杂性、有序与无序、继承与创新等都可以获得新的统一解释，它们之间不仅是互补的，而且是相生相成，共生共成的。譬如，自然界既包括时间可逆过程，又包括时间不可逆过程，"但公平地说，不可逆过程是常规，而可逆过程是例外。可逆过程对应于理想化：我们必须忽略摩擦以使摆可逆地摆动。此种理想化是成问题的，因为自然界中不存在绝对的虚空。"② 科学的发展一再表明，偶然性和必然性并非一个附属于另一个，而是在一个宇宙中作为完全平等的伙伴共存共在的，这个宇宙同时组织自身而又破坏自身的组织。在普利高津等人的耗散结构理论中，偶然性和必然性绝非不可调和的对立之物，而是在面向未来中作为伙伴各自起着自己的作用。科学文化与人文文化的对立由来已久，在普利高津教授看来，"'两种文化'的对立在很大程度上就是起源于经典科学中的没有时间的观点与在大多数社会科学和人文科学中普遍存在的关于时间定向的观点之间的冲突"。但现在看来，"像是永恒的，像是在时间之外的东西，以及在时间之内的东西，这两者之间的对立已经相当久远，我们今天却看到了现实性的一种更为精巧的形式，它同时包含时间与永恒这两者。"③ 秉持一种互补论的非排他观点，这应该是我们今天对待科学的理性态度，它允许多样性和平共处，而不是唯我独尊，甚至相互矛盾。

---

① ［法］埃德加·莫兰：《复杂思想：自觉的科学》，陈一壮译，北京大学出版社2001 年版，第 130 页。

② ［比］伊利亚·普利高津：《确定性的终结——时间、混沌与新自然法则》，湛敏译，上海科技教育出版社 1998 年版，第 14 页。

③ ［比］伊利亚·普利戈金、［法］伊·斯唐热：《从混沌到有序——人与自然的新对话》，曾庆宏、沈小峰译，上海世纪出版集团 2005 年版，序。

二 哲学认识论的突破

英国哲学家培根提出的归纳法长期以来被作为实验科学的可靠方法。培根也因提倡归纳法而被后人尊为近代科学和实验科学的鼻祖。按照培根的观点，感觉经验是一切知识的可靠源泉，科学方法就是对经验进行加工分析，在重复的材料中找出一般概念和原则。在很长时间里，没有人对这一方法的可靠性和合理性表示怀疑，直到 18 世纪英国哲学家大卫·休谟（David Hume）将其推向了逻辑的终结处。休谟认为，反复出现的感觉经验材料只表明了它们之间在过去发生的某些联系，然而却不能保证或证明这种联系在未来的普遍有效性。亦即是说，这种联系并非必然联系。休谟指出，感觉材料之间只存在偶然的联系，而科学规律却必须寻求必然性。偶然和必然之间不存在逻辑联系，而科学方法本身却必须诉诸逻辑。由此观之，归纳法是靠不住的。休谟的贡献在于，他指出了以经验为基础，以归纳法为方法获得的知识是不可靠的。

康德（I. Kant）既批判经验论的怀疑论，也不同意唯理论的"独断论"，他试图弥合它们之间的严重对立。他提出"我们能够认识什么"，将"纯粹数学如何可能""纯粹自然科学如何可能""形而上学如何可能"这三个问题整合为一个统一的问题，即"先天综合判断如何可能"的问题。康德的"先天综合判断"概念意在表明，数学、自然科学和形而上学的判断都属于"先天综合判断"，人们只有在这种判断中对感觉材料进行综合，才能得到必然的科学真理。这种判断或"知识"，正是先天的知性形式与后天的感性材料的统一。然而，康德最终宣布企图由纯粹理性或者认识来把握"实在"确实是不可能的。这是因为经验的对象并不是作为客观实在的"自在之物"本身，而只是心灵固有的先天形式与自在之物刺激感官所产生的表象。也就是说，与先验主体认识能力和形式相对应的是"现象"，是客观实在对我们的"呈现"，并不是直接被给予的"物自体"本身。这也就是康德所谓认识论上的"哥白尼式的革命"。可见，依靠"心灵"把握"实在"的认识论是不可能的。那么，如何可能？在康德那里，只能通过"道德""信仰""自由意志"等。

英国哲学家卡尔·波普尔（Karl Popper）承接了对"休谟难题"的思考。事实上，休谟已经割断了归纳法与必然真理之间的联系。因此，波普尔的矛头直指逻辑实证主义的立场。逻辑实证主义的"证实原则"认为，一切关于事实的判断有无意义都取决于是否存在着能够通过经验来检验这一判断的方法，科学知识即是通过归纳法从经验中确立起来的，也即是得到证实的真命题，科学的发展就是这种真命题和由它们构成的理论的累积。波普尔认为，从逻辑上看，归纳推理是不合理的，表现为：（1）全称命题不能从单称命题的堆积中推出；（2）通过归纳做出的结论总是可错的；（3）作为归纳推理基础的归纳原理无法得到证明，否则必定陷入循环论或先验论。① 针对逻辑实证主义的知识观，他提出了证伪主义的知识观。其中心思想是：一个理论的科学性标准就在于其可否证性。不能为任何想象的事件所否证的理论是非科学的。

波普尔的"知识及其增长的理论"认为："知识，特别是我们的科学知识，是通过未经证明的（和不可证明的）预言，通过猜测，通过对我们问题的尝试性解决，通过猜想而进步的。这些猜想受批判的控制；就是说，由包括严格批判检验在内的尝试的反驳来控制。"② 科学知识的增长一般要经过四个阶段：（1）科学始于问题；（2）科学家针对问题提出大胆猜想和假设；（3）在各种猜想和假设中进行激烈的竞争和批判，并接受观察和实验的检验，筛选出逼真度较高的新理论；（4）新理论被科学技术的进一步发展所

---

① 刘放桐：《新编现代西方哲学》，人民出版社2000年版，第516页。

② ［英］卡尔·波普尔：《猜想与反驳——科学知识的增长》，傅季重等译，上海译文出版社2005年版，序言。

证伪，又出现新的问题。这就是他的科学发展动态模式。在波普尔看来，"我们能够从我们的错误中学习"，它强调了我们的"易错性"，但并不屈从"怀疑论"，因为它强调了知识能够增长、科学能够进步的事实。科学研究逻辑就是试错法的最高形式。他认为，真理和错误是不可分割地联系在一起的，"我们的一切知识都只能通过纠正我们的错误而增长"①。科学只能在不断清除错误中前进。"如果我们尊重真理，那我们必须通过坚持不懈地寻求我们的错误即通过不倦的理性批判和自我批判来寻求真理。"② 科学家不应怕犯错误，全部的问题在于"尽可能快地犯错误"，使自己在连续失败中成为一个"特定的问题专家"。波普尔提出了"批判是任何理智发展的主要动力"的观点。科学是在竞争和选择过程中发展的，只有批判，才有进步。同样，他的科学发展动态模式表明，否定旧理论是产生和发展新理论的前提。科学家既要敢于否定前人的理论，也要敢于否定自己的理论。

当代美国科学哲学家和科学史家托马斯·库恩（Thomas Sammal Kuhn）在其《科学革命的结构》（*The Structure of Scientific Revolutions*）中提出了科学革命的"范式"（Paradigm）理论。在库恩那里，"范式"是指某一科学家集团围绕某一学科或专业所具有的共同信念。"范式就是一个公认的模型或模式（pattern）。"③ "范式是一个成熟的科学共同体在某段时间内所接纳的研究方法、问题领域和解题标准的源头活水。"④ 库恩认为，科学发展是科学共同体活动的结果，它表现为"范式"的不断完善和更替。科学作为一个在时间和空间上扩展着的复杂过程，其发展规律同这个过程的主体不

---

① ［英］卡尔·波普尔：《猜想与反驳——科学知识的增长》，傅季重等译，上海译文出版社2005年版，序二。

② 同上书，第23页。

③ ［美］托马斯·库恩：《科学革命的结构》，金吾伦、胡新和译，北京大学出版社2003年版，第21页。

④ 同上书，第95页。

可分割地结合在一起。科学发展的历史不再是思想和见解交替的抽象的年表，而是一部同科学共同体密切联系的历史。库恩认为，科学的发生和发展一般要经过如下几个阶段：（1）前科学时期。没有一个统一的科学共同体和一个公认的范式，而是存在着许多竞争的学派。他们各执己见，对各种问题争论不休。经过长期争论后，才逐渐形成统一的理论、观点和方法，即"范式"。于是科学发展从前科学时期进入科学时期。（2）常规科学时期。"常规科学"就是按常规或者说按范式进行研究的科学。"这种活动似乎是强把自然界塞进一个由范式提供的已经制成且相当坚实的盒子里。常规科学的目的既不是去发现新类型的现象，事实上，那些没有被装进盒子内的现象，常常是完全视而不见的；也不是发明新理论，而且往往也难以容忍别人发明新理论。相反，常规科学乃在于澄清范式所已经提供的那些现象与理论。"[1]　"常规科学即是解谜。"那些成功的科学家则证明了他们是"解谜专家"，而谜所提出的挑战正是驱使他们前进的重要力量。[2] 常规科学是"一项高度累积性的事业"，它的目的在于"稳定地扩展科学知识的广度和精度"。（3）科学危机时期。科学范式从一开始就处于反常的包围之中。在常规科学时期，它能同化和吸收许多反常，但并不能吸收所有的反常。但反常达到一定程度，深入范式的核心，理论的调整和修补变得无济于事，常规科学陷入困境和迷途，科学进入一个显著的不稳定时期，即科学的危机时期。这时人们对范式开始怀疑，对它的信念逐渐产生动摇。"新理论只有在常规的问题解决活动宣告失败之后才突现出来"，新理论"是对危机的一个直接回答"[3]。或者说，"危机是新理论出现的前提条件"。（4）科学革命时期。随着危机时期一个

---

① ［美］托马斯·库恩：《科学革命的结构》，金吾伦、胡新和译，北京大学出版社 2003 年版，第 22 页。

② 同上书，第 32 页。

③ 同上书，第 69 页。

有竞争力范式的出现，科学进入革命阶段。科学革命的实质就在于新旧范式的转化和更迭，即科学共同体去除那些顽固不化的反常并加以重新概念化的过程。"从一个处于危机的范式，转变到一个常规科学的新传统能从其中产生出来的新范式，远不是一个累积的过程，即远不是一个可以经由对旧范式的修改或扩展所能达到的过程。宁可说，它是一个在新的基础上重建该研究领域的过程，这种重建改变了研究领域中某些最基本的理论概括，也改变了该研究领域中许多范式的方法和应用。"① 库恩为我们描绘了一幅科学发展的动态模式图，可以看出，科学革命的本质就在于新旧范式的转化和更替，显然，这是一个"非累积性事件"。科学革命意味着世界观的根本转变。

英国物理化学家和哲学家迈克尔·波兰尼（Michael Polanyi）在其著《个人知识》中提出了"迈向个人知识的认识论"。波兰尼试图用杜撰的"个人知识"（personal knowledge）一词来"确立另一种相当广义的知识理想"，其目的是要表明："通常被认为是诸精密科学的属性的完全客观性是一种错觉，事实上是一种虚假的理想。"他用"个人知识"这一观念所开拓出的新视角，"以证明我坚持抖漏出当前科学观中的'家丑'的合理性"。② 可以看出，波兰尼的"个人知识"主要是针对客观主义知识观的。在波兰尼看来，现代人为知识所建立的理想是：自然科学的观念应该是种种陈述的集合，它是"客观的"，它的实物完全由观察所决定，尽管它的表述可以由习惯所形成。③ 然而，这种以"主客观互相分离为基础"的"流行的科学观"却不惜代价地追求"从科学中把这些热情的、个人的、人性的理论加以鉴定并清除，或者至少要把它们的

① ［美］托马斯·库恩：《科学革命的结构》，金吾伦、胡新和译，北京大学出版社 2003 年版，第 78 页。

② ［英］迈克尔·波兰尼：《个人知识——迈向后批判哲学》，许泽民译，贵州人民出版社 2000 年版，第 26 页。

③ 同上书，第 23 页。

作用最大限度地减小到可以忽略的附属地位"①。而"个人知识"
要表明的恰恰是"它们对识知行为的热情参与"。个人知识在对诸
精密科学的概然性与秩序的评赏中得到证明，它以"诸描述性学科
所依赖于技能和行家绝技那样的方式更广泛地运作"。他认为，
"识知"（knowing）是对"被知事物的能动领会，是一项要求技能
的活动"②。但他同时声称，识知者对一切理解行为的个人参与，
并不会使我们的理解变成主观的。领会既不是一项任意行为，也不
是一种被动经验，它是一项负责任的，声称具有普遍效力的行为。
识知者怀着责任感和普遍性意图而进行识知活动，其行为遵从某些
启发性前兆（intimations），并与某种隐藏的现实建立起联系。这种
启发性前兆与现实的联系就是知识的客观性，个人知识就是客观性
和个人性的结合。他把知识的能动形成与接受其为现实的标志这两
者的结合看成一切个人识知行为的显著特征。波兰尼还将个人知识
视为一种求知寄托。它具有内在的冒险性。波兰尼还指出，知识具
有默会成分，它在一定程度上是不可言传的。从这种意义上说，知
识也具有个人性。技能是知识之一种，其不可言传性是不言而喻
的。诸如骑车、游泳此类的活动所蕴含的知识都不能单靠规则或技
术规条来传授，它们靠的是师傅带徒弟这种形式来加以传承的。

　　法国哲学家埃德加·莫兰提出了"复杂性的认识论"。什么是
"复杂性"？莫兰指出："复杂的东西不能被概括为一个主导词，不
能被归结为一条定律，不能被划归为一个简单的观念。换言之，复
杂的东西也不能用'复杂性'一词来概括，归结为一条复杂性的定
律，被划归为复杂性的观念。复杂性不是能用简单的方式来加以定
义并取代简单性的东西。复杂性是一个提出问题的词语，而不是给

---

　　① ［英］迈克尔·波兰尼：《个人知识——迈向后批判哲学》，许泽民译，贵州人
民出版社 2000 年版，第 23 页。
　　② 同上书，前言。

出解决办法的词语。"① 复杂性思想确实是在简单化思想搁浅的地方生长出来的，但是复杂性思想并不盲目拒斥简化，简单化思想瓦解了现实的复杂性，而复杂性思想尽可能地整合思维的简化方式，但是拒绝简化的肢解性的、还原性的、单面化的和最终令人盲目的后果。复杂性思想致力于阐明被分割的思想所打碎的各学科领域之间的连接，而这种分割的思想正是简单化思想的一个重要方面。简单化思想孤立被它分开的东西，遮蔽任何相互联系的、相互作用的、相互干预的东西。但是，复杂性思想并不是以此寻求某种完备性。理论的完备性是不可能的。复杂性包含着对不完备性和不确定性原则的确认。"复杂性在某种意义上总是与偶然性打交道。" "复杂性部分地与不确定性相吻合，这个不确定性或者源于我们知性的极限，或者是源于客观现象本身的性质。但是复杂性并不划归为不确定性，它是具有丰富的组织样式的系统内部的不确定性。"② 可以看出，莫兰关于复杂性的思想是一种对立互补的思想，复杂性是各种对立事物、现象、关系之间的两重性逻辑关系。在复杂性思维范式看来，经典科学认识方法存在着两个极端：一是化简，即把复杂的事物还原为简单的事物；二是割裂，即如果确定了认识对象的不同层次或方面的性质，就使它们截然分割，不相连属。

莫兰认为，数学逻辑学中的哥德尔不完全定理证实了他的认识论。他认为，哥德尔定理表面上局限于数学逻辑学，实际上对于任何的理论系统都有效。它证明了在一个形式化的系统里，至少有一个命题是不可判定的；这个不可判定性在系统内打开了一个缺口，使该系统变成不肯定的。当然，不可判定的命题可以在另一个系统即元系统中被论证，但是后者又包含着它的逻辑缺口。莫兰认为，可把这看作对超越现有认识，构筑元系统，进行从一个元系统到另

---

① ［法］埃德加·莫兰：《复杂性思想导论》，陈一壮译，华东师范大学出版社2008年版，前言。

② 同上书，第32页。

一个元系统的运动的"激励"。这个运动使得认识前进，但也总是使得新的无知和新的未知因素出现。因此，"存在着建立在开放系统理论基础之上的开放观点与通过哥德尔定理发现的处于任何认识系统顶端的无限的开放的缺口之间的对应性"①。所有这一切都导向一种开放的认识论，即认识永远具有开放性、动态性和未完成性。莫兰开放的认识论思想和科学哲学家库恩的科学革命的思想不谋而合：认识的任何重要进步都必然地通过封闭系统的破裂和粉碎来实现，这些系统本身不拥有自我超越的能力。一旦一个理论表现得不能整合愈益具有关键意义的观察，就会引起一个真正的革命，后者在系统中打破既产生其协调性又产生其封闭性的东西。一个新的理论可能会使旧有理论局部化、相对化、条件化而实现整合旧有的理论。可以说，认识永远是一种探险，"认识是在一个不确定性的海洋里穿越一些确定性的群岛的航行"②。

当代解释学的研究表明，纯粹的客观性立场是不存在的。解释学认为，"意义"不是潜藏于文本之中，等待人去发现的东西。意义在于为人们所不断诠释，不断生成。伽达默尔（Hans-Georg Ga-damer）说："当我们有所理解的时候，我们总是以不同的方式在理解。"③ 解释学认为，理解是人的根本存在方式。理解的经验是人存在的本体，是此在本身的存在方式。理解具有历史性。人是历史性的存在。人及其认识对象都内在地镶嵌在历史之中。海德格尔所谓人的"被抛入"状态即意味着我们不是处身世界之外，而是先在地寓于世界之中。人的历史性是人的理解的本体论条件。人的文化背景、社会背景、传统观念、风俗习惯及其处身的时代的物质条件

---

① ［法］埃德加·莫兰：《复杂性思想导论》，陈一壮译，华东师范大学出版社2008年版，第44页。

② ［法］埃德加·莫兰：《复杂性理论与教育问题》，陈一壮译，北京大学出版社2004年版，第68页。

③ ［德］伽达默尔：《在现象学和辩证法之间》，洪汉鼎：《理解与解释——诠释学经典文选》，东方出版社2001年版，第603页。

和精神取向、知识水平以及他所在的民族心理结构等无不影响着他的理解。海德格尔将其称为"前理解"或"理解的前结构",伽达默尔则称之为"偏见"或"成见"。在伽达默尔看来,正是理解的历史性构成了我们的"偏见"。所谓"偏见"是指在理解的过程中人无法根据某种特殊客观立场,超越历史时空的现实境域去对"文本"加以"客观"的理解,从而偏见的存在是合法的,它不应是理解的障碍,而是理解的起点。只有理解者顺利地带进他自己的假设,理解才是可能的。他说:"与其说是我们的种种判断,不如说是我们的种种成见,构成了我们的存在……我们存在的历史性需要种种成见(从这个词的字面意义看)为我们的全部经验能力指定最初的方向。成见乃是我们向世界敞开的先入之见。它们简直就是我们借以经验某些事物的条件——凭借它们,我们所遭遇的才向我们诉说某种东西。"① 当然,对理解来说,理解的前结构(包括偏见、先入之见)是必要的、合法的,并不等于说它就是"好"的和充分的,理解既以偏见为基础,同时又随着它的进展而不断受到检验、调节和修正。在此基础上,他提出了著名的"视界融合"概念。所谓"视界"是指人的"前判断",它"属于视力范围,它包括从一种特殊的观点所能见到的一切"。视界的最大特征是开放性。理解者和他所要理解的对象都各自具有其视界。理解的终极目的不是再现和重建文本的"原义",而是在理解的循环过程中不断形成新的"视界融合"。"视界融合"的结果是一种主体双方认知结构的改造与重组,这一过程不可能是某种预定知识的复制与客观再现,而只能是新知识的生产与创造。

在西方哲学史上,尽管对波普尔的"知识增长理论"、库恩的"科学革命的结构"、波兰尼的"个人知识的认识论"、哲学解释学理论等也都存有反驳和批评,但这些理论依然启发我们从多视角来

---

① 转引自赵光武、黄书进《后现代主义哲学述评》,西苑出版社2000年版,第53页。

辨识知识的内在规定性。

认识主体如何才能获得客观真理？知识的普遍有效性何以可能？知识与客观对象的一致性何以可能？这些都是近代以来认识论致力于回答的最核心的问题。客观主义知识观以主体和客体的二元分立的思维框架为前提，以自然的一致性为根基，认为知识完全能够从人对实在（客观存在）的把握中获得，而且这种知识是毫无疑问的，是放之四海而皆准的。在客观主义知识观那里，"知识状态是人的自然的或纯粹的状态，能看到真理的纯真的眼睛的状态"①。我们在接近"自然女神"之前必须先"净化"自己，尤其是要净化我们的"心灵"，知识的源泉必须保持纯洁，因为任何不纯洁都可能导致"无知"。这就是认识的"镜像"隐语。② 事实上，任何主体和客体及其关系都是在社会生活、交往、实践中历史性生成地存在。在这种存在中，主体和客体存在复杂的、多维的辩证关系。"由于人类认识本身的自我相关性，人始终无法在认识论上证明对象的客观实在性，因为人所证明的外部世界的实在性说到底还是人所证明的实在性，它不在人的认识之外。"③

从现代西方哲学发展来看，对传统二元对立的思维方式的批判和超越是一种总体的趋势。

> 现代哲学家们认为，那种外于人、与人无关、自在存在的世界是不存在的，所谓的世界或者说现实存在的世界是人的世界，即由人说出、为人把握、为人所感触到的世界，这样的世界只能是与人相关或对人发生意义的世界，是人生活于其中，与人发生千丝万缕的联系，和人内在统一的生活世界。没有了

---

① ［英］卡尔·波普尔：《猜想与反驳——科学知识的增长》，傅季重等译，上海译文出版社 2005 年版，第 21 页。

② 参见 ［美］理查德·罗蒂《哲学和自然之镜》，李幼蒸译，商务印书馆 2003 年版，第 9 页。

③ 林默彪：《认识论问题域的现代转向》，《哲学研究》2005 年第 8 期。

人，便无所谓世界，与人无关的东西也根本无法组成一个世界，或者说，根本不是人的现实的或实在的世界的内容。如果说有那样一个"世界"存在的话，它也只能是人的抽象物，是人对世界的一种态度。①

这种批判和超越的结果也就宣告了传统认识论的终结。

第四节　客观主义知识观审思

科学史和哲学认识论的发展表明，传统"尊崇主义者"所信奉的科学观念已经发生了很大的改变。科学知识并不是"已经完成的"，而仍行进在科学探索的"漫漫长路上"。科学知识是"可错的"，并不是"准确无误的""完美无缺的"，更不是"放之四海而皆准"的"绝对真理"。我们也看到，科学进步并非简单的、线性的过程，而是复杂的、曲折往复的、充满艰难险阻的探索过程。科学史上存在着大量成功的、真实的探究事实，但也存在着种种探究的局限性。

科学史表明，自然科学是"通过在所有严肃的探究活动中的核心认识论标准而取得显著成功"的，而"核心认识论标准"首先就包括"尊重证据"，虽然对证据的质量的判断，不同的科学家会有差异，但"证据质量自身则是客观的"，证据质量的决定要素并不是"主观的或情境依赖的"，也不是如"传统尊崇主义者所想的那样是纯逻辑的"，而是"世俗的"（worldly），"既依靠于科学家与世上特殊事物和事件的相互依赖，又依靠于事物的种类和分类与

① 李文阁：《回归现实生活世界——现代哲学的基本趋向》，《教学与研究》2000年第 1 期。

科学语言的关系"①。可见，科学证据不仅仅是形式上的联系，更是内容上的联系，它依赖于科学陈述与世界的联系。自然现象相互联系的认识论意义在于，"其间在理解中的每一个新步骤都潜在地使得其他步骤成为可能"②。科学证据本身是复杂的和弥散的，但"证据却是对科学的一个真实约束"。纵观科学史，证据及其逻辑推理是构成一种科学理论合理与否的关键性条件。无论是肯定还是否定一种理论，科学都讲求证据的支撑。"尽管某时某主张的担保度依靠于当时某人或某个集体的证据的质量，但是证据质量不是主观的或相对于共同体的，而是客观的。"③ 尊重证据，运用人类经验探究的一切方法如观察、推理、归纳等，这是迄今为止科学事业成为人类最伟大成就的基本事实和显著特征。

人类认识活动是认识主体的人能动地把握客观事物的过程。在这一过程中，需要人的感觉、观察、思维、情感、想象、意志等主观活动的介入与参与。但是，人类的"看"和"思"并不如镜子映物一般，它不是对外物的简单"复制""摹写"，它产生的不是"镜像"。相反，观察、思维、想象等认知活动没有也不可能离开人自身的"现实存在"这一事实，即是说，对作为观察和思维着的认识者来说，他既要用自己的眼睛去"看"，以全身心去"感"，同时也要用自己的"心灵"去"思"，更需要以某种方式去"说"。同样，还需要某种智识上的"诚实"。从根本上说，认识是一种"参与"的活动，而绝非"旁观"的活动。即是说，它离不开认识者主观活动的"参与"，离不开认识者身心的"浸润"。正因为这种"浸润式参与"的主观活动，客观对象在人的主观活动中发生了某种"变形"。亦即是说，认识对象作为一种客观存在，它在未转

① ［美］苏珊·哈克：《理性地捍卫科学——在科学主义与犬儒主义之间》，曾国屏、袁航译，中国人民大学出版社2008年版，第8—9页。
② 同上书，第89页。
③ 同上书，第65页。

化为人的认识内容之前，只能是一个未知的存在。而当认识对象转
化为认识的内容，它已经被认识主体所"改写"，已经深深地染上
了人类认识的印迹，也即是说受到了人类既有认识的"浸染"。凡
是我们所"认识"的"实际"，总是被我们"看到"的"实际"。[①]
实际正如马克思所说的："观念的东西不外是移入人的头脑中并在
人的头脑中改造的物质的东西而已。"[②]

　　孙正聿教授指出，认识内容的存在，必须具有缺一不可的两个
条件：其一，认识内容是关于对象的内容，无对象就无内容；其
二，认识内容是主体认识活动的产物，没有主体的认识活动也不可
能形成关于对象的知识。他认为，人的观察以及人的全部认识活
动，是"对象—认识—映像"三项关系，而不是"对象—映像"
两项关系。[③] 正是由于"对象"变成"映像"需要以"认识"为中
介，这就造成了认识内容无法逃避的矛盾性。客观事物是世界的本
来面目，但它不经过人的认识活动，就构不成人的认识内容；认识
内容是关于对象的映像，但由于它是人的认识活动的产物，它是在
人的头脑中改造过了的东西。这种情况恰如有学者所说的：

　　　　人类认识的一个根本矛盾或悖论是：人所认识的世界是人
　　所能认识的世界，但人总要寻找那个不能被人认识的永恒绝对
　　的世界。追求却难及，不追求又可能失去认识的根基。我们在
　　寻求绝对世界的确定性时，却发现寻求者本身是非绝对、非确
　　定性的，是以"有涯"去追"无涯"，世界本身永远逃逸着认
　　识，对于"我思"是没有终点的地平线。即便如此，认识论的
　　这个形而上学之谜，就像希腊神话中塞壬女妖摄人心魄的歌声

---

① 孙正聿：《探索真善美》，吉林人民出版社 2007 年版，第 54 页。
② 《马克思恩格斯选集》（第 2 卷），人民出版社 1972 年版，第 217 页。
③ 孙正聿：《探索真善美》，吉林人民出版社 2007 年版，第 44 页。

一样，对人类的哲学智慧来说是一个永恒的诱惑。①

这样看来，作为人类认识成果的知识就其源泉和内容而言是客观的，然而却具有认识主体的主观的形式。亦即是说，认识是主观见之于客观的东西，是人有目的的、创造性的、能动的对客观事物、现象和过程的一种建构。我们可以说，人类求知的根本目的在于寻求知识的客观性。从本体论意义上讲，我们无法否认独立于人类的客观世界的存在。这符合我们的常识和直觉。客观世界的永恒存在使得寻求知识的客观性成为人类一种永恒的理想。科学探究的根本目的就在于努力发现客观世界各种问题的正确答案和本真面目。

总体而言，我们试图辩证、全面地认识客观主义知识观。既不是如传统"尊崇主义者"那样"乐观"，也不是如"犬儒主义者"那样"悲观"。我们既要看到人类在科学探究方面已经取得的惊人成就，也要看到科学在发展过程中所存在的"不完善""可错性"。"要理解科学证据和科学探究的复杂性，不仅需要注意与逻辑相关的问题，而且需要注意世界以及在其中作为探究者的我们所处的位置。"② 知识本质上是开放的、动态发展的，具有历史性，而绝非终极完成、一成不变的东西，它表明了知识的"主观性意义"。这为认识教育中知识与人的关系提供了认识论前提。

推进教育现代化依然是我国实现现代化的重要内容之一。对我们而言，现代化依然处于进程之中，但对现代化进程中所存在的问题我们却不能视而不见。反思是为了更好地建设。反过来，建设也需要深刻反思。反思基础教育的现代性危机，力图克服现代教育的种种弊端，是当前基础教育改革的基本出发点。从知识观的变化来

---

① 林默彪：《认识论问题域的现代转向》，《哲学研究》2005 年第 8 期。
② ［美］苏珊·哈克：《理性地捍卫科学——在科学主义与犬儒主义之间》，曾国屏、袁航译，中国人民大学出版社 2008 年版，第 116 页。

看，科学图景的变化，哲学认识论的当代发展，让我们看到了知识尤其是自然科学知识的边界性和条件性，即是说对知识的"客观性"有了更加完整的了解：知识的客观性是相对的，而不是绝对的；其相对的客观性就表现为知识与人所能认识的经验世界的一致性而并不表征关于纯粹客观世界的终极认识。科学知识存在着"超主观的客观性"，但这绝不是"无主观的客观性"。对知识的客观性做绝对化的理解是不足取的，但否定科学知识的相对客观性同样是有害的。

从教育学的视角来看，"再现的知识观"亦即客观主义的知识观从根本上切断了知识对于个人的意义，使教育中知识与人的关系变得紧张、僵硬，人与知识之间成了占有和被占有、发现和被发现的关系，知识外在于人，因而也就失去了涵育人的力量。在知识爆炸的信息时代，这种知识观正日渐显现出其局限性。正像著名科学家普利高津所说的那样："科学始于勇于肯定理性之力量，但它看来却终于异化——对赋予人的生命以意义的一切事物的否定。"①正是这种知识的非人化、非社会化信念，造成了教育领域知识与人的存在之间的矛盾与冲突。教育中知识的根本意义在于要实现对人的精神世界的涵育和滋养，要求人必须和知识之间进行"相互作用"，因而也成了基础教育现代性危机的深刻根源。事实上，其自身也面临着日益严峻的考验，因此我们必须对其进行深刻反思和检讨。不如此，就不能从根子上认识基础教育现代性危机之症结所在；不如此，我们就无法超越现代教育的诸多困境。

---

① ［比］伊利亚·普利高津：《确定性的终结——时间、混沌与新自然法则》，湛敏译，上海科技教育出版社1998年版，第149页。

第二章 建构主义知识观与基础教育 课程改革

　　建构主义（constructivism）是当代一种深具影响力的社会文化思潮。20世纪80年代以来，建构主义思潮对教育产生了持续的影响，成为很多国家教育改革的理论资源。

　　一种社会思潮，其产生、存在与发展总是与一定的社会思潮紧密相关的。建构主义理论的产生、发展无疑与特定的时代、众多的思想和方法的影响密不可分。"就建构主义研究的兴起而言，它实际上是后现代主义社会理论、知识社会学和哲学思潮汇流的结果。"① 新世纪伊始，我国启动了新一轮基础教育课程改革，建构主义被尊崇为课程改革的重要理论基础。经过课程改革倡导者和培训者的一再强调，在基础教育领域，人们言必称"建构"，似乎不"建构"就意味着思想观点上的"落后"。建构主义在教育领域的"流行"，除了一些学者的大力倡导外，在内源性意义上，也迎合了课程改革的某种"需求"，新课程改革在知识观层面隐含着变革客观主义知识观的理论诉求。

　　建构主义知识观对教育领域的影响是巨大的，但同时它对教育领域的影响也是混乱的。很多人不假思索地盲目认同建构主义知识观，对此，教育学者也没有做出全面辩证的辨析和思考。总体来

---

　　①　李三虎：《当代西方建构主义研究述评》，《国外社会科学》1997年第5期。

看，教育学界对建构主义是一种"单向"的"掘取式"研究，"借鉴"得多，"批判""反思"得少，尤其缺乏哲学知识论视角的观照。所以，要想对建构主义有一个清楚明白的认识，还必须借助多学科知识，尤其是哲学知识论研究成果，在综合运用多学科研究成果的基础上，对相关文本进行深入分析和阐释，我们才有可能对我国当前进行的基础教育课程改革有一个较为深入的认识。

第一节　建构主义知识观的内涵

作为一种认识论，建构主义有着悠久的思想渊源。在西方哲学史上，怀疑论者很早就发现，人的感觉并不可靠，依靠感觉经验并不能获得关于客观世界的真实"映像"。普罗泰戈拉（Protagoras）提出："人是万物的尺度，是存在的尺度，就像存在的那样；也是不存在的尺度，就像不存在的那样。"这种思想也蕴含着建构主义思想的因子。笛卡尔"我思故我在"表明，一切思想皆可怀疑，唯独"怀疑或思维着的我"不可怀疑。在笛卡尔的"我思"世界里，其实并没有完全排除"怀疑"的阴影。维柯（Vico）明确提出了"知识是我们建构的"这一建构主义的知识观点。康德（I. Kant）的"先验演绎"观念，皮亚杰（Piaget）的"发生认识论"思想，维果茨基的社会历史文化观点，则对建构主义知识观的形成和发展做出了贡献。

建构主义的理论流派并非单一的，而是多样的。古兰（D. Geelan）区分了六种建构主义形式：个人建构主义（personal constructivism）、激进建构主义（radical constructivism）、社会建构主义（social constructivism）、社会建构论（social constructionism）、批判建构主义（critical constructivism）、语境建构主义（contextual constructivism）。[①] 其中对教育影响比较大的主要是个人建构主义和

---

① 罗英豪：《建构主义理论研究综述》，《上海行政学院学报》2006 年第 5 期。

社会建构主义。另外，激进建构主义也不乏拥趸。

一 不同流派的建构主义知识观

（一）个人建构主义知识观

康德发动了认识论史上的"哥白尼式的革命"，为建构主义产生提供了直接的思想来源。康德认为，经验论与唯理论都有各自的片面性。

> 唯理论远离感性对象的实际，从事对所谓天赋观念的具有很大随意性的分析，主观上构造出关于整个世界的本质的蓝图；经验论则极力摭拾零碎片断的、终归是少量的并且是具偶然性的经验事实，企图用以对知识问题作出高出经验层次的实质性论断。这都等于是南辕北辙。[1]

康德力图弥合二者各自的片面性，对知识进行"综合"。康德认为："直到现在，人们认为一切知识都必须与对象一致，但是，按照这样的假定，我们就完全没有希望利用概念先天地从某些方面形成对象，以便扩大我们的知识。"[2] 康德知识学的所有努力就在于确立"对象必须与我们的知识一致"这样一种观点。这正像哥白尼提出的天文学上的"革命"一样，康德提出了认识论史上的"哥白尼式的革命"。

> 对象必须与我们的认识相一致。这便是哥白尼式革命的核心点……这一革命的结果使以客体为中心的认识变成了以主体为中心的认识：认识的对象是对象呈现在我们面前的现象，这样的对象是由主体参与下而构造的对象，它不是外在于主体

---

① 齐良骥：《康德的知识学》，商务印书馆 2000 年版，第 144 页。
② 转引自齐良骥《康德的知识学》，商务印书馆 2000 年版，第 151 页。

的、完全被给予的东西，而是对象被给予并通过主体而建立起来的。①

这样，所谓"对象必须与我们的知识一致"就是"认识对象"是认识主体"构造"的"对象"，而不是像传统认识论那样，让知识去"符合"对象。这也就是说，对象是对我们的"呈现"，而不是直接被给予的"实在"。这将自古以来素朴的直观反映论做了一个180度的大转变。因而在康德那里，"以人的主体性建立知识的客体，主体性提供客观性，从而又提供必然性和严格的普遍性。这样，真正意义下的知识问题，就进入新的境界，为长期蔽于感觉经验而被隐藏起来的理性照亮了的境界。这是智慧的升级。这就是范畴的先验演绎。"② 一个具有先天认知能力和形式的先验主体成为认识的中心。康德这种"对象必须与我们的知识相一致"的观点，用建构主义的话说便是：知识是由认识主体建构的。

皮亚杰的发生认识论对建构主义知识观的影响是极为深远的。皮亚杰知识理论的核心是其发生认识论。"这种认识论首先是把认识看作一种继续不断的建构。"③ 皮亚杰从发生学的角度研究了儿童直至青少年认知结构发展变化的过程，揭示了人类认识起源的问题。他认为，认识既不来源于主体，也不来源于客体，而是来源于主客体的相互作用——"活动"。在皮亚杰看来，唯理论者过分夸大了认识主体的作用，认为人的知识是与生俱来的、"先验"的，而经验论者则过分夸大了感觉经验的作用，二者都没能正确地回答认识的起源问题。之所以如此，是因为他们没能看到活动在人类认识起源和发展过程中的作用。他认为，主客体的分化、认识的建构

---

① 田玉荣：《论休谟对康德关于两种对象思想的影响》，《北方论丛》1996年第4期。
② 齐良骥：《康德的知识学》，商务印书馆2000年版，第155页。
③ ［瑞士］皮亚杰：《发生认识论原理》，王宪钿等译，商务印书馆1981年版，第19—20页。

都以"活动"为基础。"具有逻辑数学性质的和实物性质的两极性的认识，是在活动变得协调、主客体之间由于中介结构日益精细化而开始分化的时候，在活动本身这个平面上形成的。"① 可见，正是由于这种活动，主客体才能在主体头脑中分化开来，主客体概念才最终得以建构。

皮亚杰认为，认识是一个连续建构和不断发展的过程。认识既不是主体内部结构"预先决定了的"，也不是客体特性中"预先决定了的"，而是二者之间的相互充实、丰富和深化。

同化、顺应和平衡是个体认知发展的三个基本过程。所谓同化就是个体将外界信息整合纳入已有的认知结构中的过程。当个体原有认知结构不能同化新事物时，就必须改变或调节自身以适应新的情境，这个过程即所谓的"顺应"。顺应的过程，就是认知主体调节自身结构以适应外界的过程，也是主体实现自身认知建构的过程。没有主体的顺应与调节，就没有主体认知结构的发展，自然也就没有认识的发展。个体的认知结构正是在同化和顺应连续不断的交替作用、动态建构中无限发展的。前者体现为环境对个体的作用，后者体现为个体对环境的作用，二者相伴而生，相依为用。同化与顺应是一对矛盾体，没有同化就没有顺应，没有顺应也就没有同化。个体通过同化和顺应这两种适应形式，达到与外界环境的平衡。平衡总是暂时的，不平衡则是经常的。个体的智慧结构在"平衡—不平衡—新的平衡"的动态变化过程中得到发展和提升。

个体建构主义者强调个人和认识对象之间的"相互作用"，把知识生产视作一个"双向建构"的过程。知识就是认知主体基于一定的文化环境，在原有知识、经验的基础上，建构当前事物"意义"的过程。作为认识成果的"知识"，既包含了认识对象的"特性"，也包含着认识主体的"主观性意义"。亦即是说，知识具有

① ［瑞士］皮亚杰：《发生认识论原理》，王宪钿等译，商务印书馆1981年版，第27页。

"属人性",就是"个体创造有关世界的意义而不是发现源于现实的意义"①。

(二)社会建构论知识观

20 世纪 70 年代,科学知识社会学(sociology of scientific knowledge,SSK)在英国兴起,也有的研究者将其称为科学知识的建构论研究。这些研究者起初以英国的爱丁堡大学为中心,形成了所谓的知识社会学的爱丁堡学派。后来,随着 SSK 的不断发展及其内部的分化,80 年代中期,在法国又形成了另一个很有影响力的学派即巴黎学派。

SSK 明确把科学知识作为自己的研究对象,旨在探索和展示社会因素对科学知识的生产、变迁和发展的作用,并从理论上对这种作用加以阐述。SSK 否认理性、客观性和真理的普遍标准,大多数 SSK 的理论家都强调,知识是社会建构的。

巴里·巴恩斯(Barry Barnes)是爱丁堡学派的主要代表人物之一。在巴恩斯看来,像其他任何知识一样,科学知识也是受社会文化因素影响的。巴恩斯指出:"事实是被集体界定的;任何知识体系由于其制度特征,必然只包含集体认可的陈述。"② 科学知识是一种理论知识,是从理论而并非完全是从经验中推导出来的。我们关于世界的图景并不是从世界中产生的,而是我们强加给这个世界的。既然信念不可能超越环境和文化的影响,社会文化环境又会随着时间和地域的不同而有所变化,因此,不同时代、不同社会的人,对相同的事物就会有不同的信念,没有任何一种关于自然的信念是唯一合理的或是唯一的真理。关于评价问题,巴恩斯指出,科学产品像其他文化产品一样,其评价取决于行动者的目的和要求,以及这些目的和要求以什么方式构成不同群体特有的规范。换句话

① 高文:《教育中的若干建构主义范型》,《全球教育展望》2001 年第 10 期。
② 〔英〕巴恩斯:《科学知识与社会学理论》,鲁旭东译,东方出版社 2001 年版,第 24 页。

说，在科学中没有普遍一致的标准，评价标准都是相对的。对科学家的信念、目的和行动的评价，也不存在什么普遍的因果解释，只能根据行动者自己的理由去理解。[①] 尽管巴恩斯对科学知识倾向于文化上的相对主义阐释，然而也招致很多非议，但他的某些观点和方法，对于反思科学仍有一定的参考价值。正如美国著名科学社会学家伯德纳·巴伯所指出的那样，巴恩斯和其他的 SSK 学者"关于科学思想与组织之实际发展的严密的、微观的和经验的研究，对于我们理解作为一种社会现象的科学是一个重要的贡献"[②]。

大卫·布鲁尔（David Bloor）是与巴里·巴恩斯齐名的 SSK 理论家。布鲁尔为科学知识社会学制定了"强纲领"。所谓"强纲领"就是关于科学知识的社会学应当遵守的四个"信条"（te-nets）。"通过这种方式，它就可以体现人们在其他科学学科中认为理所当然的同一种价值观。"[③] 这四个信条是：

一、它应当是表达因果关系的，也就是说，它应当涉及那些导致信念或者各种状态的条件。当然，除了社会原因以外，还会存在其他的、将与社会原因共同导致信念的原因类型。

二、它应当对真理和谬误、合理性或者不合理性、成功或者失败，保持客观公正的态度。这些二分状态的两个方面都需要加以说明。

三、就它的说明风格而言，它应当具有对称性。比如说，同一些原因类型应当既可以说明真实的信念，也可以说明虚假的信念。

---

① ［英］巴恩斯：《科学知识与社会学理论》，鲁旭东译，东方出版社 2001 年版，译者前言。

② 转引自［英］巴恩斯《科学知识与社会学理论》，鲁旭东译，东方出版社 2001 年版，译者前言。

③ ［英］大卫·布鲁尔：《知识和社会意象》，艾彦译，东方出版社 2001 年版，第 7 页。

四、它应当具有反身性。从原则上说，它的各种说明模式必须能够运用于社会学本身。和有关对称性的要求一样，这种要求也是对人们寻求一般性说明的要求的反应。它显然是一种原则性的要求，因为如果不是这样，社会学就会成为一种长期存在的对它自己的各种理论的驳斥。①

概括地说，"强纲领"的主张包括自然科学知识和社会科学知识在内的所有各种人类知识，都是处于一定的社会建构过程之中的信念；所有这些信念都是相对的、由社会决定的，都是处于一定的社会情境之中的人们进行协商的结果。因此，处于不同时代、不同社会群体、不同民族之中的人们，会基于不同的"社会意象"而形成不同的信念，因而拥有不同的知识。可见，在布鲁尔看来，知识，尤其是科学知识，绝非完全来源于科学实验室那一尘不染的洁净的试管，它的产生与社会的"人间烟火"息息相关。

迈克尔·马尔凯（Michael Mulkay）是科学知识社会学的又一位代表人物。他明确提出应当把科学知识的生产作为社会学的研究对象。在他的代表作《科学与知识社会学》一书中，他生动地分析了科学知识是如何从社会这个"大染缸"中"炮制"出来的过程。"即使是最专门的科学知识，也能够把它恰当地理解为特定社会背景下的人类活动的特定产物。"② 这可以说代表了他的根本观点。另一位 SSK 的理论家卡林·诺尔—塞蒂纳曾认为，科学理论是"制造"出来的，"科学成果必须被看作通过生产过程而高度内在地建构而成的，并且独立于这一问题：科学成果是通过某种与实在性的

---

① ［英］大卫·布鲁尔：《知识和社会意象》，艾彦译，东方出版社 2001 年版，第7—8 页。

② ［英］迈克尔·马尔凯：《科学与知识社会学》，林聚任等译，东方出版社 2001年版，中译本序言。

匹配或不匹配而外在地建构的"①。

科学知识社会学通过与社会建构论相结合的方法，从经验研究的角度论证了自然科学知识也是社会建构的结果，认为知识的"客观性""价值中立性""普遍一致性"等特性是不存在的，代替它的是"社会性""价值性"以及"地域性"。②

综上所述，知识的社会建构论者认为，任何知识都是社会建构的产物。科学知识包括自然科学知识，都与一定的价值观念、利益诉求、文化情境、研究实践活动等社会因素密切相关。不存在不受社会影响的、纯粹的、不与社会发生作用的所谓"客观知识"。

（三）社会建构主义知识观

维果茨基强调了社会历史文化对个体心理发展的影响，因此其理论也被视为社会建构主义等理论流派的重要思想来源。

维果茨基特别强调活动和社会交往在人的高级心理机能发展中的突出作用。他提出人的心理发展的两条规律：其一，人所特有的被中介的心理机能不是从内部自发产生的，它们只能产生于人们的协同活动和人与人的交往之中。其二，人所特有的新的心理过程结构最初必须在人的外部活动中形成，随后才可能转移至内部，成为人的内部心理过程的结构。这种外部心理过程向内部心理过程的转化，实质上就是"内化"过程。③

维果茨基认为，人的活动是实现主观与客观之间相互作用的桥梁。他将人的心理机能分为低级心理机能和高级心理机能。心理发展的实质是心理在环境与教育的影响下，从低级心理机能向高级心理机能转化的过程。这种发展受社会文化历史发展规律所制约。

①　［奥］卡林·诺尔—塞蒂纳：《制造知识：建构主义与科学的与境性》，王善博译，东方出版社2001年版，第9页。
②　楚江亭、郭德侠：《论自然科学知识的社会建构及其教育意义》，《教育理论与实践》2002年第7期。
③　杜殿坤、高文：《维果茨基教育思想评介》，［苏］维果茨基：《维果茨基教育论著选》，余震球选译，人民教育出版社2005年版，第3—4页。

社会建构主义的知识观发展了皮亚杰的个人建构主义知识观。社会建构主义者强调了交互作用在知识形成中的作用，消解了个体与社会文化的二元对立。

社会建构主义者认为，我们用以形成知识的基础是"语言"及其"约定"和"规则"，而"语言则是一种社会的建构"。在社会建构主义者看来，"人类知识、规则和约定对某一领域知识真理的确定和判定起着关键作用"①。人类知识的形成和产生，离不开一定的"社会过程"，即知识具有"社会性"，而非纯粹"客观性"。社会建构论者强调，语言中的意义依赖于"情境脉络"。"我们关于语言与指代物之间关系的约定总是植根于特定的社会历史环境的。"② 个人在知识生产过程中，具有主观能动性。

社会建构主义者认为，个体的认识总是离不开一定的社会文化环境的制约和影响。认识是在个体认识的基础上，在与他者的交往互动中建构起来的。"知识是通过大量心智的辩证的交互作用而建构的。"③ 可以看出，社会建构主义和个体建构主义的主要不同就在于，社会建构主义者更加强调以"语言活动"为中心的社会交往在认识形成中的地位和作用，强调了社会文化与个体认识的"对话交流""沟通互动"。

（四）激进建构主义知识观

激进建构主义的主要代表人物是美国学者冯·格拉塞斯菲尔德（Ernst Von Glasersfeld）。"什么是激进建构主义？简单地说，激进建构主义就是探讨知识和认识问题的非传统方法。"④ 激进建构主

---

① 高文：《维果茨基心理发展理论与社会建构主义》，《外国教育资料》1999 年第 4 期。

② ［美］肯尼思·J. 杰根：《社会建构和教育过程》，［美］莱斯利·P. 斯特弗、杰里·盖尔主编：《教育中的建构主义》，高文、徐斌燕、程可拉等译，华东师范大学出版社 2002 年版，第 20 页。

③ 钟启泉：《课程的逻辑》，华东师范大学出版社 2008 年版，第 192 页。

④ ［美］恩斯特·冯·格拉塞斯菲尔德：《激进建构主义》，李其龙译，北京师范大学出版社 2017 年版，第 1 页。

义认为："不管我们如何界定一切知识，它们只存在于人的头脑中，而思想着的主体只能根据其自身的经验来建构其知识。我们从我们的经验出发所做的只是勾勒我们有意识地生活在其中的世界。"①这可以说是格拉塞斯菲尔德对知识的根本看法。他认为，所有的经验都是主观的。他不满西方传统认识论，认为在传统知识观视界，"个人作为无知者生到一个他们必须发现和反映的已为他们准备好了的世界上"。以建构主义的观点来看，"没有一个主体是能超越其个人的经验界限的"。格拉塞斯菲尔德认为，激进建构主义是"理解知识的特殊方法，不仅把知识作为结果，而且也作为活动"②。

格拉塞斯菲尔德认为，我们必须放弃"通过知识表征独立世界的要求"，而代之以"我们在经验世界里能做什么、处理物质对象的成功方式以及思考抽象概念的成功方式"③。他认为，知识具有适应性。认识是一种适应性活动。他以"生存力"（viability）概念取代了传统的真理（真实反映独立于我们之外的客观实在）概念。"在建构主义者看来，如果概念、模式、理论等能证明它们对于自身被创造出来的情境脉络是适宜的，那么它们也具有生存力。"④显然，"生存力"与真理完全不同，它与目标、意图形成的情境脉络相关联。"生存力"概念的引入放弃了关于世界的终极真理的设想，它提出了对认识世界的多元化思路。用他的话说，"知识既不是通过感官也不是通过交流而被动接受的，而是由认知主体主动建

---

① ［美］恩斯特·冯·格拉塞斯菲尔德：《激进建构主义》，李其龙译，北京师范大学出版社 2017 年版，第 1 页。

② 同上书，第 24 页。

③ ［美］格拉塞斯菲尔德：《教学的建构主义方法》，［美］莱斯利·P. 斯特弗、杰里·盖尔主编：《教育中的建构主义》，高文、徐斌燕、程可拉等译，华东师范大学出版社 2002 年版，第 6 页。

④ 同上书，第 7 页。

构起来的"①。

可见，在激进建构主义视野里，知识是人对特定情境的"适应"，是一种境遇性建构。

二　建构主义知识观的基本观点

尽管建构主义知识观流派众多，对"建构"的理解不尽相同，但都认为知识是"建构的"。所谓知识是"建构"的，意味着知识不是被"发现"的，而是被"建立"的，是"在某个时间人们有意识地创造的"②。

社会建构主义知识观的核心，即"知识是由社会建构的"。所谓"知识是由社会建构的"意味着建立知识的是"社会"，"是以一定方式组织起来的，有特定价值、利益和需要的人群"③。前已述及，客观主义知识观坚持认为存在着独立于我们和我们信念的"客观世界"，证据支撑着我们信念的合理性，且"证据之为证据"并不依赖于社会的偶然需求和利益。同样，在解释我们信念的合理性时，我们毫不怀疑理性的认知理由。而知识的建构主义观点则与此针锋相对，认为并不存在独立于我们认识的所谓"社会环境"，"所有的事实都是社会建构的，反映了我们偶然的需求和利益"，证据本身也是如此。"只用掌握的证据来解释我们为什么有这样那样的信念，根本是不可能的。要解释信念，必然要涉及我们偶然的需求和利益。"④

在知识的性质上，建构主义知识观认为，知识不是对客观世界的真实摹写，而只是一种合理解释或可靠假设。这与客观主义知识

---

① E. Von Glasersfeld，"*The Reluctance to Change a Way of Thinking*," *Irish Journal of Psychology*，1988（9），p. 83.

② ［美］保罗·博格西昂：《对知识的恐惧：反相对主义和建构主义》，刘鹏博译，译林出版社 2015 年版，第 15 页。

③ 同上。

④ 同上书，第 20 页。

观关于知识性质的普遍性的观点针锋相对。客观主义知识观认为，知识是人对客观世界的"本质""规律""结构""特性"等的"发现"。知识既经"发现"，便成为"完成之物"，再无须"质疑"。而建构主义者则认为，知识会随着认识水平的提高，认识对象的变化，认识活动的深入而不断得到升华和改写。基于认识对象的多样性、认识情境的复杂性、个体先前经验的独特性等因素，个体知识建构结果是多元的，而非一元的。

可见，作为一种"新认识论"，建构主义的理论旨趣迥异于客观主义的认识论，一方面，它反思客观主义知识论的立场、观点和旨趣，另一方面，它重新建构了对"知识"的观念，即知识是"建构"的，而不是"发现"的。知识并不是对"独立于人的世界"的"表征"，不是对客观世界的一种"影像"，而是人对经验世界的"适应"，是一种境遇性的"建构"。

第二节 建构主义知识观视野下的课程改革

一 课程理念的变革

格拉塞斯菲尔德提出建构主义的"激进"模式，并表述了两个"基本原理"："知识并非被思维着的主体被动地接受的，而是被思维着的主体主动地建构的；认知的功能是适应，并有助于组织经验世界，而不是发现本体论意义上的实在。"① 这其实也可以看作建构主义教学的"基本原理"。从建构主义的观点来看，"关于交往和学习过程、关于信息和知识的本质、关于同他人的互动以及关于动机现象等理论观念将发生改变"，② 具体到课程教学领域，主要体现在如下方面。

---

① ［美］恩斯特·冯·格拉塞斯菲尔德：《激进建构主义》，李其龙译，北京师范大学出版社 2017 年版，第 30 页。

② 同上书，第 289 页。

在课程目标上，基于客观主义知识观的课程目标，主要向学生传授"价值中立的客观知识"，而建构主义的知识理论明显不同于传统知识理论。建构主义将学生的"思维发展"视作十分有价值的课程目标。在格拉塞斯菲尔德看来，教育的目的，"一方面应当使学习者能够独立且没有矛盾地思考；另一方面应当使下一代牢牢保持目前认为最好的行动方式和思维方式"①。知识是促进思考，历练学生"行动方式和思维方式"的"有价值的工具"。

重视课程内容的情境呈现。基于建构主义知识观对知识文化境脉性的理解，建构主义的课程观主张用真实情境中的问题来呈现课程内容，通过创设解决问题的情境，提供认知工具、材料和知识信息，营造开放的学习环境，旨在让学生在解决问题的过程中激活个体经验、原有知识，在师生、生生之间的互动参与中建构知识和意义。社会建构主义者认为，个体和社会息息相关。个人知识的形成、个体高级心理功能的完善离不开社会文化的情境脉络。因此，儿童、学生的发展既非自发产生，也非外力塑造，而是在一定的情境脉络中，在与社会环境之间的相互作用中动态建构的。

在课程组织方面，课程要给学习者的认知建构提供必要的经验和知识准备。奠基于"平衡化"或"再平衡化"认知发展动态过程的认识，皮亚杰认为，教师应通过"温和而又明确"的"干扰"来帮助学生实现"平衡—不平衡—提高的再平衡"的动态发展。课程要在"平衡的舒适感"与"不平衡的不舒适感"之间保持"必要的张力"。布鲁纳在其早年的《教育过程》一书中曾提出一种结构主义的知识观和认知主义的心理、教育观，他提出"任何科目都能够按照某种正确的方式教授给任何年龄段的任何儿童"的著名观点。据此，课程应以"螺旋式"形式组织。20 世纪 90 年代以后，布鲁纳"认知主义"的知识观和教育观发生了很大的改变，他在

---

① ［美］恩斯特·冯·格拉塞斯菲尔德：《激进建构主义》，李其龙译，北京师范大学出版社 2017 年版，第 287 页。

《教育文化》一书中提出一种"文化主义"（culturalism）的知识观和教育观。他认为，人类的心灵和文化紧密相关，学习与思考永远都置身于文化的情境中，都依赖文化资源的使用。因应这种观念，课程组织形式则偏爱"苏格拉底式的对话"（Socratic dialogue），强调知识的"脉络化"和"诠释学式的意义生成"。

二　课程实施的变革

课堂教学是课程实施的主要渠道。不同知识观主导下的教学具有不同的理论旨趣和实践方式。就教学中知识的习得而言，客观主义知识观主导下的知识教学从根本上说是一种"授受式教学"，强调"记忆""背诵"等，而建构主义知识观主导下的知识教学则是一种"建构式教学"，更关注"理解"。前者的课堂生态往往被描述为"教师中心""知识中心""被动接受"等，教师被赋予"客观真理"的化身；而后者的课堂教学生态则表现为"以学生为中心""建构意义""生成理解""主动建构""相互磋商"等情境，学习者是"有想法""能思考""独立自主"的人。教师应该相信学生能够建构自己的学习意义。讲授式、记忆式是"授受式教学"的主要方式，而抛锚式、支架式、对话式、问题式、协作式、参与式则是"建构式教学"的主要方式。

"问题解决式教学"是建构主义者所倡导的一种有效率的"教育工具"。有价值的问题能激发学生解决问题的兴趣。在问题解决过程中，枯燥的学习任务会让学生感觉兴趣盎然，也充分发挥了学生的主体性和能动性。教师的主要任务就在于用"智慧的言语和行为"来引导学生"建构"，包括其建构的"过程"和"方向"。"教师充其量成为卓有成效的帮助者，而且不是通过他指出'正确的'途径，而是把学生的注意力引向被忽视或误导的行动因素。"[①]

---

① ［美］恩斯特·冯·格拉塞斯菲尔德：《激进建构主义》，李其龙译，北京师范大学出版社 2017 年版，第 307 页。

尽管我们不能以非此即彼的对立思维方式看待这两种不同的教学方式，但无疑它们之间存在着鲜明的差异。

三 学习方式的变革

格拉塞斯菲尔德指出："激进建构主义可以向教育者提出以下建议：教的艺术很少同传播知识有关，其根本目的必须在于培养学习的艺术。"① 因此，学习方式的变革也是建构主义教学的重要内容。具体而言，包括如下几个方面。

（一）学习的建构性

在建构主义知识观视野里，学习即知识的建构。学习本质上是学习者认知结构的改变过程。通过学习者与教师、学习者与文本、学习者与环境、学习者与同伴等的积极互动和相互作用，在这个过程中，学习者新旧知识经验由冲突到平衡，并由此引发认知结构的变化与重组。学生对新知识的理解和掌握，就是把新知识纳入已有的认知结构中去。

（二）学习的互动化

建构主义强调，学习是在学习者与周围环境的互动中发生的，因而为学生提供活动、实践、体验的机会无疑对理解学习内容和建构意义有着十分重要的作用。格拉塞斯菲尔德强调："一切教学必须是一种交流。"② 在学习过程中，学习者之间通过交流、协商、讨论等活动对知识进行重构，每个学习者都以自己的方式建构对于事物的理解，从而不同人会看到事物的不同方面，最终通过学习者的合作而获得更加全面丰富的理解。③ 学习过程是一种"意义和知识的协商"过程。教师的威信并不在于"知道一切答案"，而在于

---

① ［美］恩斯特·冯·格拉塞斯菲尔德：《激进建构主义》，李其龙译，北京师范大学出版社 2017 年版，第 313 页。

② 同上书，第 307 页。

③ 张建伟、陈琦：《从认知主义到建构主义》，《北京师范大学学报》（社会科学版）1996 年第 4 期。

充分利用每一个机会同学生一起"研讨问题"。

（三）学习的个性化

建构主义认为，人们是以自己的先前经验为基础来建构或解释现实的，因此学习对于个体而言总是充满个性的活动。激进建构主义者认为："学习的个体可以用完全不同的方式来看待每一点知识并习得它。"[①] 学习的个性化不仅表现为学习目的、学习方式、学习手段等的个性化，而且归根到底学习的结果也具有个性化的意义。"'协商'的决定性方面在于协商的结果，即顺应的知识，始终还是主体的建构，不管协商伙伴的知识在协商过程中变得多么一致。"[②]

（四）学习的实用化

建构主义以"适用性""生存力"等概念取代了知识的"真理性"概念，认为"生存力是建构主义的检验标准"，这样，学习就以知识的生存力作为评价标准，学习者本人是其学习的最好评价者。

（五）学习的创造性

在建构主义知识观视野里，学习的根本目的不在于记忆或复述知识，而在于形成个人独特的认识。因而建构主义的学习总是与批判性思维、创造性思维等联系在一起。

（六）学习的情境化

建构主义认为，学习总是与一定的情境相联系的，是在真实情境中发生的，从而创设一定的问题情境在学习中就显得尤为必要且重要。在真实的情境中，更有利于学习者激活先前的知识经验，在新旧经验之间建立内在联系，从而使枯燥、抽象的知识学习变得生动活泼。学习知识的目的也在于在真实的问题情境中解决问题，实现学用一致。因此，建构主义学习观十分强调基于问题的学习，基

---

　① ［美］恩斯特·冯·格拉塞斯菲尔德：《激进建构主义》，李其龙译，北京师范大学出版社 2017 年版，第 311 页。

　② 同上。

于项目的学习，基于案例的学习等。

四 人的生存方式的变革

　　教育是人的一种存在方式或生存方式。作为人的一种生存方式，教育与人最为紧密的联系在于知识与人之间的关系。人类教育是通过传承一定的文化知识来化育人的活动。知识与人之间的关系构成教育与人之间联系的核心。教育中人的生存状况和生命样态都与教育中知识的整体状况和形态息息相关、息息相通。而这从深层次上说，也关涉教育中的人对待知识的态度及其观点。不同的知识观往往隐喻着教育中人的不同的生存方式。

　　在客观主义知识观视界中，人与知识相遇，人具有一种被给定、被决定的命运。知识是先定的、客观的，是关于客观世界的真实反映，人只能服膺这些客观真理，人对知识的贡献在于"发现"，发现那些客观存在的规律和定理。这样，在知识教育中，师生成为客观真理的忠实的"观众"和"听众"，教育过程便成为一个单向的知识传递过程。在这样的知识教育中，师生不是作为富有潜能的创造者，而只是某种程序的机械执行者。作为人的激情、灵感、想象、幻想等在这样的知识教育中难觅踪影。教育中人与人之间丰富的交往交流活动被压缩为获取抽象的、冷冰冰的、拒人于千里之外的知识。因此，在客观主义知识观主导下的知识教育活动里，知识成了主宰，居于中心位置，而教育活动中的人则被边缘化、简单化。

　　在建构主义知识观视界里，人获得了对知识阐释的权力、批评的权力、重构的权力、质疑的权力、创造的权力，因而建构主义知识观也从根本上改变了人在知识面前被动的、被给定的宿命，而赋予人以充分的主体性、一定的创造性和主观能动性。就知识教育而言，师生不再是客观真理的简单搬运工，而成了真理的探索者、发明者、意义建构者。这样，知识教育的根本目的在于通过知识实现人的生命能量的极大释放，人生智慧的提升。人成了中心，知识服务于"成人""立人""达人"的根本目的。正如天文学上的"哥白尼革命"，建构主义知识观实现了知识教育中人的生存方式的某种变革。而实现教育中人的生存方式的变革正是我国基础教育课程改革深层次的蕴涵。德国哲学家雅斯贝尔斯在其著作《什么是教育》中写道："人的回归才是教育改革的真正条件。"① 我们似乎也可以说，回归人的精神自由，实现人的生存方式的深度变革既是基础教育课程改革的条件，也是基础教育课程改革的深层逻辑。

第三节　建构主义知识观审思

一　客观实在是认识的基础

根据建构主义的观点，任何事实都是我们"建构"的。然而，一个似乎十分明显的常识性的观点表明，大量的事实并非依赖于我们人类的建构，在人类出现以前，很多事实已经存在了。② 有一些建构主义者声称："所有事实都必然依赖于描述。"比如罗蒂（Richard Rorty）和古德曼（Nelson Goodman）就这样认为："在我们以某种方式描述世界的倾向之外，世界是什么样子，没有所谓的客观情况。当我们开始用某种特定的模式来描述世界时，关于世界的事实才开始存在。"③ 但是，问题在于："似乎不是所有的事实都必须依赖于描述或者心灵。"或许，描述世界可以有多种方式，但并不能由此推论"不存在更符合事物本身的描述"。在博格西昂看来，"事实建构主义"面临着三个问题，即"因果性问题""概念能力问题"和"异见问题"。事实上，"全面相对主义"的建构主

---

① ［德］雅斯贝尔斯：《什么是教育》，邹进译，生活·读书·新知三联书店1991年版，第51页。

② ［美］保罗·博格西昂：《对知识的恐惧：反相对主义和建构主义》，刘鹏博译，译林出版社2015年版，第15页。

③ 转引自上书，第25页。

义者还面临着"自我否定"的矛盾和悖论:"他们要么希望自己的观点成为绝对真理,要么只想把它视作相对真理,即相对于某些理论才是真的。如果是前者,那么他们就否定了自己,因为他们不得不承认至少有一个绝对真理;如果是后者,那么他们只是汇报了自己青睐的说法,我们完全可以不予理睬。"① 可见,建构主义如果完全抛弃了独立于我们心灵的"客观实在",在理论上始终面临着"两难困境"。

对建构主义知识观的反驳,反证了在知识观上我们"别无选择":只能承认客观的、独立于心灵的事实必须存在;反之,如果从本体论上完全否定了独立于我们的"客观世界"的"形而上的存在",实际上也就否定了认识赖以存在的客观基础,建构主义最终就有可能倒向相对主义的泥淖。

二 认识是建构和反映的统一过程

建构和反映同是人类认识发生的微观机制。认识的建构性表明,个体的认识具有很大的差异性、多元性、异质性、创造性和文化制约性等特性,这是建构主义在知识观上的根本主张。但是,不能因为强调知识的建构性本质,而漠视人类认识活动中始终存在着的反映性的一面。这里的反映性是指,人类总是趋向于获得对客观世界的正确认识。这种正确认识在人脑中的"反映"也是知识形成的重要机制。也就是说,个体的"意义建构"终归指向正确反映事物的本质。"难以再现"不等于"不应该再现"或"不能再现"。人类认识正是建构和反映的辩证统一。认识的建构性和反映性反映了人类认识中主观和客观的深刻矛盾。主观和客观是人类认识中的一对永恒矛盾。认识自始至终贯穿着主观与客观的矛盾。可以说,认识自身就是由这种主观与客观的矛盾交织而成的。这种矛盾决定

---

① [美]保罗·博格西昂:《对知识的恐惧:反相对主义和建构主义》,刘鹏博译,译林出版社 2015 年版,第 48 页。

了主观认识和客观对象不可能是直接同一、完全等同的，它们之间也始终存在着矛盾。人们是在主观与客观的矛盾关系中认识外界对象的。① 在对人类认识的理解中，我们不能因为强调认识的主观能动性而漠视认识的客观制约性，同样，我们也不能因为强调知识与客观对象的"符合"而遮盖知识的主观性，亦如我们反思过的客观主义知识观所主张的那样，认识是主观和客观的统一，也就是建构和反映的统一。

在建构主义的各种理论思潮中，我们看到，个人建构论者及激进的建构主义者往往过分夸大了个人因素在知识形成中的作用，而没有看到社会因素对认识的重要影响；社会建构论者又往往过分夸大了社会因素在知识形成中的作用而有意忽视个人因素和客观对象的存在。这些都使其理论观点带有不可避免的片面性。对建构主义而言，在承认知识建构性的同时，也要"认可相对的客观真理之存在，知识不应是个人的信念，而应具有相对的普遍性。个人或群体所建构之认识既然植根于客观世界，就可通过实践来检验其认识的真理性，实践仍然是检验真理的唯一标准"②。

三　知识建构的条件制约性

建构主义过于强调人自身的经验、知识、文化等因素在认识活动中的作用，而相对忽视了人类既有的知识、文化成果对"建构"的制约作用。极端的个人建构论者忘记了这样一个基本事实，即人总是在一定的人类已有文化知识境遇中形成自己的认识和看法的，即是说，人总是在利用、学习人类已有文化知识的基础上建构自己的认识，形成个性化的体验和产生知识意义的。

波普尔的"世界3"理论也提出了这一点。波普尔提出了"三个世界或宇宙"的理论构想："第一，物理客体或物理状态的世

---

① 高清海：《哲学体系的改革》，吉林人民出版社1997年版，第169页。
② 李子建、宋萑：《建构主义：理论的反思》，《全球教育展望》2007年第4期。

界；第二，意识状态或精神状态的世界，或关于活动的行为意向的世界；第三，思想的客观内容的世界，尤其是科学思想、诗的思想以及艺术作品的世界。"① 波普尔将"物理客体或物理状态的世界"称为"世界1"；将"意识状态或精神状态的世界"称为"世界2"；而将"思想的客观内容的世界"称为"世界3"。波普尔声称，"第三世界"的成员包括问题、猜测、理论、论据、期刊和书籍等。可以看出，知识一经产生出来也就成为"客观"的存在。

波普尔"三个世界或宇宙"的理论构想无疑提供了认识建构主义知识观的一个独特视角。从三个世界相互作用的理论来看，显然，建构主义只强调了知识是依赖于认识主体而存在的，只强调了"世界1"和"世界2"之间的相互作用，而没有看到还存在着一个独立于人的自在的客观知识世界，亦即没有看到或忽视了"客观知识"对人认识"世界1"的强大影响。激进的建构主义者如格拉塞斯菲尔德甚至否定"客观知识"的存在，个体只知"建构"，而没有"吸收"，这无疑是十分极端的。人类已经积累了无比丰赡的文化知识成果，就连最无知的人恐怕也不会否认这一点。所以，随心所欲的"创造"不啻天方夜谭，人不能跃出其存在的文化之域。

同样，在马克思主义看来，人的认识离不开人的社会本质这一根本规定性。人总是在一定的社会交往实践过程中形成认识的。作为现实社会中认识主体的个人，是通过社会交往吸纳了已有人类认识成果的个体。

人是在一定社会交往关系下获取来自客体的感觉经验材料的，也是在一定社会交往关系下掌握人类普遍必然的思维形式的。通过思维形式对感觉经验材料的整合，会获得既有客观性又具有普遍必然性的认识，这种认识具有主体间普遍的可验证

① ［英］卡尔·波普尔：《客观知识：一个进化论的研究》，舒炜光等译，上海译文出版社2005年版，第123页。

性。每一代人都在同前人发生认识交往关系、继承前人认识成果的前提下，从事自己这一代的认识活动。前代人的认识成果既为新一代的认识活动提供现实基础和起点，又为新一代的认识活动进程所改变，从而把人类认识不断地推向新的历史高度。尽管每代人所达到的思维和存在的统一只具有一定的历史水平，人类世世代代认识的总和，却提供着对世界的完满认识。①

科学的认识依赖于一些基础的方法和原则，比如观察、归纳、演绎和最佳解释推理的原则，以及其他一些逻辑的、理性的认知系统。在这个意义上，"标准的、柏拉图式的"知识定义依然有其价值。S 知道 P 当且仅当 S 相信 P，P 是真的，S 相信 P 得到了证实。可以认为，知识是经证实了的真的信念。对于"在一定的证据条件下什么信念最为合理"这一问题，确实存在着绝对的、独立于实践活动的事实答案。②

　　在直觉看来，事物本身是什么样子，在一定程度上独立于人们的意见，而且对于事物本身的情况，我们可以获得在客观上合理的信念，这些信念对任何能够理解相关证据的人都具有约束力，无论他们的社会或文化视角如何。③

SSK 理论家们认为："自然科学知识是社会建构的。"但正如史蒂芬·科尔（S. Cole）所指出的那样，建构主义者过分夸大了社会因素的作用，结果就贬低了自然界在科学发展中的作用。"有些建构主义者认为，自然界对科学的发展没有任何影响，这同样

---

① 陈宴清、王南湜、李淑梅：《现代唯物主义导论：马克思哲学的实践论研究》，北京师范大学出版社 2017 年版，第 384—385 页。
② ［美］保罗·博格西昂：《对知识的恐惧：反相对主义和建构主义》，刘鹏博译，译林出版社 2015 年版，第 100 页。
③ 同上书，第 118 页。

也是夸大了他们自己的主张。"① 在自然界因素和社会性因素对于科学知识的作用这一问题上，有学者指出，科学观的演变至今已经历了三个阶段：在以实证主义为代表的第一阶段里，人们只看重自然界因素的作用，否定或排除社会性因素的作用。库恩的科学观向这种传统的科学观发起了挑战，使科学观的演变向第二阶段过渡。在以激进的建构主义为代表的第二阶段里，人们又过于注重社会性因素的作用，以致否定了自然界因素的作用。在以实在论建构主义为代表的第三阶段里，人们既看到了自然界因素的作用又看到了社会性因素的作用。② 可见，如果过分强调知识的社会决定论，其结果只能是"假作真时真亦假"，形形色色的相对主义就有可能蔓延；而如果无视知识的社会影响，甚至从根本上否定知识的社会因素而坚执知识的"纯粹客观性"，其结果也必然是"无为有处有还无"。

美国当代哲学家苏珊·哈克针对科学社会学的"强纲领"提出了"明智纲领"。"明智纲领"的基本思想即"科学的社会性和证据性方面的相互连接"。他认为，在认识论上，科学社会学的"明智纲领"既重视科学事业中最为核心的内部组织和社会情境这些方面的重要性，也服从于相同的核心认识论价值与限制。③

第四节　建构主义知识观的教育学立场

一　建构主义知识观的教育意义

第一，建构主义知识观改变了客观主义知识观"无人"或

① S. Cole, *Making Science-Between Nature and Society*, The University of Harvard Press, 1995, p. 2.

② 林建成：《建构主义科学观的新发展——科尔的实在论的建构主义》，《自然辩证法研究》2001 年第 2 期。

③ ［美］苏珊·哈克：《理性地捍卫科学——在科学主义与犬儒主义之间》，曾国屏、袁航译，中国人民大学出版社 2008 年版，第 193 页。

"无主体"的"客观形象"，张扬了认识主体的"主观能动性"，适应了我国当前基础教育改革的内在需要。

如前所述，客观主义知识观是一种"再现的知识观"，在认识论上，它所秉持的是一种"镜式反映论"。在客观主义知识观视界里，作为"客体"的世界是外在于认识主体的，作为认识者主体的"看"与"思"，须不带任何主观偏见，须准确"再现"发生在客观世界中的一切。这样，知识只与客体有关，而与人的认识活动无关，知识是外在于人的"客观存在"。人的思维能够真实地"反映""模拟"外在世界。

建构主义者对"旁观者式的知识观"持批评态度。建构主义知识观以知识的建构性、解释性或假设性、文化境脉性等知识性质取代了客观主义知识观所坚持的客观性、普遍性和中立性。在建构主义知识观视界里，真理是通过认识主体获得的，真理的获得过程又依赖认识主体的经验和解释。每个人的思维活动都有其独特性，因而使认识过程和结果显现出一定的建构性。可见，建构主义知识观是一种"参与者式的知识观"，它改变了客观主义知识观"无主体"的形象，有助于改变人在知识面前的被动态度，从而发挥人的能动性、创造性。

建构主义知识观何以能够激发人在知识面前的能动性和创造性？关键在于建构主义者具体揭示了认识主体能动作用的微观机制。在皮亚杰那里，主体之所以能对外界刺激进行选择，是因为认识的形成要依赖于主体的认知结构，而主体的认知结构具有选择功能，当外界特性符合主体的认知结构时，主体便对外界刺激进行选择、同化，从而建构客体。那么，何为主体的"认知结构"？"所谓认知结构，就是以主体实践活动和神经心理的反映过程为基础的，为认识操作所必须具备的诸功能因素的综合体。""从结构上说，主体认知结构是认识活动中先存的各种潜在、显在的要素的综合统一体。这些要素主要包括价值观念、背景知识、思维方式、心理因素等，它们以极其复杂的机制和方式在主体头脑中贯通、融合、综合而形成统一整体，并通过各种方式相互作用，从而对认识活动施加影响。"①

第二，建构主义知识观改变了客观主义知识观"准确再现结果的知识观"形象，而更加关注知识建构生成的"过程"。

客观主义知识观是一种"准确再现结果的知识观"，它所关注的是作为"结果"的知识。在客观主义知识观视界里，"知识"是先在的，认识的目的在于"发现"，发现客观存在的本质、规律、原理等。知识一经发现，便成为"绝对真理"。而建构主义知识观对知识"建构性"的强调，则意在说明知识蕴含着"创造""发明"的意义。建构主义知识观从单纯强调关于"结果"的知识，走向更加注重知识生产的"过程"。有学者认为，社会建构主义的一个理论品格是"从本质主义转向建构主义"，"所谓的'从本质主义转向建构主义'，就是从知识的本质判断转向知识的发生过程，即从'知识是什么'的问题转向'知识是如何发生'的问题"②。显然，这种转向改变了客观主义知识观专注于知识结果的"静态知识观"的形象，从而赋予了知识以"动态"的内涵。知识的"静态化"使得知识对于人而言成为"死的"东西，知识具有"非人化""非社会化"的属性，人在知识面前是被动的；知识的"动态化"，则使知识成为"活的"东西，知识具有"属人性"和"社会性"，从而也改变了人在知识面前的被动地位，赋予人"享用"知识的可能。

无疑，这种"转向"所蕴含的教育学意义是丰赡的。从教育学的眼光来看，建构主义知识观促使下列问题成为教学中需要加以着重考虑的问题：作为客观存在的公共知识是如何成为个人知识的？

---

① 孙伟平：《主体认知结构及其对认识活动的影响》，《北方工业大学学报》1995年第4期。

② 安维复：《社会建构主义：后现代知识论的"终结"》，《哲学研究》2005年第9期。

在此转化过程中，学生已有的经验、知识处于何种地位？起何种作用？教师应如何有效利用这些经验和知识？教师还可提供哪些知识以利于学生更好地同化、吸收新知识？教师如何使其自身的经验、知识成为教学知识中的"催化剂"或"活化酶"？教师如何进行适当的指导以使学生更好地获得新的知识？面对同一个问题，不同的学生可能会对其产生不同的认识，教师应该如何引导和处理教学中"多元倾向"？课堂教学中应该如何达成"共识"？是否存在某种"共识"？显然，在建构主义知识观视界里，教师和学生由传统上单纯关注教材本身转向关注与教材知识有关的一切因素，尤为明显的是，它始终对那些客观主义知识观所极力排除、遮盖和摆脱的主观因素给予更大程度的重视，从而使教学过程更真实、生动、鲜活，更有利于焕发出师生生命的激情和活力。

总之，建构主义知识观有助于克服客观主义知识观视野中教育实践只问"结果"不问"过程"的偏颇，或者说，它为反思客观主义知识观主导下的教育实践提供了认识论基础。

面向未来的我国基础教育课程改革将培养学生的实践能力和创新精神提到了很高的地位。建构主义知识观所内蕴的对人的主体性的尊重，对人的创造性的肯定以及对学习者学习的个性化、社会化的揭示，与我们课程改革的诉求具有内在一致性。

二　建构主义的教育之弊

建构主义知识观在教育领域也显现出其弊端。有学者指出："目前某些以建构主义为指导思想的基础教育改革，不少流于形式，有些甚至走向了传统模式的另一个极端：放任学生自由'建构'。有些活动课、研究性学习能'放'不能'收'，丧失了教育的标准。""建构主义通过夸大认知主体的主动建构作用，将科学学习的困难性解释为不可传授，然后把经典的科学教育理论如杜威的'做中学'、皮亚杰的'顺应'理论，贴上建构主义的标签，其结果是给教育研究和实践带来了混乱。"① 还有如以尊重学生个性化的"建构"名义对学生学习中一些明显的错误不加以纠正，课堂教学中只见"赏识""激励"，而刻意回避"批评"，教师失却了必要的教学责任，出现了学生对基础知识的掌握弱化等问题。

我国自新课程改革以来，在课程知识观上所倡导的主流观点主要是建构主义知识观。② 然而，耐人寻味的是，"近年来西方课程知识观发生了重大变化，表现为对知识社会奴役人、课程知识体现社会阶层利益等观点的理论再思"③。尤其值得注意的是，英国著名的课程社会学者麦克·扬（M. Young）20 世纪 70 年代提出知识成层的观点，认为社会的统治阶级通过将其所认可的有价值的知识制度化，并由正规的教育机构将"它传递给社会中经过特别选择的人"，并抵制那些"动摇他们价值观、相对权力和特权"的知识类型及其形式，以实现既有权力结构的延续。④ 然而，近年来，麦克·扬反思了这种观点，提出"社会实在主义/社会实在论"的知识观点，他提出"强有力的知识"观点，凸显对原有认识的超越。麦克·扬提出"强有力的知识"的三个标准：它区别于日常生活经验中所获取的普通知识，有将学生带出自身经验范围的能力；它区别于碎片化的孤立知识，是系统化的概念体系；它区别于边界模糊的生活知识，以具有较强区分性的不同专业为特征。⑤

当建构主义思潮风行于我国基础教育领域之际，国外的课程改革却对此保持着必要的警惕。这种实践状况是不是应该引起我们的格外重视呢？

---

① 张红霞：《建构主义对科学教育理论的贡献与局限》，《教育研究》2003 年第 7 期。
② 参见钟启泉《课程的逻辑》，华东师范大学出版社 2008 年版，第 187 页。
③ 张建珍、郭婧：《英国课程改革的"知识转向"》，《教育研究》2017 年第 8 期。
④ 麦克·F. D. 扬：《关于作为社会知识组织的课程的研究方法》，麦克·F. D. 扬主编：《知识与控制——教育社会学新探》，谢维和、朱旭东译，华东师范大学出版社 2002 年版，第 25—50 页。
⑤ 张建珍、许甜、大卫·兰伯特：《论麦克·扬的"强有力的知识"》，《清华大学教育研究》2015 年第 6 期。

建构主义知识观为洞察传统教育之弊提供了锐利的思想武器。同样，建构主义知识观也启发我们重构与之相应的课程观、学习观和教学观，这确实给改革传统教育模式带来了新鲜的空气，它高扬了人的认识的能动性、主体性，具有鲜明的时代特征，与当今时代所极力倡导的"以人为本"的教育理念相吻合，为基础教育课程改革提供了一定的理论资源。

但建构主义也带有自身的偏颇和缺陷，因而，它并非"包医百病"的"灵丹妙药"。如何让建构主义发挥其固有的理论优势，同时对其理论上的片面性加以抑制或改进，以为推进教育改革服务，是理论引领实践的神圣使命。

第三章 后现代主义知识观与
基础教育课程改革

　　后现代主义是当代西方深具影响力的一种文化思潮。作为一种社会文化思潮，后现代主义对哲学、文学、美学、艺术、建筑等诸多领域都产生了广泛而深刻的影响。同样，我们也不能不看到，后现代主义思想也深刻地影响了教育研究和实践，不仅在国外如此，在国内也备受研究者的关注。这从近年来教育类刊物所发表的关于后现代话题的海量文献中就可见出端倪。人们为何如此热衷于谈论和研究这一思潮？在我们看来，这决不意味着"新潮"和"时髦"，而是由于其思想的敏锐和深刻。后现代主义思想对现代性的反思和批判，绝非捕风捉影，无的放矢，实事求是地看，后现代主义思想家所提出的诸多问题都是关乎人类命运与生存的"大事"，都是一些人类要生存和发展下去所不能不直面而又亟待解决的问题。在后现代主义思想家的眼里，人类今日诸多生存窘境，现代性思维方式难辞其咎。因此，批判、反思和挑战现代性便成为后现代思想家的标靶。

　　从教育的视角来看，当前我国正在进一步推进教育现代化进程。随着这一进程的深入，现代教育所内蕴的矛盾和冲突也日渐显现，教育现代化过程中的弊端也渐趋暴露。如何有效避免西方发达国家在教育现代化进程中所经历的危机和矛盾，如何更好地推进我国教育现代化的步伐而又能尽量避免现代化所带来的负面效应，后现代主义思潮无疑为此提供了"镜鉴"。因此，汲取后现代主义的思想营养，为健康推进我国教育现代化进程，不仅在理论上，而且在实践上就成为必要且重要之事。

第一节　后现代主义思潮的总体景观

一　"后现代主义"的概念

总体来看，"后现代主义"（postmodernism）是一个相当模糊的概念。其内涵和外延在西方哲学界甚至在主要后现代哲学家中也并没有一致的看法。[1]"后现代领域本身是一个有争议的领域，有许多不同的常常是相反的立场，它们的表现本身就构成了一种与现代理论的后现代分裂。"[2]"如果说后现代主义这一词汇在使用时可以从不同方面找到共同之处的话，那就是，它指的是一种广泛的情绪而不是任何共同的教条——即一种认为人类可以而且必须超越现代的情绪。"[3]"后现代主义"本来是用来指称一种以抛弃普遍性，背离和批判现代主义的设计风格为特征的建筑学倾向，后被移用于指称文学、艺术、美学、哲学、社会学、政治学甚至自然科学等诸多领域中具有类似倾向的思潮。[4] 本书中的"后现代主义"主要是哲学意义上的概念。从哲学意义上看，人们对后现代主义也存在种种理解。

国内研究后现代哲学思潮的著名学者王治河认为，后现代哲学所讲的"后现代"（postmodern）主要不是指"时代化"意义上的一个历史时期，而是指一种思维方式。这一后现代思维方式是以强

---

[1] 刘放桐：《新编现代西方哲学》，人民出版社 2000 年版，第 615 页。
[2] ［美］斯蒂芬·贝斯特、道格拉斯·科尔纳：《后现代转向》，陈刚译，南京大学出版社 2002 年版，第 11 页。
[3] ［美］大卫·格里芬：《后现代科学——科学魅力的再现》，马季方译，中央编译出版社 1995 年版，英文版序言。
[4] 刘放桐：《新编现代西方哲学》，人民出版社 2000 年版，第 615 页。

调否定性、非中心化、破碎性、反正统性、不确定性、非连续性以及多元性为特征的。他形象地将这种思维方式称为"流浪者思维"①。因为流浪者流浪的过程就是不断突破、摧毁界限的过程。而后现代思想恰恰是以持续不断的否定、摧毁为特征的。在王治河看来，将后现代主义哲学思潮理解为一种思维方式，"不仅有助于澄清人们在理解后现代主义时的疑惑，而且还有助于我们透过后现代哲学家之间的理论纷争，从整体上把握这一分支众多、思想庞杂的哲学思潮"②。将后现代主义哲学思潮界定为一种思维方式，可以说是一种抓住实质、抛却表象的实质性的界定。这种界定的含容量是较大的，它不仅将参与后现代哲学游戏的先驱人物诸如尼采、海德格尔等人包容进来（这些人虽然处于现代时期，但思想上却具有后现代思维的特征）。同时，这种界定也将和后现代思想家同处一个时代但在思想上却不具有后现代思维方式特征的哲学家做了区分。

　　冯俊认为，虽然"后现代"不是一个时间概念，但它仍然有时间的规定，它是相对于现代而言的。所谓"现代"，按照后现代主义者和哈贝马斯等人的理解，从历史时期上讲是从文艺复兴开始，经启蒙运动到 20 世纪 50 年代，实际上就是西方资本主义从产生、发展而走向现代化（modernization）的过程。③

　　刘放桐也有不同的说法。他认为，在西文中，modern 通常泛指西方现代化运动开始以来的整个资本主义时代。中文通常将之译为"近代"。如果仅指具有当代意义的现代，英语文献中较多地使用 contemporary 一词，而不是 modern。至于 modern 时期何时结束或者其后期何时开始，虽然也可以有不同的说法，但都很难说是以 20 世纪 60 年代（或者说"二战"之后）为界限。因此，

---

① 王治河：《后现代哲学思潮研究》，北京大学出版社 2006 年版，第 8 页。
② 同上书，第 7 页。
③ 冯俊：《后现代主义哲学讲演录》，商务印书馆 2003 年版，第 2 页。

postmodern 所表示的"后现代"显然不局限于 20 世纪 60 年代以来的当代，还可以上推到当代以前的"后近代"。"后现代"哲学则同时具有"后近代"哲学之意。从西方哲学的实际发展情况来说，既然从 19 世纪中期特别是 20 世纪初期就已先后出现了各种类型的批判和否定近代哲学的思潮，自然可以说从那时起就出现了后现代（后近代）主义哲学。由此，后现代主义哲学一词并不是单义的，还可以有不同所指。为此，他区分了两种意义上的"后现代主义哲学"：一是泛指 19 世纪中期以来整个西方以反对传统哲学为特征的哲学；二是把它限定为 20 世纪 60 年代以来的当代后现代哲学。①

兼采以上诸家解说，本书中的"后现代主义"及其知识观主要指称 20 世纪 60 年代以来在西方出现的具有反思（unthinking）西方近现代哲学倾向（亦即具有后现代思维特征）的哲学思潮。

二　后现代主义思潮的社会基础

作为一种影响广泛的哲学思潮，后现代主义绝非空穴来风，而是有其深刻的社会现实基础。换句话说，后现代主义是深深地植根于后现代社会的，它是对后现代社会的一种回应，它要尽其所能地用后现代"话语"来表达后工业时代的社会现实。

首先，随着西方社会由工业社会渐次进入后工业社会，信息和知识正呈现出极速增长的态势，人们形象地称之为"信息爆炸"或"知识爆炸"。信息泛滥和知识爆炸不仅导致旧有的知识观念的崩溃，而且不断挑战着人们的智力极限，使人们疲于奔命、精神紧张。在飞速发展的高科技时代，一切都变得不再那么确定无疑，人们不再感到具有现代主义者所假设的那种普遍的确定性和正确性。这正如海德格尔所宣布的"存在对时间开放"。

---

① 刘放桐：《新编现代西方哲学》，人民出版社 2000 年版，第 616—617 页。

其次，后现代主义的产生也有其自然科学的依据。刚刚过去的20世纪是一个充满变化、不确定性和令人焦虑的时代。自然科学的新发展，尤其是相对论和量子力学的发展，使人们看到了经典物理学及其所信奉的宇宙观、自然观的局限性，使人们的思维方式发生了深刻的变化。海森堡的"测不准原理"，玻尔的"互补原理"，哥德尔的"不完备性定理"以及非线性科学、复杂性科学的发展，无不向人们传递着这样的信息：世界正在由牛顿的确定性转向不确定性。这为后现代思维方式的产生提供了土壤。

再次，在社会政治方面，惨绝人寰的两次世界大战给人类社会及其生存环境带来了深重的灾难。理性的光辉并没有必然引导人们走向更加和平、美好、正义和道德，相反却使人们看到了人性中最为隐蔽的一面。科学的发展并没有成为包治社会百病的良方，相反，生态环境恶化、粮食危机、能源危机、生物多样性的散失、核扩散等社会问题却以一种前所未有的恐惧和质疑困扰着人们。正如建设性后现代理论家大卫·格里芬（D. R. Griffin）所说："现代性的持续危及了我们星球上的每一个幸存者。"①

最后，后现代主义深深植根于西方文化传统之中。后现代主义哲学的怀疑主义对一切加以质疑的态度，是对古希腊"专务批评"的辩证法的继承。② 后现代主义哲学与传统哲学处在一种既对立又统一的关系之中。它们的对立仅仅是一种形式，其实质是对同一事物进行不同的反思。后现代主义思想家对思维与存在关系的重新审视，对形而上学思维方式的批判，无不与传统哲学有着千丝万缕的联系。后现代主义思潮中的非中心化思潮与"唯名论"思维、反本质主义等有着亲缘关系，它滥觞于休谟的近代反形而上学思潮。

所有这些都孕育乃至催生了人们对既存社会现实的反思和强烈

---

① ［美］大卫·格里芬：《后现代科学——科学魅力的再现》，马季方译，中央编译出版社1995年版，英文版序言。

② 王治河：《后现代哲学思潮研究》，北京大学出版社2006年版，第24页。

批判，众多思想家试图重新解释、认识现实的一切进而导引未来社会发展。这一从不同角度、不同层面、汇集众多流派的思想启蒙运动，就导致了一种非常不同于现代主义的思想观念，即后现代主义思想观念。这种状况诚如后现代理论家凯尔纳（Douglas Kellner）和贝斯特（Steven Best）所言："理论话语可以解读为对历史危机所作出的反应，对动荡的经济和技术发展的反应，以及对由先前稳定或熟悉的生活和思维模式的解体而引发的社会和知识骚乱的反应。新理论和新观念阐述了新的社会经验，因而，新兴话语的激增意味着社会和文化正在发生着重要的转变。"① 美国课程论专家小威廉姆·E. 多尔（William E. Doll, Jr.）这样概括这种思想观念的转变：

> 后现代主义假设的是一种非常不同的社会、个人和思想观。其思想观不是基于实证主义的确定性而是基于实用主义的怀疑，这一怀疑来自基于人类经验和地方历史而非元叙述主题的任何决策。接受这一（困扰的）情境可能会使我们充满恐惧但也推动我们成为更好的协商者——与我们自己、我们的概念、我们的环境以及与他人的协商。确定性的散失鼓励我们——如果不是导致我们——与他人进行对话和交流。反过来，这一对话性交流的框架带来一种不同的社会观，可应用于教学也可用于外交决策。这一观点认可他人的权利，避开"只有一种最好"或"只有一种正确"的方式。它接受内在于复杂性和多观点之中的不确定性。②

---

① ［美］道格拉斯·凯尔纳、斯蒂文·贝斯特：《后现代理论：批判性的质疑》，张志斌译，中央编译出版社1999年版，英文版前言。

② ［美］小威廉姆·E. 多尔：《后现代课程观》，王红宇译，教育科学出版社2000年版，第83页。

三 后现代主义思潮的主要内容

全面把握和详细阐述后现代主义哲学思潮的全部内容是大部头的哲学著作所做的事，非本书能力所及的范围。在此，我们试图简要描述一下后现代主义哲学思潮的主要内容，为研究提供一些必要的背景。

王治河将后现代主义哲学思潮划分为三种形态：一是激进的或否定性的后现代主义；二是建设性的或修正的后现代主义；三是简单化的或庸俗的后现代主义。[①] 这其实是给出了一个理解和把握后现代主义哲学思潮的思维框架。鉴于此，我们从前两种（也是最主要的）形态或向度入手，对后现代主义哲学思潮做出大体的描述。

（一）后现代主义哲学的否定性向度

后现代主义哲学思潮是在批判现代主义哲学基础上起家的，因此，后现代主义与现代主义[②]的对立和分歧更能凸显对立双方的特征。哈桑（I. Hassan）以两极分立或对立的形式较为细致地总结了现代主义与后现代主义的区别[③]：确定性/不确定性，等级秩序/无序状态，中心化/去中心化，深度/表面，普遍性/地域性，等等。虽然这种总结显得简单化，但也有助于我们认识现代主义和后现代主义的巨大分歧之所在。

现代性的核心是理性。对理性的批判就成了后现代主义思潮的重点。

在现代性的观念里，理性取代"神性"成为至高无上的东西。理性被确立为人之根本。人是理性的存在。理性是人之主体性的最高表现。理性的权威要求现存的一切都需要在"理性的法庭"上接

---

① 王治河：《论后现代主义的三种形态》，《国外社会科学》1995 年第 1 期。

② 大多数后现代主义思想家倾向于将笛卡尔以来的哲学传统称为"现代主义哲学"。见王治河《后现代哲学思潮研究》，北京大学出版社 2006 年版，第 8 页。

③ 参见［日］厚东洋辅《后现代化与全球化》，朱伟珏译，《社会科学》2007 年第 12 期。

受裁决。理性是知识与社会进步之源泉，是真理之所在和系统性知识之基础。总之，理性体现为一种人类中心的观念。后现代主义的非理性主义者认为，理性的这种王位是不合法的，是"自封的"。理性以绝对真理的面貌自居，是一种虚妄。理性一旦跃出其自身的"限度"，被自觉或不自觉地夸大成"无限"的东西，标榜理性万能，试图以理性来说明一切，解释一切，规范一切，设计一切，势必会扭曲事物的本来面目，也必将对人的非理性因素造成贬抑、压制和扭曲。在非理性主义者看来，理性并非像它所自认为的那样具有至高无上的权威性。理性并不是人的本质，人并不能理性地控制自己的行动。弗洛伊德的精神分析学业已证明，所谓统一的理性人是由本我、自我和超我三个部分组成的。

后现代主义思想家福柯独辟蹊径，他从理性的核心转向了理性的边缘和对理性的超越，考察了一向不为人所注意的领域，譬如监狱、疯癫、疾病、性史等。在其成名作《疯癫与文明：理性时代的疯癫史》中，他通过考察西方人在长达数百年的漫长过程中对待疾病和疯人态度的变迁史，意在说明，一部疯狂史就是一部残酷监禁、野蛮驱逐疯人的历史，也就是人类以理性的名义血腥镇压非理性的历史。我们现在所拥有的一切关于疯癫的知识都是理性的偏见和噪音。在该书中，他开篇引用了帕斯卡尔（Pascal）的一句话："人类必然会疯癫到这种地步，即不疯癫也只是另一种形式的疯癫。"① 理性不仅"征服了非理性"，而且用其权威掩盖了这一征服，使其"沉默无语"，仿佛理性和非理性的关系从一开始就是这样的，理性天生就是统治者。在福柯那里，理性和非理性的区分就是权力运作的结果。

后现代主义的视角主义（perspectivism）认为，人们认识事物的视角是多元的，不存在唯一正确的视角。存在着多种可能的、具

---

① ［法］米歇尔·福柯：《疯癫与文明：理性时代的疯癫史》，刘北成、杨远婴译，生活·读书·新知三联书店 2007 年版，前言。

有同等效力的视角。一种视角就是一种看问题的方式。多元的视角创造多元的意义和理论。而所有这些被创造的"文本"都应该获得尊重，它们具有同等的价值和意义，应该被允许共生共存。显然，视角主义反对一元化的绝对真理论，主张多元真理存在的合法性。一个人要避免一叶障目、以偏概全，就必须学会运用多重视角来观察和运用知识。

后现代主义的非哲学（non-philosophy）思潮认为，传统哲学为其设定的任务诸如追求绝对真理，为知识寻求永恒不变的基础，揭示现象背后的本质等皆属"一厢情愿的乌托邦"。维特根斯坦以"语言游戏"说对抗传统哲学对本质的执着，利奥塔挑战"元叙事"或"宏大叙事"，罗蒂明确反对"大写的哲学"，福柯则以"系谱学"告诉人们，不存在一般的或永恒的哲学观点和用一种中立的与客观的方式确立真理的哲学方法。①

法国哲学家德里达的解构主义（deconstructionism）对传统哲学以等级结构和结构主义为特征的所谓"在场的形而上学"进行了不遗余力的"解构"和颠覆。他认为，传统的形而上学是在诸如本质/现象、理性/非理性、真实/虚构、严肃/非严肃、客观/主观等二元对立之中做一元独断选择的，而且往往让前项优于、支配后项，进而建立了一个有坚实基础、固定中心的一元论体系。德里达以一套自创的概念如"分延""痕迹""增补"等置换了传统哲学中形而上学术语，试图从根基上颠覆传统形而上学。

总体来看，哲学上后现代主义的否定性向度代表了一种对现代性的激进态度。它们以强调否定性、非中心化、破碎性、反正统性、不确定性、非连续性以及多元性等为其主要特征。后现代主义者偏爱差异性、多元性、复杂性而拒绝统一性、整体化和简单性。福柯"偏爱那些积极的和多样性的东西，偏爱差异胜于统一性，偏

---

① 王治河：《后现代哲学思潮研究》，北京大学出版社 2006 年版，第 36 页。

爱流动胜于单一，偏爱灵活的安排胜于各种系统。相信丰饶多产的不是定居下来，而是四处游牧"①。利奥塔指出："我们必须不以普遍规则作判断，我们应当寻求差异，倾听那些代表着差异的沉默各方的声音；然后，我们应当允许缄默的声音去讲话，说出与多数话语相反的原则或观点。这样一来，我们就能够突出并容忍差异，并且可以走向多元理性而非一元理性。"② 在后现代哲学家那里，他者、弱小、次要、偶然、差异、边缘、局部、断裂成为关注的中心话题。后现代主义者摈弃了传统的秩序论、因果决定论、机械论的世界观，而代之以开放的结构、不可预测性、多种可能性和混沌无秩序。而这种对不确定性的强调也导致了对本质论的拒绝。所有这些都表明后现代思潮在思维方式上不同于传统思维方式。

（二）后现代主义哲学的建设性向度

如果说激进的后现代主义侧重于对西方上千年来占统治地位的思维方式进行摧毁的话，那么，建设性的后现代主义则侧重于在激进后现代主义开辟的空间里从事建设性耕耘。顾名思义，这种后现代主义的最大特征在于它的建设性。其代表人物主要是美国的罗蒂（Richard Rorty）、霍伊（David Hoy）和大卫·R. 格里芬（David Ray Griffin）。③

第一，批判"祛魅的哲学"，提倡"返魅的哲学"。建设性后现代主义的代表人物大卫·格里芬认为，坚持二元论和还原论的现代哲学是一种"祛魅的哲学"，正是这种"祛魅的哲学"最终导致了世界和"自然的祛魅"④。"自然的祛魅"从根本上讲，"意味着

---

① ［美］戴维·哈维：《后现代的状况——对文化变迁之缘起的探究》，阎嘉译，商务印书馆2003年版，第63页。

② ［美］道格拉斯·凯尔纳、斯蒂文·贝斯特：《后现代理论：批判性的质疑》，张志斌译，中央编译出版社1999年版，第221页。

③ 王治河：《论后现代主义的三种形态》，《国外社会科学》1995年第1期。

④ ［美］大卫·格里芬：《后现代科学——科学魅力的再现》，马季方译，中央编译出版社1995年版，第2页。

否认自然具有任何主体性、经验和感觉。由于这种否认，自然被剥夺了其特性——即否认自然具有任何特质；而离开了经验，特性又是不可想象的"。① "这种祛魅的观点意味着，不仅在'自然界'，而且在整个世界中，经验都不占有真正重要的地位。因而，宇宙间的目的、价值、理想和可能性都不重要，也没有什么自由、创造性、暂时性或神性。不存在规范甚至真理，一切最终都是毫无意义的。"② 后现代主义者批评现代主义者将有限的分析方法夸大为无限的方法，从而导致了形而上学的还原论。后现代主义者提倡一种"返魅的哲学"，它寻求人类与自然之间建立一种和睦相处的关系，而拒绝那种作为压制者和工具化的理性。

第二，批判现代机械论的世界观，提倡整体有机论的后现代主义世界观。建设性后现代主义者反对17世纪伽利略、笛卡尔、培根、牛顿的自然科学基础的世界观，认为这是一种二元论、还原论、机械论的世界观。机械论的主要旨趣就是尽可能地将世界还原成一组基本要素，这些要素之间基本上是外在的，它们不仅在空间上是分离的，而且每一要素的基本性质之间彼此也是独立的，要素之间仅仅通过彼此推动而产生机械的相互作用，因而其作用力难以影响其内在性质。建设性后现代主义者格里芬认为，建设性后现代主义的世界观与之不同，"它试图战胜现代世界观，但不是通过消除上述世界观本身存在的可能性，而是通过对现代前提和传统概念的修正来建构一种后现代世界观。建设性或修正的后现代主义是一种科学的、道德的、美学的和宗教的直觉的新体系。它并不反对科学本身，而是反对那种单独允许现代自然科学数据参与，建构我们世界观的科学主义"③。可以看出，建设性后现代主义世界观是

---

① ［美］大卫·格里芬：《后现代科学——科学魅力的再现》，马季方译，中央编译出版社1995年版，第2页。

② 同上书，第4页。

③ ［美］大卫·雷·格里芬：《后现代精神》，王成兵译，中央编译出版社1998年版，第236—237页。

"建设性"的，而不是解构的、否定的和反世界观的。建设性后现代主义世界观充分吸收了美国过程哲学家怀特海的有机论哲学。认为事物之间的联系是内在的、有机构成的。所有生物都是生命的核心，都有其自身的利益。所有的生物都具有平等的价值。宇宙被看作一个"完整的整体"。显然，后现代的有机整体论世界观以"有机""整体""内在联系"等概念修正了现代机械论世界观的"机械""分割"和"机械作用"。

第三，批判人类中心主义，倡导全球伦理秩序。现代性的人类中心主义认为，人具有凌驾于自然之上的优越性，为了人类自身利益，人有权去控制自然，甚至随心所欲地塑造自然。"人为自然立法"即是这种现代性观念的典型体现。建设性后现代主义者极力批判了这种人类的"自负"，认为这种"自命不凡"不仅是一种"错觉"，而且是我们人类毁灭性行为的"祸根"。在自然生态系统中，人种不过是众多物种里的一种，它在整个生物系统中有自己的位置，只有当它有助于这个生态系统时才有自己的价值。建设性后现代主义倡导一种"全球伦理"。"后现代社会和后现代的全球秩序"意味着"超越现代社会存在的个人主义、人类中心论、父权制、机械化、经济主义、消费主义、民族主义和军国主义"①。

第二节 后现代主义知识观的内涵

对后现代主义知识观的把握，我们试图从如下思路入手：选择那些最有影响、最能代表后现代主义知识观的人物，让他们代表整个思潮发言，而后对后现代主义知识观的一些共同特征做出概括。笔者主要选取法国哲学家利奥塔（Jean-Francois Lyotard）和福柯、

---

① ［美］大卫·格里芬：《后现代科学——科学魅力的再现》，马季方译，中央编译出版社 1995 年版，英文版序言。

美国当代著名哲学家理查德·罗蒂（Richard Rorty）作为研究和阐述的重点。

一 后现代主义知识观的代表性观点

（一）利奥塔的知识观

法国哲学家利奥塔（又译作"利奥塔尔"）称得上是后现代主义知识观的突出代表，其代表性著作《后现代状态：关于知识的报告》（*The Postmodern Condition：A Report on Knowledge*）研究的对象就是"最发达国家的知识状态"。在利奥塔看来，随着社会进入后工业时代，知识状况发生了变化，科学知识与语言有着越来越密切的关系。由于科学的语言学转向和相关技术上的转变，"知识的性质发生了改变"，主要表现为信息技术的发展改变了知识的存在方式。知识变成了可操作性的东西，它被转变成信息。知识变得越来越信息化。能否流通和交换成为知识考虑的重要因素。人们的消费决定着知识的生产。也因此知识生产者和消费者与知识的关系发生了很大的变化，"越来越具有商品的生产者和消费者与商品的关系所具有的形式"，"知识为了出售而被生产，为了在新的生产中增殖而被消费：它在这两种情形中都是为了交换"[①]。"知识成为首要的生产力"，是一种重要的"信息商品形式"，因而它在世界权力竞争中成为一笔"巨大的赌注"[②]。获取知识的动机不再是为了满足精神生活的需求或为了人性的解放而是为了权力和效率。知识的多种语言游戏功能被还原为一种功能，效率原则或行为性原则成为唯一的衡量标准。

利奥塔认为，知识状况的上述变化使知识的"合法化"（legitimatation）或"合法性"（legitimacy）成了问题。他区分了两类知

---

① ［法］让—弗朗索瓦·利奥塔尔：《后现代状态：关于知识的报告》，车槿山译，生活·读书·新知三联书店1997年版，第2—3页。
② 同上书，第3页。

识：科学知识（scientific knowledge）和叙述性知识或称"叙事知识"（narrative knowledge）。"一般地说，知识并不限于科学，甚至不限于认识。"① 这两种知识具有各自不同的合法化方式。②

叙事知识不同于科学知识。神话、传说、民间故事都是叙事知识的具体形式。叙事知识依靠自身取得合法性，因为叙事知识将认知、行为、语言等各种能力标准都统一在叙事中。另外，它自身的传承方式也使其得以合法化。

在利奥塔看来，科学知识自身无法得到合法化。他认为，自柏拉图以来，科学知识一直依靠哲学取得合法化地位。他将这种话语模式称为"宏大叙事"（grand narrative）或"元叙事"。利奥塔认为，元叙事意味着用一种普遍性的原则统合不同的领域。这种统合导致总体性的产生。总体性体现了一种压迫关系，是一种话语对另一种话语的压迫。后现代哲学就是要向总体性开战。"后现代"（postmodern）就是"对元叙事的怀疑"。

利奥塔认为，现代性寻求普遍化、同质化和元叙事，违背了他所主张的语言游戏的异质性原则。"科学玩的是自己的游戏，它不能使其他语言游戏合法化。"③ 他声称，寻求共识的做法也违背了异质性原则，给异质性的东西强加了一个同质性的标准和一个虚假的普遍性。他将歧见置于共识之上，将异质性和不可通约性置于普遍性之上。他写道：

　　共识违背了语言游戏的异质性。发明总是诞生于歧见之中。后现代知识绝不只是权威们的一个工具；它提高了我们对

---

① ［法］让—弗朗索瓦·利奥塔尔：《后现代状态：关于知识的报告》，车槿山译，生活·读书·新知三联书店1997年版，第40页。

② 同上书，第12页。

③ 同上书，第84页。

差异的感受性，并且增强了我们容忍不可通约之事的能力。①

在利奥塔看来，知识产生于歧见，产生于对现存范式的怀疑和对新范式的发明，而非产生于对普遍真理或共识的赞同。

（二）福柯的知识观

福柯对知识与权力关系的探讨在后现代思想家中独树一帜，也是其思想的主要特色。福柯的一系列著作如《疯癫与文明：理性时代的疯癫史》《规训与惩罚：监狱的诞生》《知识考古学》等都以这个问题为核心。福柯对权力的理解与传统的宏观理解不同，权力不是统治阶级推行的剥削、压迫的暴力与强制，也不是一部分人对另一部分人的控制和支配。在福柯那里，权力渗透到社会的各个角落，介入社会生活的每一个方面，它像一张密织的大网，无所不在，无处不有，比如监狱、军队、工厂、学校以及话语、知识、身体等各个方面。这是一种"权力的微观物理学"②。这种权力是"一种战略"，是一种"被行使的而不是被占有的权力"。权力采用各种各样的策略运行，比如通过层级监视、规范化裁决、书报检查制度以及更微观的身体技术、空间技术、时间技术、书写技术等"规训"方式得以运行。

对于权力和知识的关系，福柯提醒人们抛弃那种传统的想象，"即只有在权力关系暂不发生作用的地方知识才能存在，只有在命令、要求和利益之外知识才能发展"。"弃绝权力乃是获得知识的条件之一"，③相反，他写道：

我们应该承认，权力制造知识（而且，不仅仅是因为知识

① Lyotard , Jean-Francois. *The Postmodern Condition*, Minneapolis：University of Minnesota Press，1984. p. 75.

② ［法］米歇尔·福柯：《规训与惩罚：监狱的诞生》，刘北成、杨远婴译，生活·读书·新知三联书店 2007 年版，第 28 页。

③ 同上书，第 29 页。

为权力服务，权力才鼓励知识，也不仅仅是因为知识有用，权力才使用知识）；权力和知识是直接相互连带的；不相应地建构一种知识领域就不可能有权力关系，不同时预设和建构权力关系就不会有任何知识。因此，对这些"权力—知识关系"的分析不应建立在"认识主体相对于权力体系是否自由"这一问题的基础上，相反，认识主体、认识对象和认识模态应该被视为权力—知识的这些基本连带关系及其历史变化的众多效应。总之，不是认识主体的活动产生某种有助于权力或反抗权力的知识体系，相反，权力—知识，贯穿权力—知识和构成权力—知识的发展变化和矛盾斗争，决定了知识的形式及其可能的领域。①

可见，在福柯那里，权力产生知识。拥有权力的人，才是真理的操纵者和创造者。权力与话语（discourse）有着不解之缘。所谓"话语"是指与任何知识有关的，处于特定历史环境中的，由个人创造的那些习俗化的规定、惯例和程序。② 话语是由陈述构成的，它经过专家群体的认可而获得信任和统治权。话语一经产生，就立刻受到若干权力形式的控制、筛选、组织和再分配。在某种条件下，话语也会转化为权力。话语不仅受权力控制，而且是权力追逐的对象。话语行使权力，就是对它所未指称的事物进行排斥与压制，就是不允许它拥有说话的权力。得到权力认可的话语便以"真理"自居，受到权力排斥、贬黜的话语便只能是"谬误"。"真理"一朝大权在握，便会大肆压抑、排斥所谓的"谬误"。

（三）罗蒂的知识观

罗蒂是西方后现代主义思潮最主要的理论家之一，他把美国传

---

① ［法］米歇尔·福柯：《规训与惩罚：监狱的诞生》，刘北成、杨远婴译，生活·读书·新知三联书店 2007 年版，第 29—30 页。

② 王治河：《后现代哲学思潮研究》，北京大学出版社 2006 年版，第 45 页。

统实用主义与欧陆后现代主义结合在一起，从而成为"今日美国最有影响力的当代哲学家"①。

罗蒂在其代表作《哲学和自然之镜》（*Philosophy And the Mirror of Nature*，1979）中开宗明义地写道：

> 本书的目的在于摧毁读者对"心"的信任，即把心当作某种人们应对其具有"哲学"观的东西这种信念；摧毁读者对"知识"的信任，即把知识当作某种应当具有一种"理论"和具有"基础"的东西这种信念；摧毁读者对康德以来人们所设想的"哲学"的信任。②

简要地说，也就是要人们放弃"作为准确再现结果的知识观"，抛弃"知识基础"的观念，抛弃笛卡尔、洛克和康德所共同具有的"心"的观念。

罗蒂认为，自柏拉图以来的西方传统哲学认识论都是一种"基础主义"的认识论。这种基础主义的认识论认为，人类的知识都具有某种坚实的基础，这种坚实的基础应当成为一切知识的可靠源泉。这种基础本身是自明的、直接的和无须证明的。这个基础由一系列特殊表象（privileged representation）所组成。特殊表象是处于优先地位的或者说具有真理和真相意义的表象。罗蒂引用塞拉斯等人的观点着重批驳了所谓特殊表象的存在。他认为，没有先于语言的东西，观察命题并非纯粹的、中立的、原始的，它们都渗透着理论，也就是受到人心的作用。

罗蒂批判了知识的"镜像隐喻"。所谓"镜像隐喻"就是把心灵当作反映实在的一面镜子，把知识当作这种反映的系统化和精确

① ［美］理查德·罗蒂：《哲学和自然之镜》，李幼蒸译，商务印书馆2003年版，再版前言。
② 同上书，第4页。

化，把哲学当作知识的最高系统。罗蒂认为："俘获传统哲学的图画是作为一面巨镜的心的图画，它包含着各种各样的表象（其中有些准确，有些不准确），并可借助纯粹的、非经验的方法加以研究。"① 在镜像哲学看来，"如果没有类似于镜子的心的观念，作为准确再现的知识观念就不会出现。没有后一种观念，笛卡尔和康德共同采用的研究策略——即通过审视、修理和磨光这面镜子以获得更准确的表象——就不会讲得通了"②。"把我们的主要任务看成是在我们自身的镜式本质中准确地映现周围世界的观念，是德谟克利特和笛卡尔共同具有的如下观念的补充，这就是：宇宙是由极简单的、可明晰认知的事物构成的，而对于其本质的知识，则提供了可使一切话语的公度性得以成立的主要语汇。"③ 罗蒂认为，人心作为自然之镜并不一定是真实可靠的。正像培根所说的那样，它远远不是一面明净光洁的镜子，在其中事物的光线应按其实际的入射角来反射，而是像一面中了魔的镜子，布满着迷信和欺骗，除非被解除魔法和复原。罗蒂援引尼采以来西方哲学家对镜像论所做的批判，并认为维特根斯坦、海德格尔和杜威所做的批判更为重要。

维特根斯坦、海德格尔和杜威一致同意，必须放弃作为准确再现结果的知识观，这种知识是经由特殊的心的过程而成立的，并由于某种有关再现作用的一般理论而成为可理解的。对他们三位来说，"知识基础"的观念和以笛卡尔回答认识论的怀疑论者的企图为中心的哲学观念，都被抛弃了。此外，他们也抛弃了笛卡尔、洛克和康德共同具有的"心"的观念，即把"心"当作一种专门的研究课题，当作存于内在的领域，包含

---

① ［美］理查德·罗蒂：《哲学和自然之镜》，李幼蒸译，商务印书馆 2003 年版，第 9 页。
② 同上。
③ 同上书，第 313 页。

着使知识得以成立的一些成分或过程的这种观念。①

二 后现代主义知识观的基本观点

后现代主义解构"普遍基础",反对一切"本质""中心"等,认为本质是不可言说的,拒斥"共识""系统"等"宏大叙事",他们视社会历史为偶然事件的集合,认为追求真理的活动是"游戏活动",用"游戏规则"取代"普遍必然的绝对真理"。利奥塔认为,后现代的全部知识都是形形色色的语言游戏,不再需要"元叙事"的普遍哲学根据,只有约定的游戏规则;它们无须系统、结构、统一性和整体性,而是呈现出异质性、多元性、解构性和"碎片化"的特点。后现代主义的响亮口号就是"向整体开战"。他们批判传统的文化价值和知识观念,认为一切都是转瞬即逝的、表面化的和毫无意义的。这种用批判一切来试图建立总体认识和理论体系的后果就是后现代主义知识所呈现出的一种"碎片化"的样貌。

由于后现代思想家拒斥"深度",反对事物背后的"本质"假定,在"平面化"的理论言说中,后现代主义知识观呈现出一种无深度的"浅表性"特点。德里达甚至提出"放弃一切深度,外表就是一切"的观点。费耶阿本德提出"怎么都行"的观点。后现代哲学关于语言学的转向粉碎了关于语言、知识和表象的各种实在论者的假定。所谓"语言学转向"意味着人类认识和参与它所在世界的主要方式是语言;不同的语言学地图产生了(主体)不同的现实感和对真理的主张。②"语言学转向"表征着所有对真理的主张都具有"视角性、语境性和偶发性"的特征。知识不是在语言之外,在某种与历史无关的领域里找到的,而是在语言的细微差别中

---

① 〔美〕理查德·罗蒂:《哲学和自然之镜》,李幼蒸译,商务印书馆2003年版,第3—4页。

② 〔美〕斯蒂芬·贝斯特、道格拉斯·科尔纳:《后现代转向》,陈刚译,南京大学出版社2002年版,第345页。

找到的。语言不是透明的，而是错综复杂的和晦涩费解的，因此只能提供通向真理的间接途径。

第三节　后现代主义知识观视野下的课程改革

一　完善知识教育目标

在客观主义知识观视野里，知识是客观的，因而知识教育的主要目标是精准地掌握知识。人对知识的"占有"或"存储"越多，就越能显示出知识的价值、人的价值。传统知识教育也就将知识的传授、掌握作为教育的根本目标。然而，在后现代主义知识观视界里，知识的性质发生了根本的变化。知识并不是绝对正确、已完成的、不再需要质疑和修正的东西，而是成了一种未完成的、开放的、不确定的存在，从而知识教育的目标也就不能完全定格于精准地掌握知识。

后现代主义知识观从根本上要求对知识持一种批判性质疑的态度。人与知识相遇，不再表现为被动认同，盲目接受，而是具有对知识的判断力、鉴别力和批判性质疑能力。后现代主义知识观对多元真理论的强调，对单一视角的批判，对"对话"的推崇，对"差异"的认同，对"本体论的平等"的信仰以及对"唯一正确的解释"和"独一无二的真理"的拒斥等都提醒我们对待知识须有批判的理性态度。"知识通过批判而增长"，科学哲学家波普尔的这一论断成为后现代主义知识观对待知识的最恰切的注脚。

后现代主义知识观从一定意义上说是一种倡导创造性的知识观。后现代思想家们高度肯定、热情讴歌人所内蕴的创造性。建设性后现代主义哲学的代表人物大卫·格里芬写道："从根本上说，我们是创造性的存在物，每个人都体现了创造性的能量，人类作为整体显然最大限度地体现了这种创造性的能量。"[1] 后现代思想家

---

① ［美］大卫·格里芬：《后现代精神》，王成兵译，中央编译出版社1998年版，第223页。

们所呈现出的创造性是有目共睹的。利奥塔批判的"元叙事"、福柯的"知识考古"、德里达的"解构"等无不是创造性思维的典型。后现代思想锋芒所及，也就是其创造性之所及。后现代思想家们以其令人赞叹的创造精神、创新意识、创造能力和创新成果提醒我们，人类所创造的一切绝不是不再需要质疑的、永恒的东西，而需要人们别具只眼，动用智识，重新打量。

后现代主义知识观的内在本性是对人的主观能动性的尊重。客观主义知识观是一种强调"再现"的知识观。知识是对客观世界的完全吻合。在客观主义知识观视野里，人对知识只能顶礼膜拜，被动接受。而在后现代主义知识观视界里，人与知识其实是一种相互"对话"的关系。"对话"意味着人与知识、认识者与知识的创造者、人与文本之间的相互作用和无限展开的沟通与交流。对话的本质不是用一种观点来反对另一种观点，更不是将一种观点强加于另一种观点，而是可能在对话的过程中改变各自的观点而达到一种"视界融合"。有学者指出，后现代范式中的对话具有后现代的特征，表现为：首先，后现代对话具有开放性和启发性。其次，理解和反思是后现代对话的重要特征。[①] 后现代主义者在文本、作者、读者三者关系的理解上，让作者退隐甚至消失，而让"文本"凸显，并将读者置于主体或决定性地位。这充分显示出人在知识面前的主体、主动地位。

后现代主义知识观也提请人们倾听他者，尊重差异。后现代主义知识观放逐了人们对"绝对真理"的幻想，引导人们放弃"傲慢自大的眼睛"，吁请人们倾听那些来自边缘、他者、弱小、卑微者的声音。后现代知识观对独断与偏执深恶痛绝，对多元与"差异逻辑"却情有独钟。"他们致力于寻求一种新的差异理论，一种可以不受任

---

① 李冲锋、许芳：《对话：后现代课程的主题词》，钟启泉、高文、赵中建：《多维视角下的教育理论与思潮》，教育科学出版社 2004 年版，第 141 页。

何统一或综合图式限制而将差异予以理论化的非辩证理论。"①

从教育的本性来说，教育离不开传授知识。但从后现代主义知识观来看，传授知识决不意味着对知识的全盘接受。相反，它要求教育中的人对知识应当具有一种恰切的态度。我国基础教育一向以占有、存储知识为最高目标。在今天看来，这一目标不能说是十分完善的。从后现代主义知识观视角来看，知识教育的目标应具有如下蕴涵：知识教育必须培养学生对知识的批判性质疑的意识和能力，这种意识和能力正越来越成为未来知识社会中人的基本的生存需要；教育必须在引导学生掌握知识的同时，引导学生勇于创造新知识；在知识的传授与学习中，要充分调动学生的主观能动性，倡导与知识展开"对话"与"互动"，培养学生对知识的探究兴趣，激发他们内蕴的想象力和创造力；教学过程中要善于倾听和容纳不同的声音，尊重多元理解。

二　增强课程的开放性

现代课程的设计理念是与现代知识观相一致的。泰勒原理是现代课程设计长期以来所依循的模板，而它本身也鲜明地体现了现代课程的封闭性特征。在泰勒原理中，课程目标是先在的规定，根据课程目标制定达成目标的内容、手段、程序及步骤从而形成一套课程方案，通过实施既定课程方案来达成课程目标并检验其是否实现。显然，这是一个线性的课程运动过程。这种课程模式具有线性发展的逻辑，具有排斥干扰和便于操控的特点，它表现出很强的计划性、程序性和系统性，因而显现出浓厚的封闭性特征。

后现代主义知识观从根本上要求课程的开放性。开放性的课程设计思想视课程设计为动态开放的过程，它鼓励变化，接纳干扰，允许错误，追求交互作用，要求课程具有一定的"混沌和不确定

---

① ［美］道格拉斯·凯尔纳、斯蒂文·贝斯特：《后现代理论：批判性的质疑》，张志斌译，中央编译出版社1999年版，第103页。

性"。课程本身成为一种动态发展和充满复杂性的过程。因而在后现代课程观看来，课程目标也不再是可以完全预先确定和不可更改的，相反它需要在探究性的过程中根据变化了的情境加以调整；课程内容不再是绝对客观的、稳定不变的知识体系，而需要在不断探索中加以充实和完善；课程实施过程也不再是完全可控的而是动态生成、充满探究的；课程组织不再囿于学科界限而是向跨学科和综合化方向发展；课程评价也不仅是对预定目标的评价，而是更关注课程创生过程甚至目标的合理性，它承认和尊重人们的多重意见和多样性选择，评价成为一种"协商"过程，试图在多种观点、观念相互碰撞与融贯之中寻求一致和达成理解。一种多元的、开放性的评价机制使课程更能包容差异，善待差异。

课程的开放性理想要求正视课程的复杂性。现代课程观奠基于牛顿式的经典世界观。在经典世界观视界里，世界是简单的，一切井然有序，具有高度可预测性和可控制性等特点。"自然是自足而简单的。"然而，事实上，我们赖以栖身的世界与宇宙、现实和自然是非常复杂的，用多尔的话说是"有序但却是复杂的有序"。爱因斯坦关于"上帝不掷骰子"的妙语只不过是一种动听的神话。用后现代思想家的话说，上帝不仅掷骰子，而且用的是灌铅骰子。[①]复杂性对教育意味着什么？对课程意味着什么？显然，"这明确意味着我们这些教师和课程设计者要接受复杂性，生活本身就是复杂的，我们要利用这一复杂性，而不是否定差异、变化和困难"。"我们应尊重不同和变化。"[②]复杂性体现出对系统变化的敏感性。复杂性意味着不可预测性、不确定性，意味着"蝴蝶效应"，任何微小的扰动都会引发多重效应。复杂性对课程的启发在于"我们是不是可以不仅注意作为要跑的跑道上的课程而且注意跑在跑道上的

---

① [美]多尔：《后现代思想与后现代课程观》，王红宇译，《全球教育展望》2001年第2期。

② 同上。

我们以及我们跑的方式?"①

　　课程的开放性要求接纳和宽容多样化课程。后现代主义知识观对不同知识类型之间的"差异"表示宽容和接纳。"叙事知识""民俗知识""地方性知识"等都能在异质性的知识图景中依循各自的"游戏规则"共存共生。

　　课程的开放性要求加强课程与现实生活的联系。封闭系统的特点是只有能量交换而没有物质交换。开放系统则与外界保持联系,既有能量交换又有物质交换,通过这种动态运动过程使系统得以不断更新。课程的开放性要求加强课程与现实生活的联系。课程内容与生活的联系意味着要从人与自然、人与社会、人与他人、人与自我等层面出发,将自然万象、社会生活、自我体验、个体经验等纳入课程内容的选择范围。

三　适当增加课程内容的不确定性

　　前已述及,在客观主义知识观视界里,知识是确定无疑的、已完成的、只能接受而无须质疑的东西。基于这种知识观,课程内容遴选、教材编排与呈现等表现出"确定性""特定化""客观的""决定论的"等品格。从后现代主义知识观来看,知识从根本上讲是不确定的。循此,课程内容的设计和呈现就要关注"不确定性"。不确定性意味着什么?对课程知识而言,不确定性意味着"未完成性""多种可能性""非决定性",意味着需要和知识进行某种程度的"对话",意味着需要人付出一定的努力来完成其"未完成"的部分,意味着所呈现的知识只是进一步求知的"地图"和"向导"。总而言之,意味着知识向人的无限"开放"。正像后现代课程观的代表人物小威廉姆·E.多尔所声称的那样:存在一个"迷人的想象王国,在那里没有人拥有真理而每个人都有权利要

---

① 〔美〕多尔:《后现代思想与后现代课程观》,王红宇译,《全球教育展望》2001年第2期。

求被理解"①。在我们对知识和为知识的探索中，"我们面对的不是已经固定'在那儿'等待发现的实在而是解释上帝笑声回音的多种方式"②。在多尔看来，课程内容是复杂的、离奇的，既是不确定的又具有共同的确定性。他用"丰富性"概括课程应"具有'适量'的不确定性、异常性、无效性、模糊性、不平衡性、耗散性与生动的经验"③。在传统课程内容的组织中，过于注重知识的静态、封闭呈现，忽视了知识本身的不充分性、动态发展性。在一个不确定性的内容框架中，课程成为一个过程：一个不是完全传递绝对知识的知识过程，而是一个探索未知、精神历险的过程。通过这种探索、探究的过程，师生既转变、提升自己，也启迪、转化别人；既掌握知识，也生成新知。课程内容的不确定性，使师生从过去知识对人的控制中解放出来，使人内蕴的潜力、创造力、智力等得到全面释放，使人"获得"知识而不是单纯"掌握"知识，是知识"滋养"人而不是知识"占有"人，师生由单纯的知识接受者和旁观者转变为知识的探索者和参与者。

当然，在基础教育中增加课程内容的不确定性，也绝非认为课程内容的确定性、客观性和权威性是不重要的。相反，增加课程内容的不确定性，有助于我们更好地理解、领会课程的确定性领域。后现代主义知识观对知识不确定性的强调，使我们从另一个视角看到了人类知识的总体面貌：知识的确定性只具有相对的意义而不能做绝对化理解。从一定意义上说，知识的确定性和不确定性是统一的和互补的。知识的不确定性并没有抛弃相对确定的知识，但它改变了我们对知识的绝对化认识。正如后现代其实是超越性地转化了现代而并非完全拒绝和抛弃它一样，知识的不

---

① ［美］小威廉姆·E. 多尔：《后现代课程观》，王红宇译，教育科学出版社 2000年版，第 221 页。

② 同上。

③ 同上书，第 250 页。

确定性也没有抛弃知识的"确定性"信念。就基础教育而言，课程内容的相对稳定、可靠在任何时代都具有重要意义。时代的知识状况变化，并不意味着稳定性的全然散失，而是稳定与变化的交替加速。同样，科学的探讨不能只停留在不确定性的方面，科学的本真使命在于试图从不确定性中寻求确定性。否则的话，科学就只能永远停留在怀疑主义的窠臼之中。多尔认为："在过去与现在之间，在拒绝旧事物以寻求新事物与在新事物之中利用旧事物之间存有'基本的'和富有生产性的张力。"① 库恩在研究科学发展史过程中也曾提出"在对立的两极保持必要张力"的思想。张力的保持意味着对立的两极之间不是决然割裂的，而是存在着由此达彼的连续性链条。用一种互补的而不是排斥的思维方式来看待二者之间的关系，在知识的确定性和不确定性之间保持"必要的张力"，对课程设计具有重要意义。

四 重视教学过程的复杂性、随机性

客观主义知识观支配下的传统教学过程是一种封闭的、静态的、严格控制的过程，是一个预先制定目标并在其导引下严格展开的过程，目标决定了教学过程的组织和实施，教学过程中的任何干扰、无序、偶然性因素和噪音等都被视为需要排除或不予考虑的东西。而后现代主义知识观关于知识的不确定性、开放性等观点，则要求教学从封闭走向开放，从静态走向动态，从预设走向生成。在后现代知识观视野下，教学过程充满着复杂性、不可预测性、情境性和相互理解性，它不是传递绝对已知而是探索未知的过程。在多尔看来，后现代教学过程具有"自组织性"②。教学的"自组织性"意味着变化、挑战、干扰等不确定的、随机的因素并不是应该尽快

---

① ［美］小威廉姆·E. 多尔：《后现代课程观》，王红宇译，教育科学出版社2000年版，第224页。

② 同上书，第232页。

消除、克服甚至消灭的"破坏性的和无效的"因素，相反，它们是组织和再组织存在的理由，是开放教学所必需且要正确加以利用的因子，是"堵不住的缺口"。传统的教学观将复杂的、具有艺术气质的教学过程简化为一个按简单程序进行的有步骤、有条不紊的过程。这是在简化思维范式主导下的教学观念。在复杂性思维范式视界下，"行动是决断，是选择，但也是博弈。"① 在这样的观念中，存在着关于风险和不确定的意识。这就是埃德加·莫兰提出的"行动的环境论"的观点。"行动的环境论总的说来就是要考虑到它所假定的复杂性，亦即随机因素、偶然性、主动性、决断、意外之事、不可预见性、对飘移和变迁的意识。"② 莫兰认为，行动的环境论包括如下原则：（1）风险—预防的圆环：对于在不确定性的环境内采取任何行动，都存在着风险的原则与预防原则之间的矛盾，但二者都是必要的，要善于将对立的双方统一起来。（2）目的—手段的圆环：手段和目的彼此之间存在着相互产生反馈—作用的复杂关系。（3）行动—背景的圆环：行动总是存在着与环境之间的相互—反馈—作用，行动有可能改变方向或与初始的宗旨背道而驰，它甚至可能会返转回来挑战它的发起者。总之，从复杂性视角来看教学过程，短期的效果可以预估，但长期的后果是不可预测的，教学的过程是充满不确定性的过程。但这样说并非要人们无所作为，而是敦促人们认识到教学过程的复杂性并具备相应的风险意识和采取行动的策略。从后现代知识观对知识的不确定性的观点来看，教学过程中策略优先于程序。程序是在一个稳定的环境中不加变化地加以忠实执行的过程，然而，一旦外部环境发生些许变化，程序就得终止。策略则要求在变化的、复杂的情境中审时度势，考虑诸多的可能性和不确定性因素从而相机制定新的行动方案。预先制定的

---

① ［法］埃德加·莫兰：《复杂性理论与教育问题》，陈一壮译，北京大学出版社2004年版，第68页。

② 同上书，第69页。

方案应该根据变化了的情境、所遭遇到的突发事件、临时的大好机遇等做出必要修改。正如莫兰所说："策略，如同认识，永远是在一个不确定性的海洋中穿越确定的群岛的航行。"① 人脑之不同于电脑，一个重要的特点就在于电脑是通过程序来运行的，而人脑则通过策略来行动。

　　后现代主义知识观要求教学评价也要发生相应的变革。传统教学评价认为，教育存在着一个确定的目标，教育评价就是检验教育活动是否完全达成了预定目标，这是一种终结性的评价观念，其目的在于"检验"，它并不赋予个人经验以意义，也不寻找和尊重多重观点。事实上，这种评价模式只有在教育活动过程处于平衡态时，我们才能如此评价"结果"与"目标"之间的一致性程度。而一旦教育活动过程远离平衡态，出现扰动和"噪音"，教学过程中出现偶然性和不确定性因素，教育结果则会变得不可能完全精确预期。事实告诉我们，教学过程是复杂的、开放的、动态的，干扰和噪音不可避免，出现"蝴蝶效应"是可能的。因而变革性后现代教学过程要求评价富有弹性，对教育目标的预设和效果的达成都不能绝对肯定，"其重点在于学生运用获得的知识能做什么而不在于获得的知识如何适应他人设定的框架"②。我们是不是也应该通过评价来理解情境中所存在的各种向外发散的渊源关系，以及我们处理这一或那一情境的方式？这种评价观念对我们教学中盛行的锱铢必较，"一分决定学生命运"的考试评价方式具有启迪价值。

五　重构平等的师生关系

　　师生关系是整个教育大厦的基石。在客观主义知识观视野下，

---

① ［法］埃德加·莫兰：《复杂性理论与教育问题》，陈一壮译，北京大学出版社 2004 年版，第 73 页。

② ［美］小威廉姆·E. 多尔：《后现代课程观》，王红宇译，教育科学出版社 2000 年版，第 182 页。

师生关系是一种授受关系，是由"有知"的教师向"无知"的学生传授特定知识的过程，这是一种单向的、传递性的知识掌握过程，这种师生关系走向极端便会造成一种统治与被统治的关系，一方高高在上，另一方卑下而顺从。而在后现代主义知识观视野下，师生关系则带有对话交往的特点，师生关系由单向给予转变为双向对话，知识学习由单纯传递过程转变为交互作用的建构性过程。这些变化使得教师角色发生了很大变化，教师不仅仅是一个知识的好的讲解员和传授者，而且成为一个好的倾听者和交往者，是一个维持和激发师生对话的好的组织者。在后现代思想家看来，获得真理的捷径是对话，真理是从对话中产生的。从这个意义上讲，真理永远是不完全的。真理的发展与变化是随着对话的深入而展开的。后现代课程观的代表人物多尔用"平等者中的首席"（first among e-quals）来界定转变性后现代课程中教师的作用。教师作为"平等者中的首席"，其作用并没有被降低，相反得以"重新构建"："从外在于学生情境转化为与这一情境共存。"① 在这种情境性框架中，教师成为内在于情境的领导者，而不是外在的专制者。

后现代主义知识观从根本上要求对他者的尊重，也可以说，后现代主义知识观提供了在教育过程中对他者尊重的认识论基础。后现代主义知识观认为，每一个现实体都有价值，都处于一种共生的过程中。在教育过程中，教师应淡化"权威"和传统的"师道尊严"，摈弃真理在握的形象，学生需要向教师学习，教师也同样需要向学生学习；教师并不先天地拥有真理。真理是在师生之间对话交流探究中达成的。这种尊重他者的后现代师生观，使我们听到了包括学生在内的那些被"边缘化了的"甚或"异化了的"他者的声音，看到了他们认识事物的方式，理解了他们的叙述，因而扩大了教育的视界，拓展了通达真理的道路。从这个意义上说，我们的

---

① ［美］小威廉姆·E. 多尔：《后现代课程观》，王红宇译，教育科学出版社2000年版，第238页。

先师孔子是极富智慧的，他说："三人行，必有我师焉。"（《论语·述而》）又说："吾有知乎哉？无知也。有鄙夫问于我，空空如也。我叩其两端而竭焉。"（《论语·子罕》）韩愈也说："弟子不必不如师，师不必贤于弟子。闻道有先后，术业有专攻，如是而已。"（《师说》）这些话之所以流传久远，根本上是因为对"他者"声音的尊重和倾听。在后现代主义知识观视界下，教师的作用就在于唤醒学生的想象力，激发学生的创造力，鼓励学生学会并提出新问题。在多尔看来，教师与学生之间是一种"反思性关系"："教师不要求学生接受教师的权威；相反，教师要求学生延缓对那一权威的不信任，与教师共同参与探究，探究学生正在体验的一切。教师同意帮助学生理解所给建议的意义，乐于面对学生提出的质疑，并与学生一起共同反思每个人所获得的心照不宣的理解。"①加拿大学者史密斯（D. Smith）认为，后现代师生关系是一种互联身份与互为因果的关系："一种教师和学生之间互惠式而不是从前那种传授式和控制式逻辑衍生的教学关系。"②

总体来看，追求民主平等的师生关系已成为一种世界性的潮流。联合国教科文组织报告《学会生存——教育世界的今天和明天》这样写道：

> 从终身教育的立场和当前人类知识的现状来看，把教师称为"师长"（Masters）（不管我们给这个名词一个什么意义），这是越来越滥用的名词。教师的职责现在已经越来越少地传递知识，而越来越多地激励思考；除了他的正式职能以外，他越来越成为一位顾问，一位交换意见的参加者，一位帮助发现矛

① ［美］小威廉姆·E. 多尔：《后现代课程观》，王红宇译，教育科学出版社2000年版，第227—228页。

② ［加］大卫·杰弗里·史密斯：《全球化与后现代教育学》，郭洋生译，教育科学出版社2003年版，第198页。

盾论点而不是拿出现成真理的人。他必须集中更多时间和精力
去从事那些有效果的更有创造性的活动：互相影响、讨论、激
励、了解、鼓舞。

如果教师与学生之间的关系不按照这个样子发展，它就不
是真正民主的教育。①

从这个意义上讲，后现代主义知识观为我们从根本上评价和转
变传统的师生关系提供了深刻的认识论依据。

第四节 后现代主义知识观审思

对后现代主义知识观这样一种具有广泛影响的知识观点做一番
评论，是一件十分困难的事情。从研究的完整性出发，借鉴前人的
研究成果，我们尝试从积极意义和消极意义两方面提出对后现代主
义知识观的几点看法。

一 后现代主义知识观的积极意义

第一，否弃绝对主义真理观有利于发挥人的创造性，改变人在
知识面前的被动地位。

后现代哲学家罗蒂这样写道："那种认为人无论如何能将发生于
道德和政治思考中的以及在这类思考与艺术实践的相互作用中的一切
问题置于'第一原理'（哲学家的职责在于陈述或阐明这些原理）之
下的整个想法，开始变得荒诞不经了。"② 罗蒂认为，没有人得到过
绝对的基础，没有人得到过绝对的真理，因此我们应该放弃寻求绝对
的真、绝对的善、绝对的美，完全承认我们此时此地得到的，我们此

---

① 联合国教科文组织国际教育发展委员会：《学会生存——教育世界的今天和明
天》，华东师范大学比较教育研究所译，教育科学出版社 1996 年版，第 108 页。

② ［美］罗蒂：《哲学和自然之镜》，李幼蒸译，商务印书馆 2003 年版，第 14 页。

时此地合理地拥有的东西。我们必须做的是：继续谈话，互相学习，不乞求于绝对。后现代主义的视角主义者认为，对现实世界的解释不是一元的、单向度的，而是多元性的、多向度的、歧义性的和多视角的。费耶阿本德提出"什么都行"（anything goes）的多元主义方法论。利奥塔认为，所谓后现代就是对"元叙事"的怀疑。所有这些对一元论、独断论和决定论的反对，从其积极意义上而言，都是一种对真理的开放心态和观念。这种观念对于解放人们对绝对真理的幻想，对所谓"绝对真理"的顶礼膜拜，改变人在知识面前的命运，鼓励寻求多样化的文化生态，都具有值得肯定的价值。

真理的开放性对发挥人的主观能动性提供了可能，同时也有助于我们对新生事物、观念持开放的心态。王治河将后现代主要的、最有意义的特征界定为"一种态度"："一种向他者开放的态度，这要求一种海洋般的心胸。"① 相比现代主义的"闭锁心态"，后现代主义最有价值的思想在于其"开放的心态"。

后现代主义者"开放的心态"对我国当前进行的基础教育课程改革也不无启迪意义。任何一项改革，从观念层面上看，都不可避免地会出现新旧观念的冲突和碰撞。在教育改革中，我们总会听到关于改革的反对或者支持的声音。从后现代视角来看，丢弃思想上的"闭锁心态"，保持一种"开放的心态"无论对改革的反对者还是支持者都颇具启发意义。

第二，后现代主义知识观以一种彻底、纯粹甚至极端的思维方式颠覆了现代知识观关于知识的客观性、普遍性、中立性等知识性质，强调了知识的主观性、相对性、不确定性、未完成性等性质，揭示了人类知识的另一面，有助于人们完整认识人类知识的本性。

后现代主义知识观解构现代知识观所赖以奠基的主客二元对立逻辑，消弭中心，取消深度，崇尚差异，摧毁基础，在一种生成

① 王治河：《后现代哲学思潮研究》，北京大学出版社 2006 年版，第 316 页。

性、关系性的思维框架中，强调了一向为人所忽视的知识的另一面，凸显了知识的不确定性、动态发展性、假设性、游戏性等性质。显然，这种逆向思维方式不是可有可无的。从表面看来，这种深挖墙脚的思路有点矫枉过正，从一个极端走向另一个极端。但冷静思考，却也不无道理。或许，这正是后现代主义思想"魅力"之所在。在其思想的彻底性、纯粹性和极端性之中，透射着深刻性和建设性。摧毁有助于新的建设。对于人类知识而言，经过后现代思想的洗礼，我们也许需要转变观念，需用一种对立统一的辩证逻辑思维在对立的两极之间保持必要的张力。

第三，后现代主义知识观的出现有一定的历史必然性，在一定程度上满足了人们知识观变革的现实需要。

总体来看，追求知识的确定性是人类认识活动孜孜以求的目标。自初民时期起，人类就在外向探索（认识自然、世界）和内向探索（认识自我）中，将确定性视为认识的最高鹄的。然而，知识自身发展的历史却说明了知识本身并非超历史的存在。特别是进入20世纪以后，随着人类探索的深入，出现了大量不确定性知识领域，在人们思想观念里产生了种种疑问。后现代知识观无疑在一定程度上反映了知识自身发展的这一趋势。

二 后现代主义知识观的内在缺陷

第一，后现代主义知识观过分推崇知识的不确定性而忽视了知识的相对确定性。

后现代主义者由于过分推崇知识的不确定性，而忽视了知识的相对确定性，存在着简单否定的偏颇，带着某种绝对主义的嫌疑。事实上，知识的确定性和不确定性，是知识性质的两个方面，它是知识的"两重性逻辑"① 的表现，它们处于对立统一的动态联系之

---

① 法国哲学家莫兰提出"两重性逻辑"概念。参见 ［法］埃德加·莫兰《复杂性理论与教育问题》，陈一壮译，北京大学出版社2004年版，第182页。

中，片面强调其中一方而忽视另一方，都不能获得对知识的完整看法。我们面临的时代是一个矛盾重重的时代，世界从未像今天这样充满着变化和不确定性，然而，这只是问题的一个方面。另一方面，人们的内心深处也从未像今天这样渴望某种牢固的东西或确定的东西。科学的追求也在于为人类生活提供更加确定的、有价值的知识。因此，在认识到知识的不确定性的同时不能忽视知识相对确定的一面。

第二，后现代主义知识观专事否定、摧毁、批判，存在着简单否定的偏颇。

著名的后现代理论家齐格蒙·鲍曼（Zygmunt Bauman）认为，后现代思想"在获得某些东西的同时，也会失去另外的一些东西"，"只有获得的东西与失去的东西改变了位置"①。对传统知识观的否定、摧毁和批判既是后现代知识观的优点，也是它的缺点所在。事物的存在往往是辩证的。在真理问题上，后现代知识观在否定形而上学"绝对真理"概念的同时，连同真理本身也一同否定掉了。如果真理不再作为一种标准或尺度而存在，其结果必然是导向相对主义和虚无主义。如果说人在绝对客观主义知识观面前感受到的是一种"生命中不堪忍受之重"，那么，人们在"怎么都行"的后现代主义知识观思潮中则深切地感受到一种"生命中不能承受之轻"。过分执着于知识的多样性、流动性，对应该肯定的东西缺乏必要的耐心，从一个极端到另一个极端，这正是后现代主义知识观的一个内在缺陷。这种极端化倾向也不可避免地走向了虚无主义。正如当代美国后现代理论家斯蒂芬·贝斯特和道格拉斯·科尔纳所说的：

在与经典的再现理论的决裂中，后现代科学和后现代理论都转向了真理和知识领域中的实用主义理论，但各种更极端化

———————

① ［英］齐格蒙·鲍曼：《后现代性及其缺憾》，郇建立、李静韬译，学林出版社2002年版，引言第3页。

的后现代理论形式则将由尼采、实用主义者和量子力学所开启的这种与再现的决裂极端化了。自然本体不能被客观或精确地确定的这种观念，在一些后现代理论中产生了虚无主义，也产生了一种绘制不断增进复杂性和抽象性的社会领域的可能性的绝望情绪。①

对于现代主义知识观和后现代主义知识观之间的关系，我国学者陈嘉明借宋代哲学家朱熹用"月印万川"比喻"理"同事物之间"理一分殊"关系的说法来加以阐述，他认为，现代主义知识观和后现代主义知识观的根本区别就在于认识究竟是为了把握万有之中的同一之"理"，还是着眼于万殊之物及其意义间的差异？这种差别可用"一"与"多"来概括。他认为，后现代主义知识观的出现，并非就等于否定了现代主义的知识观，使之成为历史。相反，现代主义知识观正成为"多"中之"一"，它与后现代主义知识观一样，作为不同的叙事与话语，以平等的权利，在世界的哲学游戏中保有它的一席之地。② 陈先生的这种见解是我们所同意的，其实，这也更符合后现代思想家尊重差异、包容多样、倾听他者的精神特质。

第三，后现代主义知识观存在"自我参照性悖论"③。正如众多学者所看到的那样④，后现代主义知识观在批判传统知识观的过

---

① ［美］斯蒂芬·贝斯特、道格拉斯·科尔纳：《后现代转向》，陈刚译，南京大学出版社2002年版，第352页。

② 陈嘉明：《"一"与"多"：现代与后现代的知识观》，《光明日报》2007年5月15日。

③ J. 马什指出："后现代理性批判中蕴含着自我参照性的悖论。"参见 J. 马什《后现代主义对理性批判的悖论》，黄书进译，《国外社会科学》1990年第4期。

④ 很多学者并不专门就后现代主义知识观发表评论，而是针对整个后现代哲学思潮进行评论，但这种评论对后现代主义知识观同样有效。主要参见［美］道格拉斯·凯尔纳、斯蒂文·贝斯特《后现代理论：批判性的质疑》，张志斌译，中央编译出版社1999年版；［美］米勒德·J. 艾利克森《后现代主义的承诺与危险》，叶丽贤、苏欲晓译，北京大学出版社2006年版；王治河《后现代哲学思潮研究》，北京大学出版社2006年版。

程中存在简单化、绝对主义的错误，而这种错误必将导致其自身无法克服的二律背反。利奥塔反对"元叙事"，但自身又无法摆脱"元叙事"；福柯以话语揭示权力的无所不在，而自身又无法摆脱对"话语"无所不在的依赖；反基础主义者拒斥基础主义对基础的追求，但它又不知不觉地肯定、确立新的基础；非理性主义者反对理性，但自身却不能不依赖理性。

托马斯·内格尔（Thomas Nagel）在 *The Last Word* 中写道：

> "一切都是主观的"这样的话毫无意义，因为这句话本身必须要么是主观的，要么是客观的。但是它不可能是客观的，因为这样一来，假如这话是正确的，它就错了；它也不可能是主观的，因为倘若如此，它就没能排除任何客观命题成立的可能，也就没有排除它自己在客观上错误的可能。或许有的主观主义者，把自己打扮成实用主义者，认为主观主义的观点也适用于自身。但这样的观点就不要求回应，因为他只不过是汇报了主观主义者青睐的说法。如果他还想要邀请我们入伙，我们不需理由就可以拒绝，因为他并没有提供接受的理由。①

内格尔简洁地论证了"全面相对主义者"所陷入的"两难困境"：他们要么希望自己的观点成为绝对真理，要么只想把它视作相对真理，即相对于某些理论才是真的。如果是前者，那么他们就否定了自己，因为他们不得不承认至少有一个绝对真理；如果是后者，那么他们只是汇报了自己所青睐的说法，我们完全可以不予理睬。②

---

① 转引自［美］保罗·博格西昂《对知识的恐惧：反相对主义和建构主义》，刘鹏博译，译林出版社 2015 年版，第 47 页。
② ［美］保罗·博格西昂：《对知识的恐惧：反相对主义和建构主义》，刘鹏博译，译林出版社 2015 年版，第 48 页。

从种种"悖论"中可以看出，后现代主义知识观和现代主义知识观一样，也秉持一种绝对主义的知识观念，它们都认为知识有绝对确定的某种性质，持一种非此即彼的二元论思维方式。正如有学者指出的，"对后现代主义者而言，这是一个致命的悖论"①，因为他们的思维方式依然是"现代性"的，即"本质主义"的思维方式，是一种静止的、主客二分的思维方式，而非辩证的、发展的、主客统一的思维方式，没有注意到世界的统一性和过程性。

第四，后现代主义知识观的反科学倾向也需要引起我们的警惕。

作为一种典型的人类探究活动，自然科学迄今为止已经积累了"巨大的和不断增长的关于自然世界及其如何运行的知识体系，虽然还有着一定的不调和与不完善，但却是越来越好地植根于经验并且其内部也是在不断地整合的"。② 自然科学知识及其科学家们获取它的一整套方法已成为我们这个时代最伟大的"智识成就"。"它描绘了人类认知潜能的非凡表现，也描绘了当人们使用他们的心智而尽最大努力时他们能获得什么成就。"自然科学的价值是巨大的，不仅有认识论价值，还有伦理学价值。"自然科学中有认识论价值的东西不仅仅是已经积累的关于世界及其如何运行的庞大的知识体系，也包括它拓展和改善了人类的认知能力，超越了人类的认知局限，有效地增强了我们的探究能力的方式。"③ 在伦理学意义上，"智识的诚实"也是其优点。由此看来，任何对科学的诋毁或贬损，或"把科学混同于拟想的神话或虚构的小说"，或把科学与巫术等同起来，这些看法都是十分危险的，也有可能在行动中导

---

① 郭晓明：《课程知识与个体精神自由——课程知识问题的哲学审思》，教育科学出版社 2005 年版，第 142 页。

② ［美］苏珊·哈克：《理性地捍卫科学——在科学主义与犬儒主义之间》，曾国屏、袁航译，中国人民大学出版社 2008 年版，第 309 页。

③ 同上书，第 308 页。

致莫大的灾难。①

第五节　后现代主义知识观的教育学立场

后现代主义思潮在传入我国之后，就不断遭到各种批判与责难。然而，我们并没有看到后现代话语的销声匿迹，相反，后现代故事依然被人们"接着讲"。整体来看，国人对后现代思想的引进并没有出现生搬硬套、全盘接受的现象，而是在谨慎、冷静的分析中，在批判中接受或在接受中批判。正如王治河所看到的那样，"后现代毕竟不是肤浅的'时髦话语的喧嚣'，而是有'底子'的"。这个"底子"就在于"后现代主义其实是生长于现代性的局限之处的。只要现代性的弊端一天不克服，只要现代'划一'思维方式统治我们一天，只要'霸道'心态依然强势，后现代主义就有存在的必要，后现代的故事就还要讲下去，后现代的风景还会长久驻留在我们的视野里"。"判断一种思潮是否即将完结，是否具有生命力其实是有标准的。这个标准就是它所提出的问题是否有思想。用这个标准衡量一下后现代主义便会发现，后现代主义是有生命力的，因为它所提出的问题都是与我们人类的存在和命运息息相关的，它意识到了现代性的局限性并试图用一种新的思想超越它。"②

当前，后现代话语已广泛渗透到我国人文、社会科学包括教育学在内的领域。后现代思潮已成为当代社会、思想研究中一个绕不过去的存在。从我国教育改革的视角来说，后现代思想也是一种不可忽视的思想资源和参照框架，甚至成为改革的一种锐利"武器"。冯俊认为：

---

① 李醒民：《不必向后现代主义"臣服"》，《中华读书报》2005 年 3 月 16 日。
② 王治河：《后现代哲学思潮研究》，北京大学出版社 2006 年版，增补本序言。

目前，在我国哲学界有两种思想倾向，一种是把后现代主义视为洪水猛兽，或避之唯恐不及，或奋起讨伐，甚至没有弄清是怎么回事就要先批判一通再说。……事实上，我们目前对于后现代主义是知道得太少，需要进一步地了解和研究。另一种态度是认为目前在我国宣扬后现代主义为时太早，因为后现代主义提出的是过度现代化和后启蒙的问题，而我国面临的问题是前现代和仍需启蒙的问题，因此，后现代主义不适合中国国情。这种态度的潜在的出发点是想把后现代主义作为解决中国问题的药方，只是觉得这帖药不太对症。这实际上赋予了后现代主义太高的理论使命。①

确实，了解和研究后现代思潮，就要对之有一个正确的态度。在此，我赞同冯俊的看法："对待后现代主义的正确态度应该是把它作为学术研究的对象，就像对待其他西方哲学思潮和流派一样，我们应以马克思主义理论为指导，实事求是地研究它的理论得失，总结出人类思维的经验教训。既不要对它作简单化的政治批判，也不要希望它能成为某种指导思想。"② 后现代理论既不是一把解决一切问题的"金钥匙"，也绝非稍纵即逝的"理论呼拉圈"。

一方面，后现代主义知识观的积极意义应该得到肯定。后现代主义知识观对我们转变思维方式，转变我们的知识观，加深对人类知识的认识，把握时代的知识状况等都深具启迪意义。尤其是，后现代主义具有多副面孔，即不仅存在一味破坏性、解构性、颠覆性的后现代主义，还存在建设性的后现代主义。正如我们所看到的，建设性的后现代主义带给教育的启迪是多方面的，也是值得我们学习和借鉴的。特别是，它为革除我国传统基础教育的弊端提供了可

① 冯俊：《后现代主义哲学讲演录》，商务印书馆 2003 年版，第 25 页。
② 同上。

资借鉴的思想和理论资源。这既是我们"开放心态"或"开放理性"所需要的，也是我们研究后现代主义知识观的重要目的。

另一方面，我们看到，后现代主义知识观在寻求认识的深刻性、彻底性的同时，也不可避免地带有极端性、片面性和内在的矛盾性。显然，后现代主义知识观所蕴含的极端性、片面性和内在的矛盾性必须要超越。不如此，就不能完整地认识时代的知识状况；不如此，就无法获得对人类知识性质的全面把握。

如何超越后现代知识观的极端性、片面性和内在矛盾性？也许，法国思想家埃德加·莫兰的"复杂的统一性观念"对我们不无启发。在莫兰看来，经典的不可共存的原则失去了它们绝对的特点，"或者/或者"同时被"既非/也非"与"和/和"所代替。复杂的统一性观念"追求既是对立、矛盾的又是互补的认识"①。莫兰还提出"两重性逻辑"（dialogique）的原则。两重性逻辑"把两个本应互相排斥的原则或概念结合起来，这两个原则或概念在同一实在中是不可分离的"②。这意味着要以互补的方式联结对立的两个方面，同时不使它们的二元性在统一中丧失。或许，经典的不可共存的两极对立存在着一种互通、互融、共生、共在的"存在之域"。莫兰说："我相信对一种更少片面性和更多合理性的思想的探求。"的确，我们需要探索一种"更少片面性和更多合理性"的知识观来指导我国的基础教育改革。

---

① ［法］埃德加·莫兰：《复杂性思想导论》，陈一壮译，华东师范大学出版社2008 年版，第 51—52 页。

② ［法］埃德加·莫兰：《复杂性理论与教育问题》，陈一壮译，北京大学出版社2004 年版，第 182 页。

第四章 知识观变革与基础教育
课程改革

　　20 世纪以来，人类社会的知识状况发生了深刻变化。一方面，知识的数量、质量、增长或生产方式、存在形态、传播途径以及知识在人类社会中的地位、作用等呈现出富有时代特征的变化；另一方面，作为对这种变化的敏锐反应，人们的知识观念也相应地发生了不同程度的变革。正如我们上文已经论述到的，建构主义和后现代主义的知识观即是对人类知识状况变化的一种敏锐反应。建构主义知识观和后现代主义知识观对知识的"客观性"观念发起了严峻的挑战，提醒人们重新审视"真理"与"谬误"、"知识"与"意见"、"客观性"与"主观性"、"确定"与"不确定"等传统上严重对立概念之间的辩证关系。

　　进入 21 世纪以来，随着互联网技术的广泛应用，加上信息技术的飞速发展，人们的知识观念也随之发生了更加深刻的变革。有人指出，链接、去中心化、社群化是"互联网＋"时代的本质属性。在"互联网＋"时代，知识呈现出网络化属性。人们的知识观也随之发生变化，"知识存在的方式在某种程度上失去了专家与教师的权威性，知识也在网络社群中实现了从共建共享到共传共推"[①]。也有人指出，数字时代，人类知识开始从"原子赋型"向

---

　　① 刘和海、李少鹏、王琪：《"互联网＋"时代知识观的转变：从共建共享到共传共推》，《中国电化教育》2016 年第 12 期。

"比特传播"的变革，知识的"网络化""可视化"与"具身化"全方位地重构了人类的生存境遇。[①]

当今时代，人们习惯用"知识革命"来表征时代的知识状况。因应知识状况的这种"革命性变革"，人们的知识观也不断发生着变化。变化是这个时代的根本特点。知识观的变化和其他社会思潮之间相互涌动和交流激荡，在不同程度上影响着我国基础教育课程改革。敏锐把握和深刻体察当代知识观的变化特征，辩证地思考各类知识观的联系和分野、合理性和局限性，是当前基础教育课程研究和实践中的重要理论问题。

本章在阐明知识观变革的蕴涵基础上，将知识与人的关系置诸知识观的中心，思考人在知识社会中的生存处境。这种思考的教育学意义在于，将对知识的理解、对人的理解和对教育的理解紧密结合起来，从仅仅关注知识本身转向更加关注教育中知识与人的生存与发展之间的关系。从教育学视角来看，人与知识之间存在着不可分割的紧密联系，我们既不能离开人的生存与发展来谈论知识，也不可能离开人类已有的知识文化来谈人的发展。正如有学者所指出的，从人的生存处境出发，思考人与知识的关系，是知识社会探讨知识观的根本出发点。"探讨知识观是探讨知识与人的关系。"[②]

第一节　知识观变革的蕴涵

一　知识观的变革是复杂的、非线性的过程

正如我们已经看到的，在西方哲学史上，各种各样的知识观念"你方唱罢我登场"，呈现出一种"百花齐放，百家争鸣"的样态。

---

① 余宏亮：《数字时代的知识变革与课程更新》，《课程·教材·教法》2017 年第2 期。
② 薛晓阳：《知识社会的知识观——关于教育如何应对知识的讨论》，《教育研究》2001 年第 10 期。

前面我们主要考察了当今时代最有影响力的几种知识观，主要是客观主义知识观、建构主义知识观和后现代主义知识观。我们也看到，诸种"主义"名下的知识观其实也不是单一的，而是"多样的"，甚至是"有差别的"。以后现代主义知识观为例，利奥塔、福柯、罗蒂、德里达、大卫·格里芬等人的知识观也都呈现出各自不同的特点。总体来看，各种知识观在理论上处于"相互竞争"的状态，各种知识观点之间的相互辩驳、诘难此起彼伏，都试图说服对方，极力完善自己的观点，但正如我们对客观主义知识观、建构主义知识观以及后现代主义知识观的考察和分析所表明的那样，迄今为止，哲学史上还没有形成所谓"定于一尊"的知识观。知识观念的纷争"仍然在路上"。

知识论传统对知识的定义依然有其合理性。知识论传统表明，尽管不同的哲学家对于"什么是知识"这一"泰阿泰德问题"有各自不同的理解和看法，但是，大多数哲学家都认同知识论对知识的定义：

S 知道 P，当且仅当 S 相信 P，P 是真的，S 相信 P 得到了证实。

我们看到，知识是经过证实了的真的信念。要成为真正的知识，必须满足三个条件：一是信念条件。知识一定是信念。就我们能够确切知道的所言，知识是人类的知识，或者说任何知识都必须是认识主体能够把握的，或相信的。二是真的条件。即是说，信念必须是真的。真的信念必须指向一个客观事实。三是证实的条件。即是说，我们必须有充分的证据来证实我们所拥有的信念是真的。真的信念必须得到完全的证实才能构成知识。部分或不完全的证实是不够的或不充分的。①

我们看到，尽管哲学史上出现了各种不同的知识观。但究其实

---

① 胡军：《知识论》，北京大学出版社 2006 年版，第 57—63 页。

质都是对这一知识定义的不同阐释，或者说是从不同视角对传统知识论关于知识定义的阐释。不同知识观围绕着知识的这三个条件提出各自的主张。这些知识观点可以看作对这一知识定义的"理一分殊"。它们丰富、发展和深化了人们对知识的看法和理解。

哲学史上的这种情况表明，知识观的演变并不是线性的过程，并不是从一个极端到另一个极端的两极对立过程。知识观的变革不是建构主义知识观、后现代主义知识观取代客观主义知识观的过程。已有的知识观并没有穷尽真理。相反，随着时代的发展，知识观的变革呈现出迭代变革的整体样态。可见，知识观的变革本身是复杂的、非线性的过程。正如我们前面所提到的法国哲学家埃德加·莫兰（Edgar Morin）的"开放理性"思想以及"复杂的统一性观念"所昭示的那样，"开放理性"和"复杂的统一性观念"不再持一种绝对对立的思想来看待对立的思想或现象。相反，它以一种互补、沟通、交流、对话的姿态来重新认识两者之间的关系。秉持一种互补论的非排他观点，"追求既是对立、矛盾的又是互补的认识"①。这应该是我们今天对待知识观变革的理性态度，它允许多样性和平共处，寻求在对立的两极之间的互通、互融、共生、共在的"存在之域"。

正如古老的智慧所启示的那样，"真理往往存在于对立的两极之间"。一方面，主观和客观之间的矛盾是人类认识的永恒矛盾。人类求知的根本目的在于寻求知识的客观性。客观世界的永恒存在使得寻求知识的客观性成为人类一种永恒的理想。科学探究的根本目的就在于努力发现客观世界各种问题的正确答案和本真面目。但另一方面，人所认识的世界是人类所能认识的世界。人类对世界的认识受自身认识能力、证据积累、社会发展等各方面因素和条件的制约。因此，认识只可能无限接近真理，但不可能穷尽真理。从这

---

① ［法］埃德加·莫兰：《复杂性思想导论》，陈一壮译，华东师范大学出版社2008年版，第51—52页。

个意义上说，作为人类认识成果的知识是可错的、不完美的、探究性的，而不可能是普遍的、永恒的和已完成的。知识的客观性是相对的，而不是绝对的。人类认识就是在客观与主观这一对立的两极之间寻找某种契合度。

自新课改实施以来，教育学对知识观的研究，总体上呈现出一种单向式，即主要是对知识观的"转型""转向"的研究，认为建构主义知识观、后现代主义知识观实现了知识观的"革命"，因而可以用其来指导基础教育课程改革。但从已有的相关研究来看，这种论断还显得过于草率和简单。正如我们已经认识到的那样，客观性作为人类对知识的一种追求并没有丧失其存在的理据和价值。建构主义知识观和后现代主义知识观的"启发"意义可能更大于其认识论意义。因此，教育领域对这些新的、流行的知识观不应该盲目跟从、尊崇，而应该审慎应对，接受严格的实践检验。

二 马克思主义实践论知识观的根本变革

马克思主义实践论实现了认识论的根本变革。[①] 实践的观点是马克思主义认识论的一个首要的基本观点。马克思主义实践论科学地解释了人类认识的形成及其本质。

"人总是从人出发去认识世界的，构成人的本质的实践性是一切认识的初始出发点。"[②] 在马克思主义实践论视野下，作为认识主体的人，是在一定的社会交往实践中的人。社会实践性是人的根本特性。因此，人的认识离不开一定的社会交往实践。"交往实践是多极主体间为改造和创造共同的中介客体而结成交往关系的物质活动。"[③] 人的社会交往实践既是认识的前提，又是认识的基础。

---

① 夏甄陶：《认识论引论》，人民出版社1986年版，第111页。
② 高清海：《哲学与主体自我意识：论马克思实践观点的思维方式》，北京师范大学出版社2017年版，序。
③ 任平：《走向交往实践的唯物主义：马克思交往实践观的历史视域与当代意义》，北京师范大学出版社2017年版，第20页。

从本体意义上讲，人类的物质实践活动构成"现实的客观存在"，进而也成为"全部人类知识的基础"。

客观主义、建构主义、后现代主义等知识观深陷主体与客体、主观与客观、思维与存在等诸多二元对立的泥淖中难以自拔。马克思主义哲学的伟大贡献，就在于从造成对立世界的根源中，发现了把属人世界与自然世界、主观世界与客观世界统一起来的现实基础。这个统一的基础就是"人作为主体的实践活动"。"实践观点是从主体与客体、主观与客观、主观世界与客观世界、属人世界与自然世界在人的现实活动中所表现的对立统一的联系出发去看待一切事物的观点。"① 在《1844 年经济学哲学手稿》中，马克思指出："主观主义和客观主义，唯灵主义和唯物主义，活动和受动，只是在社会状态中才失去它们彼此间的对立，并从而失去它们作为这样的对立面的存在；我们看到，理论的对立本身的解决，只有通过实践方式，只有借助于人的实践力量，才是可能的；因此，这种对立的解决不只是认识的任务，而是一个现实生活的任务。"② 可见，对哲学上的认识论难题，仅仅依靠静思默想、抽象直观是无法得到圆满回答的，只有在人类的交往实践中，将此认识问题转化为实践问题，才有可能获得科学的解答。在实践论视域里，认识问题发生了论域转换，实现了解决问题的思维变革。实践是认识得以发生、发展的基础，是认识的主观性与客观性矛盾统一的现实基础。

马克思主义实践论的认识论，实现了主体性和对象性、能动性和客观性的有机统一。人的实践活动是有目的的活动，人们不断地把自身的目的实现外化于外部世界，不断地把自身在实践中所获得的认识成果转化为现存世界的"存在"，人的主体性就体现于这一实践过程中。一方面，人所赖以栖身和认识的"世界"并不是外在

---

① 高清海：《哲学与主体自我意识：论马克思实践观点的思维方式》，北京师范大学出版社 2017 年版，第 5—6 页。
② 《马克思恩格斯全集》（第 42 卷），人民出版社 1979 年版，第 127 页。

于人的僵硬的"实体"，而是由人的实践活动所参与、构造、内在于人的"生活世界"，是"历史的自然和自然的历史"。另一方面，人类实践的对象，即自然界又具有其自身运动的规律。这种规律并不以人的意志为转移，这些规律也制约、规限了人类的实践活动。正是在这里，我们看到，实践实现了人的主观性和客观性的统一，人的能动性和受动性的统一。

实践论的知识观实现了哲学思维方式的深刻变革。马克思主义实践论的知识观，从根本上来说，是用一种新的哲学思维方式代替了旧的哲学思维方式。所谓"哲学思维方式，说到底，就是从解决思维与存在的关系问题这一自觉的理论前提出发，从总体上解决自由与必然之关系问题的方式"①。总体来看，客观主义知识观、建构主义知识观以及后现代主义知识观都持一种"理论的"思维方式，就知识论知识，因此只能在主观与客观之间寻求认识的可能性。马克思主义实践论的认识论实现了哲学思维方式上的深刻变革，它用"实践的"思维方式代替了"唯理智"的思维方式，②发现了人类认识的"秘密"——实践，因而对人类认识过程及其结果给出了合理的解答。"实践的思维方式"是对"主—客思维方式"的一种超越和革新。"主—客思维方式"的认识结构，是一种"主体—客体"的二元对立结构，而"实践思维方式"的认识结构，则是"有中介的三维结构"。这个"中介"就是"主体间关系"，是"主体—工具—客体"的三维结构，③也如"交往实践观"所揭示的"主体—客体—主体"三极关系结构。④认识主体的人是社会实践中的个人，认识对象是人类实践参与的对象，是实践所"呈

---

① 陈晏清、王南湜、李淑梅：《现代唯物主义导论：马克思哲学的实践论研究》，北京师范大学出版社 2017 年版，第 3 页。

② 同上书，第 13 页。

③ 同上。

④ 任平：《走向交往实践的唯物主义：马克思交往实践观的历史视域与当代意义》，北京师范大学出版社 2017 年版，第 21 页。

现"给我们的对象，认识就是实践着的社会个体和实践对象的相互作用，二者以人类物质实践活动为"中介"。"三维结构的认识论认为，认识不是客体到主体或主体到客体的单向运动，而是凭借中介而由客体到主体和由主体到客体的双向运动。"① 也有学者指出："知识在本质上不是一系列既成的、被证明为真的命题的集合，而是活动或实践过程的集合。活动不只是在思维中进行，更主要的是在语言交往、实验，乃至日常生活中进行着的。"②

人类认识发展的过程就是实践、认识、再实践、再认识以至无穷发展的过程。这是人类认识发展的辩证法。"人类认识的历史表明，人类的认识是在实践基础上不断地由低级到高级、由简单到复杂的辩证发展过程，是人在认识中的主体能动性、自由性不断得到历史提升的过程。"③ 实践是不断发展变化的，因而人类在实践基础上形成的认识也是不断发展变化的。前人的实践不断累积为后人实践的基础。人类的实践就是在这种代代相续的历史发展过程中推动着人类认识的进步的。

人类实践的社会历史性表明，人的认识受一定的社会历史条件的制约，尤其是受一定的物质实践状况的制约。人是一定社会实践关系中的人。人不可能超越特定的社会历史条件的制约而穷尽对世界的认识。从这个意义上说，人类实践是无限开放的，人的认识也是开放的、未完成的，不可能是永恒的、已完成的。知识不仅表征人类已经形成的、静态的认识成果，而且是动态的、尚未完成的实践过程。随着人类实践能力的提高，实践范围的扩大，人类的知识在质量、数量等方面也不断提升、增长。

知识的实践性使知识与认识者的实践（人生实践、社会实践）

---

① 陈宴清、王南湜、李淑梅：《现代唯物主义导论：马克思哲学的实践论研究》，北京师范大学出版社 2017 年版，第 15 页。

② 盛晓明：《地方性知识的构造》，《哲学研究》2000 年第 12 期。

③ 陈宴清、王南湜、李淑梅：《现代唯物主义导论：马克思哲学的实践论研究》，北京师范大学出版社 2017 年版，第 419 页。

融为一体，知识成为认识者生存发展的重要内容，知识成为人的一种生存方式。求知的过程就是人的自我生成、自我发展、自我展现的过程。

在实践论视野下，知识也是一种实践的智慧。"知识，在当今首先意味着一种实践能力、实践智慧，而不是理论能力。简单地说，拥有知识在过去意味着头脑中拥有很多正确观念、原则、概念、公式、事实，今天这些都不再那么重要，拥有知识意味着拥有实践能力，特别是创新能力。"① 在我国的知识论传统中，知识主要不是有关客观世界是什么的表征，而是有关具体生活实践中人们应该如何做的智慧。可以说，这是一种实践型知识观。孔子的思想核心是"仁"，然而孔子论"仁"，并不直接告诉弟子什么是"仁"，而是结合不同的生活情境告诉弟子如何去实践。弟子们从师学"仁"，也并不以获得关于"仁"的概念、原理、原则为最高追求，而是着眼于如何在生活实践中"体仁""笃行"。这种实践型知识观浸润于后儒的思想中。《中庸》说："博学之，审问之，慎思之，明辨之，笃行之。""学""问""思"最终要落实到"行"上。中国传统文化历来十分注重"知行合一"。知行合一是中国传统思想文化中的重要精神，是中国历代仁人志士立身处世的基本准则。儒家经典《中庸》说："好学近乎知。"又说："力行近乎仁。""好学"而又能"笃志而体"才能称得上"仁德君子"。荀子也讲："君子之学也，以美其身。"（《荀子·劝学》）"口能言之，身能行之，国宝也。"（《荀子·大略》）明代哲学家王阳明说："知是行的主意，行是知的工夫；知是行之始，行是知之成。""知之真切笃实处便是行，行之明觉精察处便是知。"（《传习录》）可见，注重知识的实践性品格是中国传统知识观念的显著特点。这不仅表现在儒家知识论传统中，在其他思想体系中也有反映。禅宗论

---

① 李志江：《走出后现代知识观》，《河北学刊》2002 年第 5 期。

禅，也并不着意于建构体系赅备的禅学理论，而是更讲求在实践中"修行"。可以看出，实践论的知识观与我国传统文化的精神气息是互通消息，气韵相连的。

第二节 知识的存在形态与课程改革

依据人的生存、发展对知识需要的层次性、阶段性等特点，可以将知识分为常识、一般性知识、理论性知识和思想性知识四种形态或类型。从人的生存与发展对人类知识的需要视角思考知识存在形态，这一认识能够明显透视出时代知识状况的层次结构，有助于我们深刻体察知识存在与人的生存、发展需要之间的内在联系性，它也对思考基础教育课程改革中知识与教育的关系具有启发意义。

一 知识的存在形态

（一）常识（common senses）

常识，顾名思义，即为恒常之知、平常之知。这个简要的定义透露出常识的两个显而易见又极为重要的特点，即恒常性与平常性。前者是指常识在时间维度上被人们长期认同，成为一种较为可靠的信念；后者则意味着常识是尽人皆知的，是一种被广泛认同和接受的知识。两者之间既相互区别又相互联系、融通。同样，我们也须强调，常识是一种极为重要的知识。常识的重要性就在于它是我们每一个人在日常生活中都离不开的一类知识。常识的根据在日常生活世界之中。离开了常识，人们无法生活。诚如费耶阿本德（Paul Feyerabend）所说："常识与我们不可分离，它是我们思想和行动的实践基础。"[①] 从这个意义上说，常识并不是可有可无的知识，也并不是"低人一等"（就其重要性而言）的知识，相反，它

---

① ［美］保罗·费耶阿本德：《自由社会中的科学》，兰征译，上海译文出版社2005 年版，第 59 页。

是一种关乎我们日常生活成为可能的知识。我们说人是一种文化性存在，其实，人首先就是一种常识性的存在。常识性存在是人的一种最基本也是最重要的存在方式。没有这种基本的存在方式，我们的日常生活、工作等几乎是不可能的。中国古代思想家老子曾说："知常曰明，不知常，妄作凶。"① 作为常人，我们都在历史的、文化的延续与生活的经验中共享着常识，体验着常识，实践着常识。没有常识的生活是不堪设想的。

（二）一般性知识（general knowledge）

如果说，常识的根据在日常生活世界之中，那么，一般性知识则植根于书本知识世界之中，是书本知识中那些最一般的、最基本的概念、原理的知识。一方面，人不能仅止于常识性存在，对于社会个体而言，除了掌握必要的常识之外，还必须掌握一定的一般性知识，这是由个体基本的生存与发展的需要而来的。另一方面，一般性知识是人类知识中的基础部分，构成人类文化知识的基质。它涵盖面广泛，反映了人类文化的各个方面。因而，相对于理论知识而言，它显得较"浅"，但对于常识而言，它的解释力和指导力又进了一步，因而它是常识和理论相互渗透、相互交叉而成的一种知识形态或类型。一般性知识的重要功能在于其"中介性"。它是常识和理论的中介，同时也是社会个体精神发育从低级阶段向高级阶段迈进的中介。一般而言，中介物或组织常常扮演"桥梁""引渡者"的角色，是由此达彼、由浅入深、由表及里的工具。因此，一般性知识的功能也就表现为在社会个体身心发展的特定阶段起到精神引渡者的作用。

（三）理论性知识（theoretical knowledge）

何谓"理论"？《辞海》释为："指概念、原理的体系。是系统化了的理性认识。"② 我国学者陈嘉映认为："理论是道理的系统

---

① 《道德经》第十六章。
② 《辞海》编委会：《辞海》（中册），上海辞书出版社1999年版，第3446页。

化，借助理论，我们为世界提供系统的解释，对世界获得系统的理解。"① 可见，理论性知识是通过概念、范畴、命题、原理、逻辑推理等构筑的系统化的知识体系，理论对现象提供系统化、具有内部一致性的解释。

一般来说，理论性知识具有如下几个特点：

第一，抽象性。理论性知识反映事物的内在联系性和运动的规律性，是在实践基础上对常识或经验知识进行去粗取精、去伪存真而生成的。因此，理论性知识的观念形式是抽象的逻辑体系。理论性知识超脱了事物的具体的、生动的、直观的表面，使它能够揭示事物现象内在的规律性，这就使理论知识对于被反映的事物具有间接性和相对独立性。但是这种间接性、抽象性却更深刻、更正确、更全面地反映了事物。

第二，普遍性。科学理论的产生是一种属于人的普遍性的理性活动。它是在对自然界事物的感性认识的基础上，通过一系列的抽象和概括的理性思维活动，在思维中"把个别的东西从个别性提高到特殊性，然后再从特殊性提高到普遍性"（恩格斯语），从而揭示事物的普遍性的联系和规律，以概念、范畴、判断、推理的形式，建立科学理论体系。

第三，系统性。理论不是对事物或现象的某一个侧面或一个部分加以解释，而是要对事物或现象的全部做出整体或有系统的解释。这是理论性知识区别于常识、一般性知识的最根本的特点。常识满足于就事论事，是立足于当下情境的即时判断，其知识形态具有碎片化、散点状、不成体系或系统的特点。一般性知识虽然较常识更具理性，但其系统化程度远低于理论性知识。

第四，应用性。理论性知识由于自身的普遍性而具有广泛应用的可能性。理论性知识以抽象的体系而存在，但这并不等于它的内

① 陈嘉映：《常识与理论》，《南京大学学报》（哲学·人文科学·社会科学）2007年第5期。

容是抽象的。相反，它必须提供具体的真理，才能成为最有意义的因而也是最为重要的知识。知识与人的关系，一个重要的方面就是体现在科学理论与人的关系上。

理论的价值和意义，根据马克思主义哲学原理，全在于应用。也即是说，理论要与实践相结合、相联系，理论要发挥指导实践的作用。当然，前提是理论必须是正确的。可见，社会个体学习掌握一定的理论知识，其根本目的亦在于指导自己的人生实践、社会实践，使自己获得更好的生存与发展的机遇和能力，也就是要为社会做贡献。

（四）思想性知识（ideological knowledge）

思想性知识是人类文化知识的一种存在形态。它是人类对自身、社会、人生、自然、宇宙等现象的深刻洞察。

思想性知识和理论性知识相比较，二者的共同之处在于：它们都是人类创造性的精神劳作的产物，凝聚着人类的智慧、心血和汗水，共同构成人类精神文化的主体。二者的不同之处在于：其一，思想较理论更具开放性。理论一旦成形，便成为一个自足的、封闭的体系，理论理性总是试图尽量给自己的对象以完满的解释，但同时也拒斥自己不能解释的现象，将其人为地关闭在理论大门之外。相反，思想的秉性在于自由。或者说，自由是思想的天性。思想就是要冲破一切的桎梏、束缚、戒律、规则、规定、禁区、传统等藩篱，去实现人之为人的价值和尊严。其二，理论主要体现为一种知识体系，而思想则更多地表现出一种智慧。人们通常认为，哲学是"最高的智慧"。因而，哲学是"思想所集中表现的时代"的精华。所以，我们这里所说的"思想"并不是泛指普通人所拥有的一般见解，而主要指称那些"见人所未见，言人所未言"的智慧性成果。"思想"的真正内涵在于对社会、人生、宇宙世界具有一种博大圆通的认识，因而能对以上诸象提出超越众人的解释和言说，能发表不同于常人的见解。每个人都能思想，每个人都有思想。17 世纪法国数学家、物理学家帕斯卡尔（Blaise Pascal）曾言，人是"一根能思想的苇草"①。可见，人又是一种思想性存在。思想形成人的伟大。思想是人之为人最可宝贵的东西。人之为人的全部真义也就在于要像人那样去思想去行动。

思想的价值在于引领个体精神走向自由。自由，根据马克思主义经典作家的看法，是人的活动的一种自主状态。② 自由就其表现形式而言，可以有不同的形态。根据人的存在结构及其本质规定性，可将人的自由划分为现实自由和精神自由。在实际生活中，现实自由往往是有限的、相对的；而人的精神自由则是无限的、绝对的。精神的自由发展是人之为人的首要的本质的要求。然而，在现实生活中，人的精神自由发展也会受到种种奴役、遮蔽和限制。正如启蒙思想家卢梭（J. Rousseau）所说："人生来是自由的，但无往而不在枷锁之中。"梁启超曾将人的精神奴役状态称为"心奴"③。真正有价值的思想或者说思想的价值就在于它能够使人从一切盲从和迷信、权威和灌输中解放出来，从而获得精神的自由独立发展。

二　不同知识形态之间的关系

从纵向上看，常识、一般性知识、理论性知识和思想性知识构成了一个层次递阶性的知识体系，它们之间存在着从低级到高级、从简单到复杂、从具体到抽象、从微观到宏观的变化序列和线索，反映了人类知识生发成形的一般过程；从横向关系来看，它们又是同时存在的，是一个整体，构成了人类知识以"常识—理论性知

---

① ［法］帕斯卡尔：《帕斯卡尔思想录》，何兆武译，天津人民出版社2007年版，第156页。

② 涂艳国：《走向自由——教育与人的发展问题研究》，华中师范大学出版社1999年版，第12—13页。

③ 梁启超：《新民说·论自由》，《梁启超全集》（第3卷），北京出版社1999年版，第675页。

识"为核心的庞大体系或系统。当然，知识的层次性是相对而言的，它们之间并不存在难以逾越的鸿沟，而是有着深刻的联系性，是相互转化的。

一般来说，常识是理论和思想的源泉。一方面，科学的发现或者理论的创见往往是从常识中生发出来的（包括对常识的批判性反思），理论的创新也总是在常识和平常的现象中发现前人注意不到的地方，甚或是日常思维不能提出的问题，从而建构一家之言。"科学不过是'整理过的'或'条理化'的常识。"① 波普尔在论及常识与科学理论的关系时指出："我们的出发点是常识，我们获得进步的手段主要是批判。"② 他说："科学、哲学以及理性思维都必须从常识出发。""全部科学和全部哲学都是文明的常识。"③ 另一方面，科学理论一旦广为传播，被人们所广泛认同，成为人人皆知的道理，理论本身也就成了常识。可见，理论的发展又能"反哺"、丰富"常识库"。同时，理论知识对零散的、片段化的、直觉的常识也能起到梳理、修正、提升和整合的作用。

作为一种知识形态的理论和作为一种智慧形态的思想之间也存在相辅相成、相互促进的辩证关系。葛兆光指出："从一开始，关于宇宙空间的知识和历史时间的知识，就是古代思想的基础。""当然，不只是思想史的起源处。有时，知识的储备是思想接受的前提，知识的变动是思想变动的前兆。"④ 冯契提出"转识成智"的思想，主张通过"化理论为方法，化理论为德性"而达到智慧境界。⑤ 可见，知识与思想之间也存在着相互贯通的链条。总体而言，

① ［美］欧内斯特·内格尔：《科学的结构——科学说明的逻辑问题》，徐向东译，上海译文出版社2002年版，第3页。
② ［英］卡尔·波普尔：《客观知识——一个进化论的研究》，舒炜光等译，上海译文出版社2005年版，第38页。
③ 同上。
④ 葛兆光：《中国思想史》，复旦大学出版社2001年版，第26、29页。
⑤ 冯契：《认识世界和认识自己》，《冯契文集》（第1卷），华东师范大学出版社1996年版，第48页。

知识诸层次既有相对独立性，又存在着相互依存、相互渗透、相互促进的关系。

三　不同知识形态与人的存在的关系

整体而言，知识存在形态或类型与人的生存与发展对人类知识的精神需要是内在一致的。

首先，人的生存离不开常识。常识是人由"生物性存在"向"文化性存在"，亦即从"自然人"向"文化人"，从"自然生命"向"文化生命"转化所必需的、基本的精神营养。人生之初，仅是一个纯生理的、自然的存在。对于一个既一无所知又一无所能的新生儿来说，他所面临的首要任务就是尽快从一个"自然人"向一个"社会人"或"文化人"转化，而要完成这一具有本质意义的转变过程，除了摄取生命成长所必需的物质营养之外，最关键之处还在于要"学会生存"，而且首要的是学会在现有文化水平上生存。也即是说，对于一个新生儿来说，除了必要的物质营养之外，汲取最基本的社会文化营养就显得尤为必要且重要。而常识是人生幼年阶段最基本、最重要的文化营养。习得充足而丰富的常识，对于个体完全社会化，尽快适应周围的文化环境极具重要性。婴幼儿阶段的家庭教育、学前教育以及小学低年级教育活动的主要内容均需以常识为主，这与此阶段个体身心发展水平及其需要水平是完全一致的。

其次，人的"继续生存"和持续发展必然要求摄取更为广泛的一般性知识和理论性知识。人必须"学会生存"，而且必须学会"继续生存"。人不仅必须超越自身物种的局限，超越自然状态之存在的局限，而且必须不断超越以往人类文化水平的局限，超越常识生存的局限。所谓"继续生存"，就是不满足于既有文化水平上的生存，而是要超越当代一般人的文化水平，开拓人类文化的新境。社会个体要学会而且能够"继续生存"，就不能仅仅满足于对常识的文化营养需求，而必须将自身的生存触角伸向广袤的文化原野，去汲取更深、更高层次的文化知识营养。因此，学习人类社会积存的一般性知识乃至理论性知识就成为必要且重要之事。个体的直接经验和实践对个体身心发展是重要的，但是对于个体进一步发展来说又是初步的、不充分的。要使个体身心诸方面得到更充分的开发，要最大限度地释放蕴蓄在个体身上的潜能，就必须把个体狭隘的实践、经验和丰富的人类实践相结合；要把个人的直接经验和丰富的人类间接经验相结合，就必须学习人类所创造的文化知识。同时，随着个体"文化成人"任务的初步完成（个体社会化是一个终身的过程），加之"继续生存"的需求，"成材"的需求或者说追求自我发展、自我完善、自我实现的需求日炽，掌握大量的一般性知识和理论性知识就成为必要。社会个体习得文化知识，存在着两种途径：一为教育，二为自我教育。教育是人类文化的遗传机制，也即是说，人类文化要靠教育来实现传递、继承和发展。人类要靠生育繁衍自然生命，而人类的文化生命则只能靠教育来培养、完善和发达。教育，尤其是学校教育，作为一种有目的、有组织、有计划地对人的培养和造就，能够向人传递系统的文化知识，较好地满足个体的高层次文化需求，对个体成长有着极大的影响力。自我教育则是社会个体对文化知识的自求、自得，简而言之，就是通过自学而习得的社会文化知识。

最后，人的发展的终极目标在于求得个体精神的自由、独立发展或者说获得精神世界的极大解放。也可以说，形成独立的思想是个体精神发展的必然要求。我们知道，人之为人，根源于人有文化，是一个精神性、意义性的存在。所以，从文化知识对人的作用的角度来讲人的发展，又主要是发展人的精神部分，也可以说主要是滋养人的文化生命，建构人的精神世界。人的成长从根本上讲表现为精神的成长。根据马克思主义关于人的全面发展理论，人的发展最终指向人的解放，人的全面发展就是人的真正解放。所以，人的精神的成长又主要表现为获得精神解放或者说形成独立自由的思想。人的精神发展的过程，其实也就是人丰富、更新和扩展自身的过程，就是人自己造成了自己，或者说人是"自己创造了自己"。

个体精神自由发展的外在表现是有个性。人的个性根源于人的创造本性。个性是什么？按心理学的说法，个性即人格，即"人的整个精神面貌"①。它包括人的能力、才智、气质、性格、动机、兴趣、理想、信念等。可见，个性本身是多层次、多侧面的。广义的个性是"个人的意识倾向和各种稳定而独特的心理特性的总和，即个人的心理面貌"②。人的创造性"要对他自己怎样塑造自己产生影响，即完成他自己的创造。至于人类生活于其中的民族和时代的文化风习，以及个体通过最终的决定来把握其存在，都要由人的创造来决定。人不仅生活着，而且也引导着他的生活"。"人必须靠自己完成自己，必须决定自己要成为某种特定的东西，必须力求解决他要靠自己努力解决的关于自己的问题。他不仅可能，而且必须是创造性的。"③ 可见，人的创造性塑造了人的个性，使社会个体表现出自己鲜明而独特的"精神面貌"。在同一动物物种的范围内，每一个体与其他个体的生活是一致的，越是低等的动物，个体间的相似点就越多。也即是说，动物的生活仅仅是在"歌唱种内已经谱成的乐曲"，是为自己的生存与发展而不断进行创造性活动的人，在人类的种的范围内却表现迥异。世界上没有两片相同的树叶，也没有两个完全相同的人。这不仅仅表现于人的外在的体貌特征上，更表现于人的精神特征和行为习惯上。精神特征的独特性根源于人精神的自由创造性。人的创造性本质必然会使人表现出与众不同的新鲜的东西。每一个人的生活世界都是独特的，不同的事物和事件在个人的生活世界中被解释为不同的意义。在同一种文化背景下甚至在同一个家庭环境中成长起来的社会个体，却能表现出独特的个性特点，

① 朱智贤主编：《心理学大词典》，北京师范大学出版社1989年版，第225页。
② 顾明远主编：《教育大辞典》（第1卷），上海教育出版社1990年版，第63页。
③ ［德］M. 兰德曼：《哲学人类学》，阎嘉译，贵州人民出版社2006年版，第192页。

可见，每个人都以自己独特的经历、视野创造着属于自己的精神天地，创造着自己的个性，创造着自己的人格特质。人的精神发展的过程，也就是人丰富、更新和扩展自身的过程。

四　知识存在形态对课程改革的启示

（一）常识是基础知识的重要内容

我国基础教育一向以"基础知识"扎实而闻名于世，为国人所津津乐道。然而，严峻的现实是我国中小学生长期背负着过重的学业负担，严重影响了学生的身心健康。同时，我国基础教育阶段课程普遍偏难。新一轮基础教育课程改革的一个重要目标就是要改变课程内容"难、繁、偏、旧"和过于注重书本知识的现状，同时要改变课程结构过于强调学科本位、科目过多和缺乏整合的现状。这些对我国基础教育课程内容上的认知，应该说都有一定的实践根据，是我们有目共睹的客观事实，是亟待加以改革的。那么，问题的症结何在？我们认为，这些问题或现象的存在与我们对基础教育之"基础知识"的片面理解紧密相关。从我们关于知识存在的形态及其与人的生存与发展的需要来看，我国基础教育过于注重理论性知识在基础知识中的地位，而较为忽视常识和一般性知识对基础教育阶段学生的"成人""成材"价值。

长期以来，我国基础教育阶段的"基础知识"是以理论知识线索作为课程知识选择、编排的基本依据和出发点的。第一，理论知识作为学校教育知识的重头戏，其表征为：基础教育较低学段是理论知识的浅显部分，而较高阶段则是理论知识的纵深部分，前后衔接，构成所谓的"螺旋式上升的课程内容体系"，这种前后相续、逻辑严密、结构严谨的课程内容体系，不独在一些具有较强逻辑性的学科如数学、物理、化学等学科中采用，更为严重的是，一些逻辑体系不甚明朗的学科如语文、艺术类课程也竞相效仿。第二，课程内容以概念、术语、范畴、原理、公式、定理、法则为主，与学生的实际生活有较大的隔膜。当前大家都看到的"幼儿教育小学化，小学教育中学化，中学教育大学化"现象便突出地反映了这种实况。第三，在人们的心目中，理论知识才是学校教育的主要内容，学习理论知识才是学生的主要任务，理论知识较其他知识具有更高的训练价值和实用价值，也只有学了理论知识才能谋取一个好职业，一份好工作，也只有具备一定理论知识的人才能算是有学识的人。第四，学业评价以侧重考查学生掌握理论的深度、广度、准确度、有效度为主，不重实际生活能力、解决真实问题的能力、动手实践的能力等。第五，基础教育客观上担负着为大学输送学生的任务，使得理论学习从一开始就和大学的学术体系、体制等联系起来，使课程难度一再增加，学生身心备受折磨。反思以上诸象，其原因在于：其一，对人类文化知识全貌缺乏整体的了解和概括；其二，从知识的逻辑出发思考教育，而不是从"教育"尤其是"培养人的教育"的视野出发审视知识，从根本上说，是缺乏对教育中"人"的生存与发展的基本内涵的深刻体悟或者说缺乏生存论视界的独特观照。

　　或许在很多人的认知中，常识是一种"非科学"或"前科学"的知识，或者认为常识的习得不需要专门的学习，或者认为常识尽人皆知，没有什么学习价值。此种认识将常识置于一个"被人遗忘的角落"，没有看到或不愿意看到常识在人的一生中的重大价值和作用，因而也在事实上忽视了常识在学校教育知识中的地位和作用。但冷峻的现实是，由于过分忽视常识，我们的基础教育培养了很多懂理论而无常识的人，培养了很多有知识而无文化的人，培养了很多有学养而无教养的人，也培养了很多漠视社会基本道德规范、教化礼仪的反社会的人。相反，过于重视理论知识的学习则使中小学生长期不堪重负，身心疲惫。基础教育是国民教育，是旨在提高国民基本文化素养的教育，是为培养合格公民的教育。从这个意义上讲，打造国民常识体系是基础教育提高国民文化素养的一个重要方面，也是体现基础教育之"基本性""全面性""全民性"

等基本特性的重要方面。

我国基础教育自古以来就十分注重对蒙童的常识教育。流传久远的《三字经》《百家姓》《千字文》《千家诗》等，不仅以其形式上押韵，读起来朗朗上口而引人入胜，更为根本的是，这些读物包罗万象，内容宏富，囊括了社会、人生、修身、应对、风俗、名物、天文、地理等方方面面的知识，是一种地地道道的常识读本。由是之故，儿童在识字、写字、吟诗等学习过程中不知不觉地掌握了人生日用的各种常识，为生活、学业打下了坚实的基础。这些读物所具有的知识面的广泛性、基本性、面向全体性等特点，正反映出古人在基础教育上的独到和成功之处，是我们今天不可忽视的宝贵经验。我国传统的儒家文化思想，其实很多都立足于常识、常情、常理。譬如，"忠恕"之道是孔子学说的重要内容，而其所谓"恕"道，即"己所不欲，勿施于人"则是地地道道的常识、常情、常理的表达。这不起眼的常识、常情、常理，则又是每一个人并不容易坚守始终、切实做到的。1902 年，江苏无锡三等公学堂所编的《蒙学读本全书》风行一时，印刷十余次。其前三编所强调的就是儿童日常生活所必不可少的常识，是一种常识课程。早在1910 年，梁启超就指出，人欲自立于世，具备常识是最为紧要之事。针对国民常识匮乏的现状，他发表《说常识》一文。他认为，以"世界公共常识"为基础，各国人各以其"本国之特别常识"加以各种职业人"本职业之常识"，才算得上一个"常识具备之人"[①]。梁任公对"常识具备之人"的界定，在 21 世纪的今天看来，依然散发着振聋发聩、撼人心魄的思想光芒。

如此，锻造"常识具备之人"实乃古今育人之通则。我们一向对基础教育所培养的"具体的人"缺乏细致的思考，对基础教育内容之"基本性、全民性、全面性"缺乏应有的认知，这不能不说是

---

① 梁启超：《说常识》，《梁启超全集》（第 7 卷），北京出版社 1999 年版，第2035、2036 页。

我国基础教育改革"东摇西摆"，缺乏必要的历史连续性的病因或弊端所在。清末国学大师章士钊在《新时代之青年》中曾说："中国人之思想，动欲为圣贤、为王者、为天吏、作君、作师，就是不肯自降其身，仅求为社会一分子，尽我一分子之义务。……故吾国贤者，每标独善，而不言公善，此其流弊。一则将公民应有之权利抹煞，易启人僭窃专制之心，一则立境过高，灰人进取向上之意。"这种"动欲为圣贤"的文化心态，在当今时代亦有过之而无不及。这种心态折射到教育上，便使教育过分瞩目于"尖子""精英"，而无法正视"常人"，面向全体。即如章先生所说的"每标独善，而不言公善"。一个健康的社会是由心智健康的常人（公民）组成的。教育尤其是基础教育，就是为培养合格公民服务的。从这个意义上讲，陶育"公善"实乃基础教育之"基本"之义，再造国民常识体系是基础教育提高国民文化素养的一个重要方面。

常识能为社会个体的精神发育、成长奠定良好的经验基础和知识基础。从初始意义上说，常识是其他知识的源泉，也是社会个体学习新知识的出发点。常识在文化知识的体系中是相对稳定的部分，它们是人类经验、智慧、教训和选择的结果。在人生幼年时期，将常识作为知识基础有着特殊重要的意义。

（二）课程知识组织要反映人对知识需要的层次性、阶段性

知识的层次性与人的生存与发展的需要是一致的，同样，人生不同阶段对文化知识的需要是不同的，是有主有次的。既有占主导地位的文化知识层次，也有处于附属地位的文化知识层次。学校教育可以据此满足不同年龄阶段个体的文化知识需要，以使其获得好的生存与发展状态。

一般来说，人的一生发展可分为婴儿期、儿童期、少年期、青年期、中年、老年等不同阶段。各个阶段均具有明显的区别性、阶段性和转折性，而且不同阶段具有不同的心理发展特征，对文化知识的需要也相应呈现出阶段性特征。总体上讲，儿童期，常识需要

占主导地位，一般文化知识处于附属需要地位；而到小学高年级及初中阶段，一般文化知识需要是优势需要，而常识和理论知识则处于附属需要地位；到了高中及大学阶段，对理论和思想的需要为优势需要，而对其他层次知识的需要则退处附属需要地位。

贺麟曾谈到小学、中学、大学三个阶段之间的关系。他认为，小学须注重生活，进小学的主要目的就在生活本身，读书识字等都不过是有意趣的生活的一个方面。中学当重严格训练，大学则须真正注重学术，纯粹的求真理、求真学问。小学生活求其活泼天真，中学生活须当严肃规律，而大学生活则要在学术上求精神的活泼快乐，注重学术上、精神上、思想上的训练。小学重感觉，直观，使他接近自然，观察实际能感觉到的事物，不必教以抽象的理论。中学则可重抽象的理智训练。而大学则重理性、悟性，要能自动推理，能自行领悟、体味、思想。① 从文化知识与人生发展阶段的关系来看，贺先生的一番话无疑是符合实际的，也是值得借鉴的。就教育的阶段性及连续性而言，幼儿教育、小学教育须切实给幼儿、儿童以常识的底子，使其成为一个"常识具备之人"，而这种知识的获得又绝对离不开日常生活。幼儿教育和小学教育必须在生活中准备生活。及至中学阶段，则应使其渐次获得系统的理论知识，这种教育生活应是一种理智的规范生活。到大学及以上阶段，则重在思想的启迪和领悟，以便获得精神的独立自由发展，这种生活应是一种思想上、精神上超越"规训"的自由生活、创造生活。

第三节　知识的价值与课程改革

一　人的文化需要

价值反映的是事物的属性与人的需要之间的满足关系。知识的

---

① 贺麟：《文化与人生》，商务印书馆 1988 年版，第 243 页。

价值反映的则是知识与人的需要之间的关系。人们对此问题的不同看法和回答构成不同的知识价值观。为了正确认识知识的价值，我们有必要对人的需要做一番分析。事实上，长期以来人们对"人的需要"的理解和看法都存在着种种误区和误解。在此，我们从马克思主义理论、文化人类学等理论视野，对人的需要做出解说。

马克思主义理论对人的需要做了深刻的阐述。对此，胡德海将其归结为三点[①]：第一，马克思、恩格斯把人的需要作为考察社会的起点。在马克思主义理论看来，人在一定条件下形成了一定的需要，一定的需要引起一定的活动（首先是劳动）；通过一定的活动来满足一定的需要。这是把握人类社会及其活动的基本线索。可以这样说，人的历史就是需要产生、发展的历史，是否从人的需要出发来考察社会、考察人生，是历史唯物主义和历史唯心主义的区别之一。第二，人的需要是人的一切活动的出发点和归宿。可以这样说，人的需要就是个人、社会集团以及整个社会生存发展的动因。对人的能动性，马克思、恩格斯是从两方面加以说明的：一是人怎么能动？即能动的表现是什么。二是为什么能动？即能动的原因是什么。能动的表现可以用行动、实践做基本的概括；能动的原因可以用需要、利益做基本的概括。因此，需要与行动（或利益与实践）是一对范畴，是打开社会现实与历史奥秘的一把钥匙。第三，人的需要体现出人性、人的本质。人的需要和动物的需要有着本质的区别，人的需要体现出人性、人的本质。人的需要内在、必然、全面地规定着人的活动。人的自然需要、社会需要、精神需要分别体现出人的自然属性、社会属性和精神属性。同样，实践活动也是人类特有的一种需要，也是满足需要的过程。总之，人的需要体现出人性、人的本质。正如李文阁所言：

---

① 胡德海：《教育学原理》，甘肃教育出版社 1998 年版，第 186—188 页。

马克思的需要即人的本性的论断，实际潜含着人的本性与需要相互规定的话语：不立于人的本质自然无法揭示需要的真蕴，而不联系需要肯定也无以得出完整的关于人的理论。①

人的需要通常表现为两种情况②：一是生存和存在的需要，这是对维持系统稳态平衡的最基本的要素和条件的需求；二是追求发展的需要，这是在保证生存或存在的基础上对在更新更高水平上继续生存的要素和条件的依赖和需求。在这两种需要中，前者是前提和基础，倘若不能生存或存在，就谈不上发展；一旦生存或存在的需要得到满足并能够持续地得到满足，发展的需要就会随之产生。发展的需要的满足一旦具备了具有普遍性和持续有效的充足条件，它又转化为普遍的生存或存在的需要。如此往复递升。

从文化人类学视界来看，人的需要本质上是一种文化需要。人是一种文化性存在物③，是一种有着丰富文化内涵的存在。作为一种生命体，人的生命存在是"自然生命"和"文化生命"的有机复合。"自然生命"是人与生俱来的生命，是人作为生命有机体所具有的自然的生命力，表征着人的天赋和潜能，它是人之为人的前提和基础；"文化生命"则是人类文化所化育、涵泳、滋养和创造的生命，是人的精神生命、智慧生命和价值生命。人之为人从根本上讲在于人是有着文化生命的存在。人与动物的根本区别就在于人是一种文化性存在物，而动物仅止于自然生命的存活。动物世界没

---

① 李文阁：《需要即人的本性——对马克思需要理论的解读》，《社会科学》1998年第5期。

② 夏甄陶：《人是什么》，商务印书馆2000年版，第150页。

③ 哲学人类学家卡西尔（Ernst Cassirer）提出"人是符号的动物"。文化人类学家兰德曼（Michael Landmann）提出"人作为文化的创造者""人作为文化的产物"。这些都试图表明文化与人的生命密切相关，人的生命是一种文化的存在。参见［德］恩斯特·卡西尔《人论》，甘阳译，上海译文出版社2003年版，第42页；［德］M. 兰德曼《哲学人类学》，阎嘉译，贵州人民出版社2006年版，第191、206页。

有人类世界所独具的文化。人的完整生命存在固然需要各类物质性营养以及其他的物质生活（其实，它们也都打上了人类文化生活的印迹），而尤其需要不断摄取人类文化知识来营养自己。文化知识是人赖以生存和发展的最重要的营养物质。在自然生命的水平上，人与动物没什么两样，仅仅表征着一种"生存"状态或水平；在文化生命的水平上，人超脱了动物世界，而成为"万物之灵"。文化生命表达着人的"发展"的诉求。人的自然生命需要喂养、抚养；文化生命则需要教养、学养。对于作为社会文化性存在的人来说，其需要不仅是为了保证自己自然生命的生存和发展，而且是为了保证自己作为社会的、文化的存在物的生存和发展，其本质上则是一种文化需要。一个人如果三天不吃物质性食物，必然会面黄肌瘦，饥饿不堪；同样，三天不接触任何文化营养，对精神敏感的人来说，也会觉得"语言无味，面目可憎"。

人的文化需要是多样化的、多维的、多层次的。它们从不同侧面体现人性，构成人的本质。从结构上讲，有物质需要和精神需要；从层次上讲，有生存需要和发展需要；从所处地位来看，有占主导地位的需要，也有处于附属地位的需要。美国心理学家马斯洛（A. H. Maslow）认为，人的需要是一个有层次的梯级体系，依次包括生理需要、安全需要、爱的需要、尊重的需要、自我实现的需要等。马斯洛的需要理论，对人的需要做了接近实际，较为合理的解释，指出了个体高层次需要的出现以低层次需要的满足为条件，提出了人的需要的层次性、开放性和逐步拓展提升的特点，也让我们领悟到教育在满足、提升个体需要水平方面的作用，这些都有着重要的理论意义。需要说明的是，我们这里所讲的人的需要，是基于人的本质结构，是从人的文化本性出发，基于文化人类学、马克思主义理论等对人的基本要求的分析，因而与马斯洛基于心理学理论和从人的心理角度出发对人的需要所做的分析又有本质的区别。

二 基于人的文化需要的知识价值观蕴涵

孙伟平深刻地指出：

> 价值问题的全部秘密就在于人。没有人，在人之前或之外，根本无所谓价值；离开了人，拒绝从人出发，拒绝以人的尺度为尺度，以人的生活实践为依据，价值也不可能得到适切的说明。因此，价值是属人的范畴，人是理解价值问题的关键。只有从人出发，以人为根据和核心进行思考，才可能真正进入价值层面，弄清价值的本质，找到价值论研究的正确方法，从而走出各种价值迷雾，走向澄明之境。①

孙先生的一席话启发我们，人既是人自身活动的主导者、创造者，也是一切价值的前提，一切价值之源和判定标准。知识的价值无疑是多种多样的，诸如工具价值、外在价值、内在价值、社会价值、功利价值等，但是从人出发，从人的需要出发，从人的文化需要的本性出发来理解知识价值是一个更具内在性的切入点。据此，从人的本性、人的文化需要、人的生存与发展对知识的需要来看，知识的价值便主要体现在两个方面：其一，生存价值；其二，发展价值。

（一）生存价值

知识的价值在于能满足人生存的需要。我们知道，一个人在呱呱坠地之后，既一无所知，亦一无所能，只是一个血肉之躯，是一个纯生理的存在。在一个较长的时期里，对新生的个体而言，他面临的首要任务就是尽快从一个"自然人"向一个"社会人"或"文化人"转化，而要完成这一具有本质意义的转变过程，除了摄

---

① 孙伟平：《价值与人》，《山东社会科学》2007 年第 6 期。

取生命成长所必需的物质营养之外，最关键之处就在于要逐渐学会用社会的各类文化营养（主要是各类知识）来武装自己。没有各类文化营养的供给和吸纳，新生的个体就会永远显得"孱弱""匮乏"和"不完善"。从文化知识的存在状况来看，对于一个新生的社会个体而言，最有价值的知识莫过于常识。常识是人生幼年阶段最基本、最重要的文化营养。习得充足而丰富的常识，对于个体完全社会化，尽快适应周围的文化环境极具重要性。

知识就其产生的源头而言，也是人类为了自身的生存与发展而在社会实践中逐渐形成和发展起来的。动物靠本能生存，而人类却依靠自身潜能在社会生产、生活实践中不断获得、创造了各类知识，由此扩大了自身的生存能力和范围。人类社会就是在不断获得知识和创造新知识的过程中获得发展的。

（二）发展价值

知识对人而言还具有发展价值。人除了生存外，还要发展，这是由人的文化本性所决定的。人的发展的基本规定性，根据人的结构与人的本质的哲学原理，我们将其界定为人的身心全面发展。因为从结构上讲，人是由身（肉体）和心（精神）二者构成的。从本质上讲，人是一种文化性存在，是自然生命和文化生命的统一体。据此，人的发展只能是身心亦即自然生命和文化生命的全面协调发展。人的发展即以此两方面的发展为基础。教育以人的身体为对象，即为体育；教育以人的精神、心理为对象，即为心育。我们知道，人之为人，根源于人有文化，是一个精神性、意义性的存在。所以，从文化知识对人的作用角度来讲，其价值又主要在于滋养人的文化生命，建构人的精神世界。人的成长从根本上讲表现为精神的成长。人的精神世界完整、和谐的发展，人的身心全面发展，从根本上讲离不开完整的文化知识的滋养，即是说，人的成长、成才，既需要低层次的常识、一般性知识，还需要高层次的理论性知识和思想性知识的涵养。

人的发展从根本上讲要靠人类的智慧以及所创造的文化知识来解决。人类文化知识是人类历史留给后人的一笔无与伦比的财富，是一种恩赐，它蕴蓄着解放人的力量。只有借助于人类文化知识，我们才能超越现实，超越自己。如果没有文化知识的化育，社会个体就如同柏拉图洞穴隐喻中的囚徒一般，其心智永远处于闭锁、混沌的状态。人需要阳光，尤其需要精神阳光的惠照。英国哲学家培根曾说："史鉴使人明智；诗歌使人巧慧；数学使人精细；博物使人深沉；伦理之学使人庄重；逻辑与修辞使人善辩。"又说："学问变化气质。""精神上的缺陷没有一种是不能由相当的学问来补救的。"① 总之，人只有用认识之网来捕捉世界，才能发展他自己的创造性和丰富自己的精神世界。即是说，人自己创造自己，自己解放自己。

文化知识借助教育之路通达人的精神世界。教育，就是用人类创造的全部文化精华——知识，在极短的时间内，用最便捷的形式滋育个体精神，使其获得发展的活动。教育最根本的使命和任务就在于用文化知识丰盈个体的精神世界，使其臻于完整、和谐，富于生命的活力。胡德海说："教育的最直接最根本的作用在于启迪、促进和发展人的精神。"② 德国存在主义哲学家布贝尔（Martin Buber）说："教育的目的不是告知后人存在什么或必会存在什么，而是晓谕他们如何让精神充盈人生。"③ 总体上说，人的发展的意义就在于求得身体、精神上的自立、自达、自强，并在此基础上立人、达人、强人，即是说"自立以立人，自达以达人，自强以强人"，从而为社会做贡献。教育通过文化知识来发达人的精神世界，滋养人的精神生命，导引个体的精神建构。以此，透过个体精神世

---

① ［英］培根：《培根论说文集》，水天同译，商务印书馆1983年版，第180页。
② 胡德海：《教育学原理》，甘肃教育出版社1998年版，第372页。
③ ［德］马丁·布贝尔：《我与你》，陈维钢译，生活·读书·新知三联书店1986年版，第60—61页。

界的形成这扇窗户，我们既看到了文化知识的价值，也看到了教育的价值。

人的生存与发展之间，是紧密联系、不可分割的。生存中有发展，发展中有生存。人要在生存中求发展，在发展中求生存。人的文化生存表达的其实就是发展的诉求，人的发展从根本上而言也是为了满足自己文化生存的愿望。从生活的角度来说，生存就是生活，生活的过程就是发展的过程。不断生存，不断发展，也就是生活的绵延，人生历程的展开。这个过程从诞生开始而以死亡结束。从广义上看，人的生存与发展的过程或者说生活的过程，也是一个教育和自我教育的过程。尽管生存、发展、教育各自对人生的意义、内容、作用方式等均不同，但它们之间存在着相辅相成、相得益彰的紧密关系。

三　知识的文化价值观对课程改革的启示

（一）培育知识转化力：知识教育的价值追求

当今时代，一个人拥有丰富的知识并不等于他必然具有很高的心智水平和文化素养。要有效地培养和提高人们的文化素养，不仅要使他具备可能广博的相关文化知识，还应使其真正理解、消化、领悟这些知识，要不断地激活它，使其能够活化、内化、转化并外化为一定的文化素质，并进而能够善于运用这些知识，以及创造出新知识。所以，培育知识的转化力就成为知识教育的核心价值追求。我国学生发展核心素养体系把"科学精神"作为一种重要的核心素养加以强调，其中包括理性思维、批判质疑和勇于探究三个基本要点。从未来学生发展的核心素养来看，培养学生崇尚真知，能运用科学的思维方式认识事物，解决问题，指导行为以及能独立思考、独立判断，能多角度、辩证地分析问题，具有丰富的想象力等成为未来知识教育的核心价值追求。

何为"知识转化力"？所谓知识转化力其实就是人们能根据不

同的实践情境灵活运用知识解决问题，创造新知识的能力。知识本身蕴含着知识创生的智慧及其解决问题的"效力"。可以说，知识本身蕴含着一定的"力量"。"知识就是力量。"但是，这种"知识力"在我们面对知识成果的时候却是隐而不彰的。培根曾言，多诈的人藐视学问，愚昧的人羡慕学问，聪明的人运用学问，因为学问本身并不教人如何运用它们。这种运用之道乃在于学问之外、学问以上的智能，这是由艰苦的历练、深刻的体悟而来的。[①] 在日常生活中，我们常常会看到很多有知而无智的人，其根本的问题就在于没有将知识转化为个人生存与发展的智慧。因此，进行文化知识教育，既要注意传授相关的文化知识，更要注意帮助人们深刻领悟知识的文化内涵和底蕴，使其真正起到提升人的文化素养，涵养人的心智水平的作用。教育最根本的使命和任务就在于用文化知识丰盈个体的精神世界，使其臻于完整、和谐、富于智慧和生命的活力，因而其终极旨趣也应该在于让人的精神世界获得极大的解放，达到"智慧境界"。仅止于知识传授，教育就有可能沦落为一个机械的、僵化的、毫无生气的"工具"；而追求"转识成智"的教育，则使教育中人的存在方式及其生命意蕴发生了质的转换，因而也是能够适应未来知识生存的一种应然选择。

知识教育要唤醒学生内在求知的动力。传统教育把占有知识作为最重要的甚至是唯一的目标，把盲目的知识堆积作为教育的远大理想，而没有通过知识这一真善美的连接点，来促进学生全面发展，全面文化素养的提升。也即是说，传统的知识教育仅仅是"唯知识"教育，是一种不能触及人的灵魂的教育，是一种无法完成个体精神充盈的教育，它不能引起个体灵魂深处的激荡，因而就不能唤醒个体自我发展的内在动力，从而学习也表现为是一件苦差事。从知识存在形态来看，知识学习和教育从根本上讲是充满"智慧"

---

① ［英］培根：《培根论说文集》，水天同译，商务印书馆 1983 年版，第 179—180 页。

的活动，它切近人的生存与发展的人生历程，它就是创造美好生活本身。教育也就不仅仅是为了未来生活做准备，而是促成了当下生活品质的提升。

　　培育知识转化力从根本上讲要培养学生的思维能力，主要是对既有知识的批判性思维能力。知识的开放性、动态发展性、不完备性赋予人探求真知的可能，而这种可能性又主要来源于对知识的批判性思考和质疑。对知识的批判性思维的态度在西方有着悠久的历史文化传统，而在我国却发展得较为迟缓。何为批判性思维能力？所谓批判性思维能力主要就是对既有知识的不懈质疑、独立思考以及包容异见的能力，恰如中国古人强调对待学问要"博学之，审问之，慎思之，明辨之，笃行之"。质而言之，批判性思维就是对既有知识不盲从，不迷信，而是要通过自己的思考、分析，做出自己的独立判断。当今时代，人们越来越认识到，批判性思维能力对创新型人才的培养具有异常重要的意义和价值。历练学生的批判性思维能力是知识教育最重要的目标之一。我们不能仅止于对知识的灌输和记忆，而应该着力发展学生的批判性思维能力。批判性思维能力是可以训练的。教育在这方面大有可为。就知识观而言，要着力培养学生对知识的恰当态度，即不迷信书本知识，不迷信权威的态度，对知识保持必要的好奇心、想象力和批判性质疑的态度。教育应提供相应的历练批判性思维的课程内容和解决复杂问题的情境，让学生置身于真实的问题情境中，以发展思维的敏锐性、深刻性、独特性和多样性。各科教育应鼓励和尊重学生提出问题，提出自己不同的看法。同样，在对学生的发展性评价过程中，也要重视对学生批判性思维能力的测评和引导。

　　知识教育要着眼于学生生存能力的历练和发展。在知识社会里，知识生存成为人的一种主要的生存方式。所谓知识生存就是知识成为人当下和未来发展的一种极其重要的文化资源。谁能够快速、有效地掌握和获取知识，谁就能够成为自己生存和发展的主人，从而也就能够主宰自己的命运；反之，如果不能及时、有效地获取知识，自己就会丧失生存与发展的机遇。同样，在知识与权力联姻的事实下，不能生产知识就意味着权力的丢失。因此，在知识社会中，人的发展所面临的最大问题是知识的权力。① 在与知识的相遇中，人不能控制知识，知识就将控制人，人就成为知识的奴隶，因此，知识社会的教育，最重要的是培育人自由支配知识的能力。教育及教育中的人应该更加注重"自由理性"教育，学会在知识世界里寻求自由精神。教育的关键不是获得多少知识，而是要从知识的控制中解放自己，获得知识的支配权。"在知识社会中，占有知识的量是重要的，但更重要的是支配知识的权力，掌握选择和拒绝知识的能力。"②

（二）人的全面发展需要真、善、美的知识

教育以一定的文化知识作用于人，其目的在于涵育人的文化素质，提升人的文化生命质量。人的文化需要与人的文化本性内在地联系在一起。人是身心统一体。据此，人的素质结构也就主要表现为身体素质和精神素质或称心理素质。教育要培养人的素质也就在于发达人的身体素质，提升人的精神素质。人的精神素质（结构）包括哪些方面？一般认为，人的精神素质（结构）包括智、德、美三个方面。

因此我们可以说，人的文化需要也主要体现在三个方面，即人具有求真、求善、求美的需要。因此，个体精神世界的建构和丰裕，文化素养的提高，从根本上讲离不开求真的知识、求善的知识和求美的知识。

概括地说，所谓"求真的知识"就是人类所创造积累起来的科学知识（包括自然科学知识、社会科学知识和思维科学知识）及其

---

① 薛晓阳：《知识社会的知识观——关于教育如何应对知识的讨论》，《教育研究》2001 年第 10 期。

② 同上。

所蕴含的科学方法、科学精神、科学道德、科学信念等；所谓"求善的知识"就是用社会舆论和行为规范来反映社会要求的道德知识；所谓"求美的知识"就是能够用"美的规律塑造人的"一切艺术知识。科学的真谛在于启人求真，道德的宗旨在于引人向善，艺术的生命则在于教人致美。科学崇尚探究，道德离不开践履，艺术则要凭借创造。它们共同归结于智慧的创造。钱学森借鉴熊十力的观点把智慧分为两种：性智和量智。[①] 文学、艺术和美学等归于"性智"，即通过直观、灵感，运用形象思维，探询事物的本质；自然科学、数学、系统科学等属于"量智"，侧重逻辑思维，进行具体分析和推理，把握事物发展规律。按照钱老的想法，集大成得智慧。"必集大成，才能得智慧！"而集的对象主要就是现代科学技术体系（或称人类知识体系）中广博的科学技术知识，还有体系外围的前科学知识库，这是形成大成智慧的科学基础和知识源泉。

人皆有求真、向善、寻美的情愫，使三者臻达和谐统一的人，可谓精神丰满的人，或者说是一个有精神境界的智慧的人。从文化生命的角度来看，则可说是一个有文化修养的人。从人对文化知识的需要来看，最有教育价值的知识就是求真的知识、求善的知识和求美的知识。人的文化素养的提高，精神生命的发育，从根本上讲离不开真、善、美知识的滋养。理想的教育，就是以真、善、美的知识来武装人，造就人，培育人，也即是智育、德育、美育、体育有机统一的教育。全面发展的教育要求德、智、体、美诸方面的和谐发展。德、智、体、美和谐发展，体现了一种教育理想。人是在这种教育理想的灿烂光辉照耀下走向全面发展的。也可以说，这种教育理想引领了人的全面发展。

文化知识与人的精神境界息息相关。张世英划分了四种人生境

[①]　转引自卢明森、鲍世行《钱学森论大成智慧》，清华大学出版社 2014 年版，第49 页。

界。① 他认为，人的精神境界，按其实现人生意义、价值的高低标准和人生的"在世结构"的发展过程，可以分为四个等级：第一个等级，即最低的境界，是"欲求的境界"。人在这种境界中，只知道满足个人生存所必需的最低欲望，所谓"食色，性也"。第二个等级，是"求实的境界"。这种境界则进入了"主—客关系"的"在世结构"，人有了自我意识，能分清我与物、我与他人，能把自己当作主体，把他人、他物当作客体。人在这种境界中，不再只是满足于最低的生存欲望，而是要求理解外在的客观事物（客体）的秩序——规律。这种要求就是一种科学追求的精神，也可以说是一种求实的精神。随着科学追求的进展，以及个人的日益社会化，人同时领悟到天地万物的相互联系、相互作用、相互影响，简言之，即领悟到"万有相通"，其中不仅包括领悟到人与自然物之间的相通，而且包括领悟到人与人之间的相通。而对于人与人之间相通的领悟，便会很自然地使人产生"同类感"，从而也产生了道德意识。这样，人就由第二境界进入第三境界——"道德的境界"。人在这种境界中，以对万物一体相通的领悟作为自己精神追求的最高目标，作为自己所"应该"做之事而为之奋斗不已。道德的实现与完成，既是道德境界的极致，也是"道德境界"的结束，这就开始进入第四境界，即"审美的境界"。"审美的境界"属于"高级的主客融合"的"在世结构"，它包摄道德而又超越道德，高于道德。在"审美境界"中，人不再只是出于道德义务的强制而做某事，不再只是为了应该而做某事，而是完全处于一种人与世界融合为一的自然而然的境界之中。自然在这里就是自由。孔子"从心所欲不逾矩"的人生之境，庄子所描绘的庖丁"技进于道""纯以神遇而不以目视"的"全牛"境界可谓"审美境界"的生动写照。

　　教育是人的一种生存方式。教育必然要关照人生境界的提升。

---

① 张世英：《境界与文化——成人之道》，人民出版社 2007 年版，第 279—282 页。

满足于培养"欲求的境界"和"求实的境界"的人的教育只能是较低"境界"的教育。教育也要关照人的"道德的境界"和"审美的境界"。不如此，人就不能成为精神高尚的人，教育只能沦为低俗的教育。

当前，人们对于美育在整个教育中的地位和意义仍然认识不足，美育处于边缘化的地位。美育与德育、智育、体育之间的关系仍显得松散和疏离，难以自觉地起到辅助德育，激发智力，健身美体的作用。美育在很大程度上还仅仅停留在设置一些艺术类课程上，结果正如人们所批评的那样，德育没有说服力，智育没有创造力，体育没有吸引力，美育没有感染力。在"应试教育"的思想观念里，美育似乎可有可无、可多可少，或者是说起来重要，做起来次要乃至不要。尤其是，各学科中所蕴含的美育因素难以和升学的直接利益相比拼，它被边缘化也就在所难免，更别说那些和升学没有直接关系的学科了。即便是文学、音乐、美术等学习领域也不再是陶冶人的性情，使人获得审美情趣和超越体验的存在，而蜕变成一些服从于功利需要的知识技能（譬如学会唱歌、跳舞、绘画等技巧）。美国课程论专家施瓦布曾批评道：

> 在音乐欣赏的教学中，似乎唯一目的就是辨别交响乐或协奏曲的明确主题，骄傲地说出作品号码和作曲家的名字。音乐演奏的教学目的似乎就是跟得上音符和服从教师关于乐谱的讲解。在文学教学中，戏剧和小说似乎是观看人生的窗口，或者更糟糕，如同在音乐欣赏中那样，似乎这种游戏的目的就在于懂得挑选关于人物、人生或者年代方面的一些珍闻似的。美术跟文学一样，似乎其目的就是提供一个跟真实生活一模一样的照片。①

---

① 转引自张华《论课程选择的基本取向》，《外国教育资料》1999 年第 5 期。

没有专职的音、体、美教师，全面发展的教育也就流于空谈。美是和谐，和谐为美。要培养在和谐社会里身心和谐、精神和谐的公民，往往离不开美育的净化、美化、感化、升华作用。把美育渗透于各育之中，更能培育和谐发展之人。马克思说："人也按照美的规律来构造自己。"张楚廷说，美育"简直就是一个尺度，衡量教育人性的一个尺度，衡量教育良知的一个尺度，人处处运用于对象的'内在的尺度'"①。削弱了美育，抛弃了美育，所谓全面发展，不是一种讽刺，也是一种奢谈。没有美育，人不能成为一个完美的人、完整的人。总之，把真、善、美贯穿在全面发展的教育中，完整地体现在每一个人身上，就能培养出我们所希望的全面发展的人。

100 多年前，英国教育家斯宾塞着眼于时代精神，把脉社会需要，提出了教育史上的绝问"什么知识最有价值?"并给出了符合时代特征的回答："科学"。今天，当我们重新审视这一提问时，我们也可以毫不犹豫地说："最有价值的知识是真、善、美的知识。"真、善、美的知识自然包括科学知识，但它已不是"唯科学知识"，它还包括关乎人求善、求美的知识。总之，今天人的生存与发展依然离不开科学，我们需要科学知识，但我们需要的又不仅仅是科学知识，还需要人生存与发展的多样的文化知识。"知识就是力量。"这是培根的一句广为传诵的名言。在培根那里，这种力量性的知识主要是指"科学知识"。今天看来，培根的这句话还存在着一定的偏颇。我们认同这样一种看法：

> 从中西文化的总体水平来看，似乎可以得到这样一个结论：由于中国传统文化中科学的落后，今后在提高我们民族文化方面，首要的仍应是发展科学，但在发展科学的同时，又要

---

① 张楚廷:《教育哲学》，教育科学出版社 2006 年版，第 102—103 页。

避免科学主义，注意弘扬我们传统文化中道德的、审美的等人文方面的优秀之处，同时剔除其中的缺点，使我们民族文化的人文特色适应现代科学的时代潮流，更放异彩。

如果可以把文化比喻为一个整体的人，那么，科学似乎可以比作人的身体，道德、审美可以比作人的心灵或灵魂。①

理想的精神境界，显然不可能是科学上的愚昧无知，也不可能空洞地大谈抽象的道德和审美境界，而应该是三者的合一。王治河曾提出一种"审美智慧"。所谓审美智慧"是一种建立在有机联系概念基础上的以真善美的和谐统一为旨归的整合性思维。它是理性思维和情感体验包括宗教体验的统一。在'审美智慧'中，不仅真善美、知情意各自找到了充分发展的天地，而且科学思维、理性思维、感性思维、宗教思维、艺术思维得以相互补充、相互丰富"②。要培养具有"审美境界"的人，教育亦须具有"审美智慧"。

第四节　人的存在方式与知识教育

教育的本体功能在于以一定的知识来培育人。思考知识教育的方式，人们一般从两个维度展开：一是人的维度，二是知识的维度。一方面，就人的维度而言，人们主要从教育学、心理学等对人的有关认知、思维、心理发展等规律出发思考知识教育的一般方式；就知识维度而言，人们一般从认识论、知识学等角度思考知识教育方式。这两个维度彼此关联，相互影响。另一方面，人既是教育的对象，也是教育的目的。"人的特性决定了教育的存在，也决

---

① 张世英：《境界与文化——成人之道》，人民出版社 2007 年版，第 288 页。
② 王治河：《中国的后现代化与第二次启蒙》，《马克思主义与现实》2007 年第 2 期。

定了教育的特性，人通过教育和训练获得种种的尺度。"①

一　人的文化性存在与知识教育

作为一种具有文化内涵的生命体，人除了与生俱来的"自然生命"外，还具有人类文化所化育、涵泳、滋养和创造的"文化生命"，而后者则是根本性和决定性的。人之为人，不仅仅是自然生命的成熟，更为根本的是在与一定社会文化的相互作用、滋养中，在获得人类世代积累的经验中，在吸收人类文化的过程中经历"文而化之"而成为一个"文化人"。人的文化生命超越了由遗传而来的本能性和自然性，使人成为一种精神性、智慧性、价值性、文化性的存在物。因此从根本上说，人和动物相揖别，乃在于人有文化生命存在。人类学家兰德曼说，没有文化，人什么都不是。② 在自然生命的水平上，人与动物没什么两样，仅仅表征着一种"生存"状态或水平；在文化生命的水平上，人超脱了动物世界，成为"万物之灵"。

作为一种文化性存在，人的文化需要内在地体现人性，构成人的本质。人的文化本性、文化本质外在地表现为一种文化素养或文化素质、文化品格。教育正是以一定的文化知识来满足人的文化需要，涵育人的文化素养，提升人的文化生命质量。"教育的根本目标是'使人作为人而能够成为人'，具体地说，现代教育的根本目标就是使人成为具有现代教养的人。"③ 可见，基于人的文化本性，教育的根本使命乃在于"文化成人"和提升人的"文化素养"。文化素养或文化素质，其实就是一个人的文化内涵，也就是一个人通过教育和学习，内化、转化并外化的一定的文化知识因素。教育要真正实现"文而化之""文化成人"的育人功能，就要认真思考知

---

① 张楚廷：《教育哲学》，教育科学出版社 2006 年版，第 37 页。
② ［德］M. 兰德曼：《哲学人类学》，阎嘉译，贵州人民出版社 2006 年版，第 208 页。
③ 孙正聿：《探索真善美》，吉林人民出版社 2007 年版，第 16 页。

识教育的途径和方式。

首先，从"文化成人"的内在要求出发，知识教育的首要目标在于"成人""化人"。传统的知识教育以知识的传递、继承为中心，缺少了对人的文化素养的整体培育，从根本上说，就缺少了对教育中"人"的关注，因而是一种单纯"知识中心"的教育，而不是"成人"的教育。人的生存首先是在一定文化环境中的生存，离不开特定的文化营养的滋养。单纯的知识教育往往使人脱离了人赖以栖身的文化母体，知识成为与人的文化生活无关的抽象的东西，从而使其畸变为"有知识没文化，有教育没教养"的人。当前，知识教育中的急功近利行为使得知识成为人们追逐外在目的的工具，知识沦落为实利、金钱、荣誉、地位等的婢女，日渐失去了其化育人、滋养人、提升人的文化本性。着眼于"人之生成"或者说人之"文化本性"的养成，单纯的知识教育就要转向"成人""化人"的教育，就必须将知识和它赖以产生的文化土壤相联系，也就是要将知识传授和育人结合起来。"只有根植于深厚的文化土壤中的知识，才是鲜活的。""文化教育强调的是，不仅要给学生以鲜活的知识，更重要的是要给学生以创造知识的整个文化。"①

其次，知识习得需要"文化"视野。知识从其本源上看，它与其赖以产生的文化密不可分。知识内在于文化。但是知识的本性在于传播。知识为了传播、交流、交换和沟通，便不得不脱离其赖以产生的文化母体，暂寓在包括书本在内的各种传播媒介之中，以各种符号形式存在着。这样，知识便和创造者的精神气息、理念、价值取向等相隔离。知识一旦切断了与之息息相通的文化命脉，便变得抽象、枯燥、了无生气。加之，在知识传授过程中，传授者为了客观、准确地传授知识，往往摈弃了对知识的个性化理解，这样，"公共知识"无法有效内化为传授者的"个人知识"而使知识的教

① 孟建伟：《从知识教育到文化教育——论教育观的转变》，《教育研究》2007 年第 1 期。

育过程显得僵硬而机械，从而也无法将其有效地内化为接受者的"个人知识"，不能成为个体的"活的意识"。可见，如何使教育中的知识充满活力，这确实是知识教育思考的首要问题。

人类知识在教育中的传承，从社会文化方面来理解，就表现为传统的延续和嬗变；从个体方面来看，其实是一个知识由公共存在状态向个体存在状态的转化过程，也即是知识由"死"变"活"的过程。教育的过程即是"个人知识"的生成过程。

从学生个人知识的生成及其对于个体生命成长的意义这一角度来看，教育可以看作学生个人知识的不断形成、发展与完善的过程，也即学生个体不断发展的过程。在这个过程中，一方面，公共知识不断转化为学生个体独特的知识；另一方面，个体生命中内在的潜质不断得以实现，不断实现个体生命的创造，实现个体对公共知识的创造。①

"个人知识"是"智慧"的操作概念，通过个人知识，教育发现其实现"智慧"目标的有效途径。教育是以个人知识为中介的引导人智慧生成的艺术。② 关注个人知识生成的教育，才能使知识充满活力。只有"活"的知识才能造就"活"的人。存在主义哲学家雅斯贝尔斯（Karl Jaspers）认为："教育的原则是通过现存世界的全部文化导向人的觉醒之本源和根基，而不是导向由原初派生出来的东西和平庸的知识。真正的教育不允许有死记硬背，也从不奢望每个人都成为具有真知灼见、深谋远虑的思想家。"③ 舍恩（D. Schon）的"反思性实践者"（the reflective practitioner）概念启

---

① 周志平：《个人知识的生成与教育》，《教育理论与实践》2004 年第 11 期。
② 蔡春：《个人知识：教育实现"转识成智"的关键》，《教育研究》2006 年第 1 期。
③ ［德］雅斯贝尔斯：《什么是教育》，邹进译，生活·读书·新知三联书店 1991 年版，第 3 页。

示我们，需要通过对话、会谈和共同的探究活动"对［我们］自己心照不宣的理解进行反思"，从而将这些理解引入个人意识，同时转变这些理解。① 显然，知识只有通过我们的反思性行为才能得以不断扩展和生成，这一过程是转变性的交互作用过程而非单纯的接受性的过程，它促使"心灵向自身回转"，从而带来新的可能性和某种超越。可以看出，如果教育使人像占有物质财富一样占有知识，教育中的人与知识的关系就变成了占有与被占有的关系，知识就会像金钱、财富一样成了人们追逐的对象，而与人的心灵世界、精神充盈无关，人的头脑成了别人思想的跑马场。在占有式学习中，学生与知识的关系不是"活的、创造性的"，而是"死的、没有生命力的"，学生与知识在这种机械关系中都蜕变为"物"，教育则沦落为"物化教育"②。

最后，知识教学过程是一个基于师生不同文化差异的对话交流过程。知识的获得需要学习者活的经验去激活它，需要个体的直接经验的参与，需要个体进行内化、体验、转化、整合、创造等心理意识过程。人的文化本性决定了获得知识的过程也必然是"文化"的，或者说是一个"跨文化"的对话过程。其实，这一过程也就是作为客观精神的知识和作为文化主体的人的主观精神相互作用、相互濡化的过程。它既是一个反映的过程，也是一个建构的过程，是二者的统一。在教育过程中，师生之间知识的传递、继承、交流过程就是一个发生在多元文化背景中的交往对话过程。

二 人的完整性存在与知识教育

人是完整性的存在。人存在的完整性首先意味着现实生活中的

---

① D. Schon, *The Reflective Practitioner*: *How Professionals Think in Action*, New York: Basic Books, pp. 296 – 297.

② ［美］弗洛姆:《占有与存在———一个新型社会的心灵基础》，杨慧译，国际文化出版公司1989年版，第48页。

每一个社会个体，都是一个个真实的、活生生的人。他们有生命，有激情，有血有肉，个性鲜明，魅力独具。他们以自己的生命智慧，以自己的情愫，以自己的视界，营造着自己的"小宇宙"，创造着独具的生命世界。诚如黑格尔所说："这种整体性就是具有具体的心灵性及其主体性的人，就是人的完整的个性，也就是性格。"① 人的完整性意味着人存在的现实性、真实性和个性。马克思在《1844年经济学哲学手稿》中基于人的类本质特征剖析了"完整的人"概念。所谓"完整的人"即"人以一种全面的方式，也就是说，作为一个完整的人，把自己的全面的本质据为己有"②，从而成为"具有人的本质的这种全部丰富性的人"③。在马克思看来，"占有自己的全面的本质"也就是在"自由人的联合体"中，在自由而全面地处理人与自然、人的全部社会关系及人与自我的关系中，实现和确证自己作为人的各种规定性及其内在统一性。成为一个"全面发展的个人"，是马克思主义关于人的完整性的重要内涵。

首先，人的完整性作为一种愿景，不仅是人类自身孜孜以求的目标，同样也是教育的应有之义。重视人的完整性，培养"完整的人"，实现人的完整性发展，正是教育的根本目标之所在。教育要培育"完整的人"，就不能"片面地"认识人，不能把人的完整性分割为"各个部分"。人不仅有理性，也具有感性；人不仅有人的身体，更为重要的是，人还具有精神、心灵、智慧、道德、兴趣、信念等，是它们的有机统一。人的知、情、意等都是不可分割地整体地存在着的，而不是以"A + B + C + …"的方式存在着。同理，教育也不能以这样的方式认识人、看待人。同样，"完整的人"意味着人之生成是一个"完整"的过程，人的生命的各个方面作为整

---

① ［德］黑格尔：《美学》（第1卷），人民文学出版社1958年版，第292页。
② ［德］马克思：《1844年经济学哲学手稿》，人民出版社1979年版，第77页。
③ 同上书，第80页。

体的一个部分相互关涉，相互作用，相互影响，共同参与人的"完整性"的创造和建构。现代教育过分迷恋通过"流水线"方式来"生产"人，以"物的生产逻辑"取代"人的生成逻辑"，试图通过单项的、肢解式的各种训练来达到培养"完整的人"的目标，这无异于缘木求鱼。将人的完整性作为终极价值目标理应成为现代教育的自觉追求。

其次，人存在的完整性表明，人获得知识的过程也是一个"完整"的过程。人获得知识的过程不是发生在"颈部以上的活动"，而是一个需要全身心参与的过程。全身心参与意即人在获得知识的过程中，需要调动人的一切器官参与学习活动，需要人的全部生命参与学习活动。正如叶澜所说的："人是完整的生命体，而不只是认知体。""任何一种活动，人都是以一个完整的生命体的方式参与和投入，而不是局部的、孤立的、某一方面的参与和投入。"①具体而言，知识的学习活动不仅是一种"心灵"的活动，也是一种身体体验活动，需要"以身体之，以心验之"。传统的知识教育对身体在获取知识方面的重要性漠然视之，不以为然。事实是，身体不仅是"人之为人"的一个基本维度，而且是我们所有人类活动的基本工具，是我们所有感知、行为及至思想的必需条件。美国的理查德·舒斯特曼（Richard Shusterman）极力倡导"通过身体思考"，以弥合身心的二元对立。他认为，身体体验在认知中有着重要的作用。"当知识被融入肌肉的记忆中并成为身体的体验的时候，它会变得更为强健。""智慧与美德如果没有丰富的、充分的身体体验——它们从中获取养料，并通过它们以具体的言语、行为和存在展示自己——就会是空洞的。"② 陶行知提出"解放儿童的创造

---

① 叶澜：《时代精神与新教育理想的建构》，《教育研究》1994 年第 10 期。
② ［美］理查德·舒斯特曼：《通过身体思考：人文学科的教育》，《学术月刊》2007 年第 10 期。

力"①，就是要解放儿童的头脑、双手、眼睛、嘴，使它们能思、能干、能看、能谈。陶行知所言的"六大解放"，其实就是要人全身心地参与学习过程。同样，掌握知识的过程也是知、情、意、行等"整全"的活动，需要"博学之，审问之，慎思之，明辨之，笃行之"，而绝非纯认知活动。总起来说，人存在的完整性决定了人获得文化知识的过程是一个完整的过程，是一个需要调动人的各种生命组织器官、各种生命能量参与的过程。也即是说，人的运动的、感受的、意识的、言语的、心理的、交际的等生理器官统统都要参与其中，也就是要千方百计地调动人的各种生理器官的生命力、活力、创造力、潜在力、天赋能力等一切力量来为自己服务。

人类大脑的两半球在机能上虽有差异，但这种区分并不是绝对的，而是相对的。应该说，大脑两半球在机能上是互补的，是可以代偿的，因而又是统一的。神经科学家发现，在某些精神状态下，如在沉思、进行高度创造性思维的时候，人脑两半球便进入一种和谐的、同步运作的状态。科学家把这一极高效率的思维状态称为"全大脑思维"。众所周知，爱因斯坦不仅是伟大的物理学家，而且是出色的小提琴手，他常常同量子论的创始人普朗克一起演奏贝多芬的作品。这类双栖或多栖天才在人类历史上不可胜数，如作为物理学家、数学家、工程师和画家的达·芬奇，既是化学家又是诗人的罗蒙诺索夫，还有奇诺贝尔、巴甫洛夫、张衡、华罗庚等。这是一种全身心参与、全人发展的学习理念。托宾·哈特（Tobin Hart）提出了"以心智为基础的教育"（mind-based education）。②所谓以心智为基础的教育就是把人视为一个整体，它要考虑人的感觉风格、认知风格、多元智能、强度区域、脑电波模式、关系风格、背景理解、文化背景、学习节奏等一系列因素。

---

① 陶行知：《陶行知全集》（第4卷），四川教育出版社1991年版，第539页。
② ［美］托宾·哈特：《从信息到转化：为了意识进展的教育》，彭正梅译，华东师范大学出版社2007年版，第25页。

　　最后，人的"完整性"需要"完整"的知识来培育。褊狭的知识不能培育精神丰满的人，人的完整性要求人成为"具有尽可能广泛需要的人"。从人的完整性出发，可将人的需要分为求真的需要、求善的需要和求美的需要。求真的需要解决人与之紧密相随的周遭世界何以如此的问题，求善的需要解决人的生存与发展理当如何的问题，求美的需要则解决二者如何统一的问题。求真的需要须用科学知识来满足，求善的需要须用道德知识来满足，而求美的需要则须用艺术来满足。理想的教育，就是以真、善、美的知识来武装人，造就人，培育人。卡西尔曾深刻地指出："科学在思想中给予我们以秩序；道德在行动中给予我们以秩序；艺术则在对可见、可触、可听的外观之把握中给予我们以秩序。"① 张世英认为，"万物一体"集真、善、美三位于一体。"万物一体"既是美，又是真，也是善：就一事物之真实面貌只有在"万物一体"之中，在无穷的普遍联系之中才能认识到（知）而言，它是真；就当前在场的事物只有通过想象而显现未出场的东西从而使人玩味无穷（情）而言，它是美；就"万物一体"使人有"民胞物与"的责任感与同类感（意）而言，它是善。② 人能体悟到"万物一体"，可谓"万物皆备于我"（孟子），"集大成而得智慧"（钱学森语），可谓是一个"完整的人"。总之，真、善、美的完整统一体现了一种教育理想。人是在这种教育理想的灿烂光辉照耀下走向整全的。也可以说，这种教育理想引领了人的完整发展。

　　人类赖以栖身的世界是整体的、复杂的和多面的，但人类对世界的认识往往又是局部的、简单的和某种视角的。人的完整性存在表明，我们只有用尽可能"多面性"的知识才能获得对世界、对自我存在的完整性认识。处身知识爆炸的时代，我们需要从思想深处警惕认识上的"片面性"和褊狭性，不能为"半个真理"或"局

---

①　[德] 恩斯特·卡西尔：《人论》，甘阳译，上海译文出版社2003年版，第265页。
②　张世英：《美与真善》，《学海》2000年第1期。

部真理"蒙蔽了双眼。或许，认识事物的单个方面是容易的，但是从总体上通观事物的全貌又是不容易的。所以，人的整体性存在或发展尤其需要那些整体性知识。

三　人的不确定性存在与知识教育

人还是一种不确定性的存在。人的不确定性首先表现在人体的组织器官和各项生理机能没有像动物那样被"特定化"。人与动物相较，动物只有自然赋予的"本能"，这只是一种固定化的能力，它不会超越遗传和自然赋予的能力范围；而人的身体器官、心智能力等却没有被"特定化"，它是一种朝向"可能性"的存在，是一种"潜能"。人的精神世界也是未特定化的，这种"未特定化"的赋性表面上显得"不完善""匮乏"，有较长的幼稚期，但正是这种"未特定化"使人成为"一个无限的或尚未实现的可能"，"一个未完成的存在者"①，一个迈向未来的存在者。人的存在不仅是一种现实性的存在，而且是一种趋向"可能性"的存在。"可能性"意味着生存和发展的某种不确定性。"可能性"意味着极大的可塑性，更好的适应性，发展的不确定性和高度的创造性。

其次，人的不确定还表现在，人能够不确定地用一切方式掌握事物，掌握事物的人的方式，就是非确定性的一切方式。② 动物的器官是特定化的，因而其活动方式也是特定化的。而人的器官没有为某种特定的目的而专门化，因而人掌握事物，从事活动的一大特点也就在于其不确定性。人掌握事物的不确定性说明，人不是事实上的"已是"，而是基于人的超越性的"应是"。人的本质不是一成不变的，而是未完成的，永远处在不断的生成过程之中。人在按照人的尺度追求价值，创造价值的过程中，也把人作为"人"的未

---

① ［意］巴蒂斯塔·莫迪恩：《哲学人类学》，李树琴、段素革译，黑龙江人民出版社 2005 年版，第 13、54 页。

② 夏甄陶：《人是什么》，商务印书馆 2000 年版，第 81 页。

来和潜能开发出来，从而超越、提升了自己，从而"成为一个人"。

作为一种不确定性的存在，人必须通过教育而"是其所应是"。人类在天性上的"未完成性""不确定性"使得人要生存和发展就必须经历一番自我完成、自我创造、自我确证的人生过程，因而也必须体现出超越于动物的生存方式和生命样态。教育正是使人"作为人而成为人"的活动。教育通过对文化知识的传承，完善了人自身，发掘了人的潜能，提升了人的生存本领，实现了对生命有限性的超越，教育成为人的"第二天性"。"对人来说，可能性永远高于现实性。而抓住了人的可能性，也就抓住了人的根本。因为教育面对的正是人的可能性。通过对人之可能性的引导，教育引出的是一个能够自我建构的人。"①

作为一种不确定性的存在，人掌握人类文化知识的方式也是不确定的、多样的、丰富的和富有创造性的。从智能类型和思维方式上说，人能根据不同的知识形态灵活运用多元智能和多种思维方式。既可以是逻辑的、语言的方式，也可以是艺术的、身体运动的方式。霍华德·加德纳认为："作为人类，我们具有表达意义的许多不同的方式，具有许多种智能。"② 他认为，人有多种智能，他提出了九种智能类型（语言的、逻辑—数学的、空间的、音乐的、身体运动的、人际认识的、自身认识的、自然的、存在的）。他认为，传统教育只强调语言和逻辑，忽视了心灵表达的其他方式——艺术的形式（音乐的）、运动的形式（身体的），人的（有关他人和自己的认识），有关自然的世界，有关重大问题的知识。所有这些智能的结构都需要启动。否则，学习仅仅是"半脑的学习"，教育仅仅是"半脑的（half-brained）教育"。从学习方式上看，人可以在做中学，在读中学，在交往交流、沟通对话中学，也可以在玩

---

① 王啸：《教育人学内涵探析》，《华东师范大学学报》（教育科学版）2006 年第 1 期。
② ［美］霍华德·加德纳：《未来的教育：教育的科学基础和价值基础》，《教育研究》2005 年第 2 期。

中学，在游戏中学；人可以在独立思考中学，也可以在教师指导下学，在与同伴互助、合作中学。从学习的时空形式上看，人可以不拘时空，在一切场合学，随时随地学。当前，在"互联网＋"时代，学习方式更是变得异乎寻常的多样化和个性化，各类搜索引擎、云平台、博客、论坛、MOOC、翻转课堂等形式应有尽有，各应其便。从知识类型角度看，不同的知识类型宜采用不同的学习方式。求真的知识需要探究，求善的知识需要践履，求美的知识则需要直觉体悟。陈述性知识需要记忆，程序性知识则需要操作。知识学习，既可以是"读万卷书"，更可以是"行万里路"。

总之，人的学习方式的多样性也体现出人的本性。人的未特定化没有规定人只能采取某一种特定的学习方式。人只有自觉地按照人之为人的本性去活动，去创造，去实现自己，用人的方式去掌握知识，改造自然，参与社会，才能真正解放自己，实现充分而自由全面的发展。

人的不确定性存在意味着人掌握知识的过程，同时也是一个充满创造性的过程。人并不是被动地吸纳既有的知识，人的不确定性说明，人总是在生生不息的创造活动中建构着自己的精神世界和"个人知识"。这种创造性的活力弥漫在人的智慧生命的每一个瞬间，充盈于人生的每一段历程，它"根植于人本身存在的结构之中"[1]，它是人内在的主观精神的生动体现。在文化人类学的视界，人的创造性和自由是同义语。[2] 人之所以是创造性的，就因为他是自由的。没有自由也就没有创造性，而缺乏创造性的人也就没有自由可谈。创造性就是指人能决定自己，而能决定自己就意味着人是自由的。因此，创造性的实质是人有天赋的自由。人的天赋自由、创造与人的存在的不确定性息息相通。

---

[1] ［德］M. 兰德曼：《哲学人类学》，阎嘉译，贵州人民出版社2006年版，第192页。
[2] 同上书，第176页。

四　人的超越性存在与知识教育

超越性是人之存在的又一个重要维度。人之存在，不仅仅是当下的、现实的存在，更为重要的是，还是一种超越性的存在。超越性是人的生命存在的重要特征。人的超越性表现为人有超脱自己现实处境的强烈冲动和努力。"人从不满足周围的现实，始终渴望打破他的——此时—此地如此存在的境界，不断追求超越环绕他的现实——其中也包括他自己的当下现实。"① 人总是不满足于自己当下的现实遭际，都有一种对理想生命存在形态的谋划，对理想人生的向往。人具有自我意识，因而人能自觉体认到自身存在的种种限制，人总是力求冲破这种限制，追求自我创造，自我发展。人就是在这种不断自我超越中成为人的。可以说，追求自我超越是人的本性。

人的超越性表明，知识教育的一个重要目标就在于发展人的自我超越意识和本性，培育人的自我超越精神和自我发展能力。知识教育要唤醒个体对人的超越本性的"自我意识"，激发起个体实现自我超越的内在驱动力。知识教育要使学生认识到，知识并不是规训人，束缚人，压抑人且外在于人的东西，而是人实现超越自己现实有限性的资源和营养。是人掌握知识，而不是人被动地接受知识。人掌握知识的方式离不开理解、记忆、反思、批判、质疑等心理意识过程。其中人对知识的反思、批判和质疑的意识和能力正是人在知识学习中实现自我超越的有效途径和手段。因此，知识教育要培育人的自我超越精神，离不开在知识学习中渗透对所学知识的反思、批判和质疑。一个在知识面前俯首帖耳、唯唯诺诺的人，只能是一个被知识奴役的人，是一个"单向度的人"。

人的超越性则表明，人并不是单纯地接受文化知识，同时也在

---

① ［德］马克斯·舍勒：《人在宇宙中的位置》，上海译文出版社 1989 年版，第 34 页。

不断超越既有知识，创造新知识。这既是一个传承过程，也是一个创造过程，是二者的辩证统一。教育就是"人类文化知识占有个人"和"个人创造文化知识"的完整统一过程。知识教育要在"接受"与"超越"之间保持必要的"张力"，让学生在接受知识和创造知识的过程中体现人的超越性。人的超越性与人的创造性是内在一致的。人的超越性的本质就体现在人的丰富的、无穷无尽的创造性之中。

知识教育中实现人的超越性，可以有多种多样的方式。注重直觉体悟、想象、幻想等是实现超越的重要方式和途径。当前，我们要重视想象在知识教育中的作用。想象是我们超越自身，拓展视界，走向无限的一种重要方式。在科学史上，许多惊人的发现是在无羁的想象中产生的。爱因斯坦说，在科学研究中，"想象比知识更重要"。知识教育如果缺乏了想象，知识就成为干巴巴的死的知识，它只能看到"在场"的东西，而无法引出和所学知识相关的"不在场"的东西，它只看到知识表征的"是什么"，而无法想到隐藏在知识背后无穷无尽的"为什么"。一个缺乏想象力的人，学到的充其量是一堆孤零零的、枯燥的知识，而无法体悟到知识的深层统一性，更无法让智慧充盈、点亮人生。

五　人的实践性存在与知识教育

在马克思主义哲学视界里，人也是一种实践性存在。人是在有目的地改造自然世界的过程中维持和实现自己的生存和发展的。实践是人能动地改造物质世界的对象性活动。实践活动一方面使人的本质力量对象化，创造出一个属人的现存世界，即主体客体化；另一方面，在主体客体化的过程中，对象、客体也不断向主体渗透、转化，即客体主体化的过程。主体的客体化和客体的主体化是实践活动的两个不可分割的方面，它们互为前提、相互依存，构成了人类实践活动的本质内容。人在实践活动中实现自由创造，并通过这种活动改造世界，实现其特殊的潜能。

马克思主义哲学认为，人既是自然存在物，同时又是社会存在物，但从根本上讲人是社会存在物，社会性是人之为人的根本属性。人是自然存在和社会存在、自然属性和社会属性的统一体，其统一的根据就在于人的社会实践。

人的社会实践形式是多种多样的，有生产实践、交往实践、教育实践等。人类教育活动也是一种很重要的社会实践。教育活动之所以是社会实践，是因为构成教育活动的诸要素在本质上也是实践的。人类教育活动以传递一定的文化知识来培育人，这一过程本身也是一个实践的过程。

人的实践性存在内在地需要人们以一种"实践性方式"掌握知识。以"实践性方式"掌握知识首先意味着掌握知识的根本目的在于实践运用。人总是不满足于当下的生存状况，而趋向于创造更美更好的对象世界。人又总是不断运用一定的文化知识去认识世界，改造现存世界的。知识作为一种观念性的力量参与实践活动。人们掌握知识的目的并不在于知识本身，而关键在于其应用。其次，以"实践性方式"掌握知识意味着人需要"在实践中"或"通过实践"来掌握知识，或者说，掌握知识的"实践性方式"即是"在实践中""通过实践"的方式。人们在实践中积累、生产了知识。知识也只有在不断认识世界，改造世界的实践活动中才能发挥其本真价值。一方面，人们通过运用知识，将自己的理想、思想、认识、能力、智慧等本质力量对象化，创造出属人的对象世界；另一方面，在运用知识的过程中，客观对象也对人的主体生命结构产生深刻影响，即是说，客体也在不断向主体渗透和转化，丰富和发展着主体的本质力量。可见，实践过程其实就是知识不断生成、转化、升华的过程。实践过程就是知识习得的过程。实践过程也是主体实现自我确证的过程。最后，实践又是检验人的认识及其知识运用成效的唯一标准。实践作为知识运用的"检验标准"是对人们掌握知识的目的、手段或工具的"效果反馈"。这样，"目的—手段—反馈"运行机制构成了人们以"实践性方式"掌握知识的完整过程。

人的实践性存在要求人们以"实践性方式"掌握知识，也必然要求人们以适宜的方式传授知识，进行知识教育。我国新一轮基础教育课程改革把培养学生的"实践能力"作为改革的重要目标，提出设置综合实践课程，这无疑具有重要的现实意义。我国基础教育课程设置一向偏重理论性知识的学习，对学生的实践能力、实际生活经验重视不够。综合实践课程紧密联系学生生活经验，体现学生对知识的综合运用。它以学生日常生活中的问题、感兴趣的课题、必备的能力为出发点，以研究性学习、社区服务和社会实践、信息技术教育、劳动与技术教育为主要内容，强调在探究中学习，在问题中学习，在实践中学习，强调学生在实践中获得积极情感和丰富经验，发展实践能力和对知识的综合运用与创新能力。从综合性课程实践来看，热情宣传理念有余，扎实实施仍显不足。如何完善综合性实践课程的开发和实施是未来基础教育课程改革的重要内容。

上文基于人的文化性、完整性、不确定性、超越性和实践性的存在特性探讨了相应的知识教育方式。我们看到，人的存在特性是多维的、丰富的。人的存在特性的丰富性、多样性和复杂性也体现了人的本质。人就是在多面的、丰富的存在中"是其所是"的。从本体论的角度认识人的存在特性的多样性，是合理把握知识教育方式的必要之路。

结　语

　　课程改革的理论基础是什么？这是 21 世纪伊始我国新一轮基础教育课程改革中颇有争议的问题。在新课改推进的过程中，课程政策的制定者、课改专家、教育研究者、课程教学实践者等从不同视角关注新课程改革，也根据他们对课改的认知而对其进行了多样化的理论阐释和建构，由此形成了对课程改革多样化的认知取向。从整体上看，课改专家们提出了很多具有"国际视野"的先进理念，但理论的驳杂和混乱也是明显的。课程改革的倡导者要求人们"概念重建""转变观念"，然而，实践中人们的观念似乎又"根深蒂固""难以转变"。其根源在于其理论基础不能让人信服。马克思曾说："理论只要说服人，就能掌握群众；而理论只要彻底，就能说服人。"[①]"所谓彻底，就是抓住事物的根本。"人们接受或拒绝某种理论，总是以能否被该种理论"说服"为前提的。能够说服人的理论自然会使人"心悦诚服""心服口服"，不能说服人的理论，难免歧见迭出，争讼不断。征诸课程改革的知识论基础问题，更是如此。在哲学领域，"认识论难题"本来就是哲学家们各执己见的论题，其折射到教育领域则更见其复杂性。可见，课程改革就要有一个明确、合理的理论基础或者说要对其理论基础进行完整、系统、充分的阐述。可以说，抓住课程改革知识观这一根本理论问

---

　　① 《马克思恩格斯选集》（第 1 卷），人民出版社 1995 年版，第 55 页。

题，是课程改革得以正确推进的前提和基础。

就课程改革的知识观而言，课程改革必须寻求那些经过充分辩护，经得起实践检验，符合实际需要的知识观作为其理论基础。不经过充分学理辩护或经不起实践检验的知识观往往会遭到改革反对者的究诘而使改革本身流产。因而课程改革必须对知识观有一个主动选择和批判的态度。正确合理的知识观与真正的教育是本然统一的。在追求真知的过程中，教育既受知识观的影响，知识观也引领和激发着人们对真知的寻求。可以说，符合时代知识状况、精神特征的知识观才能陶育具有时代精神气息的人，奠基于合理的知识观基础上的基础教育改革才是真正革故鼎新、破旧立新的改革。从目前人们所谈论的课程改革的知识观来看，真可谓五花八门。客观主义的、实用主义的、建构主义的、后现代主义的、马克思主义认识论的，凡此种种，不一而足。这种状况无疑给新课程改革造成了理论上的混乱和实践中的盲然。

前面我们已经辩证地分析了客观主义知识观、建构主义知识观、后现代主义知识观及其对基础教育课程改革的不同影响。我们发现，客观主义知识观、建构主义知识观和后现代主义知识观均非一无是处的理论"泡沫"，相反，其鲜明的时代性、针对性和一定的合理性对基础教育课程改革也具有多方面的启发价值。因此，我们完全不必对之加以盲目拒斥。我们完全可以以开放的、动态的、辩证的视野把握诸种知识观，对其存在特性加以充分甄别、借鉴、吸纳、批评甚或改造，以多样化的理论资源丰实、充实课程改革的理论之基。马克思主义实践论的一个重要的理论优点就是它不是教条，它从不盲目拒斥人类文明中的优秀成果和普世价值，相反，它总是在充分吸纳人类文明中一切优秀成分的基础上，在反映新的时代需要和时代精神特点以及总结新的实践成果的基础上，推动理论自身和实践走向新的境界。或许，正如实践论精髓所揭示的那样，实践是检验理论正确与否的唯一标准。一种知识观是不是合理的，是不是能推动教育的改革发展，教育实践才是唯一的试金石。

　　教育是以知识润泽人生命的活动。教育始终存在着一个如何正确看待知识的问题。知识观正是这一问题的具体表现和反映。知识观对教育观念和实践的影响具有本源性和根基性。课程改革选择什么样的知识观作为其理论基础，这不仅是一个理论问题，而且是一个复杂的实践问题。对这一问题的思考和探索，存在着多元视角。但是从教育学的视角和立场来看，对教育中人与知识的关系以及人在知识面前的"命运"的关切和审思，无疑具有学科价值的视角。既有的哲学知识论视角的研究，主要着眼于从知识观的"转型""转变""转向"的角度思考课程改革的因应策略，不论是从思维方式还是研究结论等方面都存在着较大的局限性。从教育学视角来看，人与知识之间存在着密不可分的联系，我们既不能离开人的生存与发展来谈论知识，也不可能离开人类已有的知识文化来空谈人的发展。亦即是说，对基础教育课程改革知识观问题的思考，既不是单纯的哲学认识论或知识论问题，也不是单纯的人学问题，而是人与知识相遇且相互涵育、滋养的教育学问题。当今时代是一个倡扬人的主体性、能动性、创造性的时代。立足时代特点和时代精神，思考人与知识的关系就是要思考人如何充分发挥在知识面前的主体性、能动性、创造性问题。

　　17世纪以来形成的客观主义知识观反映了人类求知的一种"理想"，它在一定的历史阶段起了巨大的发展人的作用，但是随着时代精神特征的转换，它又越来越显示出落后于时代的一面，其自身也面临着日益严峻的挑战。哲学知识论的进展、科学发展史以及相关学科研究表明，知识只具有相对客观性，其客观性是有限度的。从根本上来看，知识是开放的、动态发展的，具有历史性，而非永恒的真理。从教育学视角来看，客观主义知识观表征着一种"无人的知识观"，它使得教育中人与知识的关系成为占有与被占有的关系、再现与被发现的关系。知识成了与人无关的东西，也就失去了其涵育人、滋养人的功能和价值。在教育追求人的创造性的时代精神下，这种知识观正日渐显现出其局限性。

建构主义知识观发现了知识所蕴含的"主观性意义"，它认为，知识是认识主体运用已有的认知结构主动地建构认识对象的过程及其结果。因此，知识并不是对客观对象的准确再现，而是具有一定的解释性和文化境脉性的特点。这样，建构主义知识观否弃了客观主义"无人"的知识观，改变了人在知识面前的被动形象，从而为课程改革提供了可资借鉴、利用的理论资源。但是，建构主义知识观理论流派纷杂，在不同程度上也片面理解了知识的"主观性意义"，有意无意地夸大了人的能动性和创造性，夸大了知识建构的"社会性"，也容易导致"唯我论"，因而也带着其固有的局限性。在建构主义知识观的影响下，我国基础教育课程改革中也出现了一些问题，产生了一些"乱象"，引起了一些教育学者的反思。

后现代主义知识观从其提出、引进乃至在传播的过程中，都伴随着人们对之的质疑、批判以至否定的声音。这不仅因为其赖以产生的文化之根深植于西方文化的土壤中，也因为其主张的"激进性"，思想的"颠覆性"，思维的"极端性"确实令人心存疑虑。但是，我们也看到，后现代主义知识观以一种巨大的理论勇气，彻底解构了传统认识论的主观与客观、主体与客体等诸多二元对立的思维方式，以一种生成性、关系性的思维方式揭示了人类知识的不确定性、内在性等特点。或许，这正是后现代主义思想"魅力"之所在。同样，后现代主义知识观在否定、颠覆中也蕴含着某种"建构"的因子，也存在着多种"向度"。其建设性向度所体现出的整体有机论、全球伦理等思想与我国传统的某些思想观念不谋而合。由于这种思想的渊源，后现代主义的某些思想依然值得我们认真思考和汲取。尤其是在知识和人的关系上，知识成为"为我之物"，极大地张扬了人对知识的利用和反思、解构和批判，从而在一定程度上满足了人们变革现实的需要。

马克思主义实践论的知识观从根基上说是外来的思想，但因其在中国大地传布、接受的过程中，实质上也不断追求理论的彻底性、普遍性和中国本土实践、本土经验的结合，大量汲取了中国传统实践智慧和文化营养。事实上，当代的马克思主义哲学尤其是实践论哲学经学者们的不断阐释与发展，已不折不扣地成为"中国的"哲学，对本土的实践包括教育实践具有极为重要的思想理论引领作用。马克思主义哲学强调从实践出发理解对象，将实践作为知识创生的理论基石，认为实践是认识的基础，实践是认识的来源。同样，实践也是认识发展的动力，是检验认识真理性的标准。这种鲜明的实践范式对我们思考人类知识的整体状况，正确认识客观主义、建构主义、后现代主义知识观等依然具有无可替代的理论魅力。当前，由于哲学界对生存论的关注，马克思主义实践论的生存论意蕴被重新挖掘、阐释，实践不仅是现存世界得以存在的基础，而且是人的存在方式，是人的始源性的生存活动。人要在世界上存在，就要能在现实世界中生活。在生活中求知，在求知中生活。这样，人的生存就和现实生活、求知活动、实践过程融为一体了。马克思主义实践论的知识观的意蕴在于，以人的实践为依据去理解知识与人的生存和发展的内在联系性，为"人的解放"提供了重要的思想武器。

法国哲学家埃德加·莫兰认为，在人类如同在所有其他生物中一样，整体存在于各个部分内部：每个细胞都包含着一个多细胞机体的全部遗传信息。因此，如同一个全息照相的每个个别的点包含着它所代表的整体的全部信息一样，每个单独的细胞、每个单独的人以全息的方式包含着构成其部分的整体，同时该整体也构成其部分。① 从全息原则来看，任何一项单点深入的研究，虽然表面上避免了"面面俱到"，而实际上却整体地蕴含着所研究对象的全部信

---

① ［法］埃德加·莫兰：《复杂性理论与教育问题》，陈一壮译，北京大学出版社2004 年版，第 26 页。

息。我国基础教育课程改革的知识观研究也是这样。虽然这样的研究有可能使所研究的问题较为集中，但研究本身无可避免地带有综合性、广泛性和牵一发而动全身的性质，因而难免"挂一漏万"。基础教育课程改革是一项广涉政治、文化、制度等诸多因素的改革实践。用加拿大学者迈克尔·富兰（Michael Fullan）的话说，教育变革是极其复杂的过程。[①] 全息原则所揭示的系统部分和整体之间错综复杂的联系及相互作用的机制提醒我们，从部分出发最终还要回到整体，要落实到对整体的认识上。显然，本书只探讨了基础教育课程改革的知识观问题及其相应的知识教育问题，尚未涉及影响基础教育课程改革的诸多因素之间复杂多样的联系及其相互作用的机制，对课程研制者以及课程实施过程中的教师、学生等相关实践主体真实拥有的课程知识观缺乏实证了解，对我国本土存在的知识观与西方知识观之间的关系也缺乏深入阐述。这些问题都有待进一步的思考和探讨。

---

① ［加］迈克尔·富兰：《变革的力量——透视教育改革》，中央教育科学研究所、加拿大多伦多国际学院译，教育科学出版社 2000 年版，第 32 页。

参考文献

［法］埃德加·莫兰：《复杂性思想导论》，陈一壮译，华东师范大
学出版社 2008 年版。

［法］埃德加·莫兰：《复杂性理论与教育问题》，陈一壮译，北京
大学出版社 2004 年版。

［法］埃德加·莫兰：《复杂思想：自觉的科学》，陈一壮译，北京
大学出版社 2001 年版。

［美］爱因斯坦：《爱因斯坦论科学与教育》，商务印书馆 2016
年版。

［美］安·兰德：《客观主义认识论导论》，江怡、李广良、侯艳
译，华夏出版社 2007 年版。

［意］巴蒂斯塔·莫迪恩：《哲学人类学》，李树琴、段素革译，黑
龙江人民出版社 2005 年版

［英］巴恩斯：《科学知识与社会学理论》，鲁旭东译，东方出版社
2001 年版。

［巴西］保罗·弗莱雷：《被压迫者教育学》，顾建新等译，华东师
范大学出版社 2001 年版。

［美］保罗·费耶阿本德：《自由社会中的科学》，兰征译，上海译
文出版社 2005 年版。

［美］保罗·博格西昂：《对知识的恐惧：反相对主义和建构主
义》，刘鹏博译，译林出版社 2015 年版。

［美］布鲁纳：《教育过程》，邵瑞珍译，文化教育出版社 1982 年版。

［英］波普尔：《科学知识进化论》，生活·读书·新知三联书店
　　1987 年版。

北京大学哲学系外国哲学史教研室编译：《西方哲学原著选读》
　　（上册），商务印书馆 1982 年版。

陈嘉明：《现代性与后现代性十五讲》，北京大学出版社 2006 年版。

陈理宣：《知识教育论——基于多学科视域的知识观与知识教育理
　　论研究》，人民出版社 2011 年版。

陈洪澜：《知识分类与知识资源认识论》，人民出版社 2008 年版。

陈宴清、王南湜、李淑梅等：《现代唯物主义导论：马克思哲学的
　　实践论研究》，北京师范大学出版社 2017 年版。

丛立新：《课程论问题》，教育科学出版社 2000 年版。

［英］大卫·布鲁尔：《知识和社会意象》，艾彦译，东方出版社
　　2001 年版。

［美］大卫·格里芬编：《后现代科学——科学魅力的再现》，马季
　　方译，中央编译出版社 1995 年版。

［美］大卫·雷·格里芬：《后现代精神》，王成兵译，中央编译出
　　版社 1998 年版。

［加］大卫·杰弗里·史密斯：《全球化与后现代教育学》，郭洋生
　　译，教育科学出版社 2003 年版。

［美］道格拉斯·凯尔纳、斯蒂文·贝斯特：《后现代理论：批判
　　性的质疑》，张志斌译，中央编译出版社 1999 年版。

［美］戴维·哈维：《后现代的状况》，阎嘉译，商务印书馆 2003
　　年版。

［美］戴维·温伯格（David Weinberger）：《知识的边界》，山西人
　　民出版社 2014 年版。

［德］恩斯特·卡西尔：《人论》，甘阳译，上海译文出版社 2003
　　年版。

［美］恩斯特·冯·格拉塞斯菲尔德：《激进建构主义》，李其龙

译，北京师范大学出版社 2017 年版。

方明编：《陶行知教育名篇》，教育科学出版社 2005 年版。

冯俊：《后现代主义哲学讲演录》，商务印书馆 2003 年版。

冯契：《冯契文集》（第 1 卷），华东师范大学出版社 1996 年版。

冯建军：《生命与教育》，教育科学出版社 2004 年版。

［美］弗洛姆：《占有与存在——一个新型社会的心灵基础》，杨慧
　　译，国际文化出版公司 1989 年版。

高文、徐斌艳、吴刚：《建构主义教育研究》，教育科学出版社
　　2008 年版。

高清海：《哲学体系改革》，吉林人民出版社 1997 年版。

高清海：《哲学与主体自我意识：论马克思实践观点的思维方式》，
　　北京师范大学出版社 2017 年版。

葛兆光：《中国思想史》，复旦大学出版社 2004 年版。

顾明远主编：《教育大辞典》（第 1 卷），上海教育出版社 1990
　　年版。

顾明远主编：《中国教育大系·20 世纪中国教育》（三），湖北教育
　　出版社 2004 年版。

国际 21 世纪教育委员会：《教育——财富蕴藏其中》，联合国教科
　　文组织总部中文科译，教育科学出版社 1996 年版。

郭强：《现代知识社会学》，中国社会出版社 2000 年版。

郭晓明：《课程知识与个体精神自由——课程知识问题的哲学审
　　思》，教育科学出版社 2005 年版。

［德］哈贝马斯：《认识与兴趣》，郭官义、李黎译，学林出版社
　　1999 年版。

［德］赫尔巴特：《普通教育学·教育学讲授纲要》，李其龙译，浙
　　江教育出版社 2002 年版。

［英］赫·斯宾塞：《教育论——智育、德育和体育》，胡毅译，人
　　民教育出版社 1962 年版。

贺麟：《文化与人生》，商务印书馆 1988 年版。

[英] 怀特海：《教育的目的》，徐汝舟译，生活·读书·新知三联书店 2002 年版。

[美] 霍华德·加德纳：《多元智能》，沈致隆译，新华出版社 2004 年版。

洪汉鼎：《理解与解释——诠释学经典文选》，东方出版社 2001 年版。

季苹：《教什么知识——对教学的知识论基础的认识》，教育科学出版社 2009 年版。

金生鈜：《理解与教育——走向哲学解释学的教育哲学导论》，教育科学出版社 1997 年版。

[奥] 卡林·诺尔—塞蒂纳：《制造知识：建构主义与科学的与境性》，王善博译，东方出版社 2001 年版。

[英] 卡尔·波普尔：《客观知识——一个进化论的研究》，舒炜光等译，上海译文出版社 2005 年版。

[英] 卡尔·波普尔：《猜想与反驳——科学知识的增长》，傅季重等译，上海译文出版社 2005 年版。

课程教材研究所编：《20 世纪中国中小学课程标准·教学大纲汇编（课程计划卷）》，人民教育出版社 2001 年版。

[捷克] 夸美纽斯：《大教学论》，傅任敢译，人民教育出版社 1984 年版。

郝德永：《课程与文化：一个后现代的检视》，教育科学出版社 2002 年版。

洪成文：《现代教育知识论》，山西教育出版社 2001 年版。

胡德海：《教育学原理》，甘肃教育出版社 1998 年版。

胡德海：《教育理念的沉思与言说》，人民教育出版社 2005 年版。

胡德海：《教育学原理》，人民教育出版社 2013 年版。

胡军：《知识论》，北京大学出版社 2006 年版。

［德］胡塞尔：《欧洲科学的危机与超越论的现象学》，王炳文译，商务印书馆 2001 年版。

黄忏华：《西洋哲学史纲》，东方出版社 2007 年版。

黄济：《教育哲学通论》，山西教育出版社 2002 年版。

黄济、王策三：《现代教育论》，人民教育出版社 1996 年版。

［美］莱斯利·P. 斯特弗、杰里·盖尔主编：《教育中的建构主义》，高文、徐斌艳、程可拉等译，华东师范大学出版社 2002 年版。

［美］列奥·施特劳斯：《自然权利与历史》，彭钢译，生活·读书·新知三联书店 2006 年版。

联合国教科文组织国际教育发展委员会：《学会生存——教育世界的今天和明天》，华东师范大学比较教育研究所译，教育科学出版社 1996 年版。

梁启超：《五十年中国进化概论》，《梁启超全集》（第 14 卷），北京出版社 1999 年版。

梁启超：《说常识》，《梁启超全集》（第 7 卷），北京出版社 1999 年版。

［英］罗素：《西方哲学史》（上、下），马元德译，商务印书馆 1976 年版。

［英］罗素：《教育论》，靳建国译，东方出版社 1990 年版。

［英］罗素：《哲学问题》，何兆武译，商务印书馆 2004 年版。

［美］理查德·罗蒂：《哲学和自然之镜》，李幼蒸译，商务印书馆 2003 年版。

［美］路易斯·P. 波伊曼（Louis P. Pojman）：《知识论导论——我们能知道什么?》，洪汉鼎译，中国人民大学出版社 2008 年版。

鲁洁、吴康宁：《教育社会学》，人民教育出版社 1990 年版。

卢明森、鲍世行：《钱学森论大成智慧》，清华大学出版社 2014 年版。

吕静、周谷平编：《陈鹤琴教育论著选》，人民教育出版社 1994
　　年版。

刘放桐：《新编现代西方哲学》，人民出版社 2000 年版。

李召存：《课程知识论》，华东师范大学出版社 2009 年版。

毛泽东：《毛泽东选集》（第 3 卷），人民出版社 1991 年版。

［德］M. 兰德曼：《哲学人类学》，阎嘉译，贵州人民出版社 2006
　　年版。

［英］麦克·F. D. 扬（Michael F. D. Young）主编：《知识与控
　　制——教育社会学新探》，谢维和、朱旭东译，华东师范大学出
　　版社 2002 年版。

［英］麦克·扬：《未来的课程》，谢维和等译，华东师范大学出版
　　社 2003 年版。

［美］迈克尔·W. 阿普尔：《意识形态与课程》，华东师范大学出
　　版社 2002 年版。

［美］迈克尔·W. 阿普尔：《文化政治与教育》，阎光才等译，教
　　育科学出版社 2005 年版。

［美］阿普尔等：《国家与知识政治》，黄忠敬等译，华东师范大学
　　出版社 2007 年版。

［英］迈克尔·波兰尼：《个人知识——迈向后批判哲学》，许泽民
　　译，贵州人民出版社 2000 年版。

［加拿大］迈克尔·富兰：《变革的力量——透视教育改革》，中央
　　教育科学研究所、加拿大多伦多国际学院译，教育科学出版社
　　2000 年版。

［加拿大］迈克尔·富兰：《教育变革新意义》，赵中建、陈霞等
　　译，教育科学出版社 2005 年版。

［英］迈克尔·马尔凯：《科学与知识社会学》，林聚任等译，东方
　　出版社 2001 年版。

［德］马丁·布贝尔：《我与你》，陈维钢译，生活·读书·新知三

联书店 1986 年版。

《马克思恩格斯全集》(第 42 卷),人民出版社 1979 年版。

《马克思恩格斯选集》(第 1 卷),人民出版社 1995 年版。

《马克思恩格斯选集》(第 2 卷),人民出版社 1995 年版。

[美] 马斯洛:《人的潜能和价值》,林方等译,华夏出版社 1987
    年版。

[美] 米勒德·J. 艾利克森:《后现代主义的承诺与危险》,叶丽
    贤、苏欲晓译,北京大学出版社 2006 年版。

[法] 米歇尔·福柯:《知识考古学》,谢强、马月译,生活·读书
    ·新知三联书店 2007 年版。

[法] 米歇尔·福柯:《疯癫与文明:理性时代的疯癫史》,刘北
    成、杨远婴译,生活·读书·新知三联书店 2007 年版。

[法] 米歇尔·福柯:《规训与惩罚:监狱的诞生》,刘北成、杨远
    婴译,生活·读书·新知三联书店 2007 年版。

[法] 帕斯卡尔:《帕斯卡尔思想录》,何兆武译,天津人民出版社
    2007 年版。

潘洪建:《教学知识论》,甘肃教育出版社 2004 年版。

[英] 培根:《培根论说文集》,水天同译,商务印书馆 1983 年版。

[瑞士] 皮亚杰:《结构主义》,倪连生等译,商务印书馆 1984
    年版。

[瑞士] 皮亚杰:《发生认识论原理》,王宪钿译,商务印书馆 1997
    年版。

齐良骥:《康德的知识学》,商务印书馆 2000 年版。

[英] 齐格蒙·鲍曼:《后现代性及其缺憾》,郇建立、李静韬译,
    学林出版社 2002 年版。

曲跃厚:《过程哲学与建设性后现代主义》,中国社会科学出版社
    2017 年版。

瞿葆奎主编,陆亚松、李一平选编:《教育学文集·课程与教材》

（上册），人民教育出版社 1988 年版。

瞿葆奎主编，徐勋、施良方选编：《教育学文集·教学》（上册），
　　人民教育出版社 1988 年版。

瞿葆奎主编，施良方、唐晓杰选编：《教育学文集·智育》，人民
　　教育出版社 1993 年版。

［法］让—弗朗索瓦·利奥塔尔：《后现代状态：关于知识的报
　　告》，车槿山译，生活·读书·新知三联书店 1997 年版。

任平：《走向交往实践的唯物主义：马克思交往实践观的历史视域
　　与当代意义》，北京师范大学出版社 2017 年版。

［美］斯蒂芬·贝斯特、道格拉斯·科尔纳：《后现代转向》，陈刚
　　等译，南京大学出版社 2002 年版。

［美］斯蒂芬·J. 鲍尔：《教育改革——批判和后结构主义的视
　　角》，侯定凯译，华东师范大学出版社 2002 年版。

［美］苏珊·哈克：《理性地捍卫科学——在科学主义与犬儒主义
　　之间》，曾国屏、袁航等译，中国人民大学出版社 2008 年版。

［伊朗］S. 拉塞克、［罗马尼亚］G. 维迪努：《从现在到 2000 年教
　　育内容发展的全球展望》，马胜利、高毅等译，教育科学出版社
　　1996 年版。

石中英：《知识转型与教育改革》，教育科学出版社 2001 年版。

石中英：《教育哲学导论》，北京师范大学出版社 2004 年版。

施良方：《学习论——学习心理学的理论与原理》，人民教育出版社
　　1994 年版。

施良方：《课程理论——课程的基础、原理与问题》，教育科学出版
　　社 1996 年版。

宋哲民：《知识存在论纲要》，学林出版社 2013 年版。

孙培青：《中国教育史》，华东师范大学出版社 2000 年版。

孙正聿：《探索真善美》，吉林人民出版社 2007 年版。

［美］泰勒：《课程与教学的基本原理》，施良方译，人民教育出版

社 1994 年版。

陶行知:《陶行知全集》(第 1 卷),四川教育出版社 1991 年版。

陶行知:《陶行知全集》(第 4 卷),四川教育出版社 1991 年版。

涂艳国:《走向自由——教育与人的发展问题研究》,华中师范大学
　　出版社 1999 年版。

[美] 托马斯·库恩:《科学革命的结构》,金吾伦、胡新和译,北
　　京大学出版社 2003 年版。

[美] 托宾·哈特:《从信息到转化:为了意识进展的教育》,彭正
　　梅译,华东师范大学出版社 2007 年版。

[美] 威廉·F. 派纳等:《理解课程》,张华等译,教育科学出版
　　社 2003 年版。

王策三:《教学认识论》,北京师范大学出版社 2002 年版。

王坤庆:《教育哲学——一种哲学价值论视角的研究》,华中师范大
　　学出版社 2006 年版。

王治河:《后现代哲学思潮研究》,北京大学出版社 2006 年版。

[苏] 维果茨基:《维果茨基教育论著选》,余震球选译,人民教育
　　出版社 2005 年版。

吴国盛:《科学的历程》,北京大学出版社 2002 年版。

吴俊升:《教育哲学大纲》,商务印书馆 1935 年版。

吴刚:《知识演化与社会控制——中国教育知识史的比较社会学分
　　析》,教育科学出版社 2002 年版。

吴奇:《西方知识观的演变》,知识产权出版社 2005 年版。

[德] 沃尔夫冈·布列钦卡:《教育知识的哲学》,杨明全、宋时春
　　译,华东师范大学出版社 2006 年版。

[美] 小威廉姆·E. 多尔:《后现代课程观》,王红宇译,教育科
　　学出版社 2000 年版。

[美] 小威廉姆·E. 多尔:《后现代与复杂性教育学》,张光陆等
　　译,北京师范大学出版社 2016 年版。

［美］希拉里·普特南（Hilary Putnam）：《实在论的多副面孔》，冯艳译，中国人民大学出版社2005年版。

夏甄陶：《认识论引论》，人民出版社1986年版。

夏甄陶：《人是什么》，商务印书馆2000年版。

辛自强：《知识建构研究：从主义到实证》，教育科学出版社2006年版。

［德］雅斯贝尔斯：《什么是教育》，邹进译，生活·读书·新知三联书店1991年版。

叶澜：《"新基础教育"论——关于当代中国学校变革的探究与认识》，教育科学出版社2006年版。

［比］伊利亚·普利戈金：《确定性的终结——时间、混沌与新自然法则》，湛敏译，上海科技教育出版社1998年版。

［比］伊利亚·普利戈金、［法］伊·斯唐热：《从混沌到有序——人与自然的新对话》，曾庆宏、沈小峰译，上海世纪出版集团2005年版。

［美］伊曼努尔·沃勒斯坦：《知识的不确定性》，王昺译，山东大学出版社2006年版。

［美］约翰·杜威：《经验与自然》，傅统先译，商务印书馆1960年版。

［美］约翰·杜威：《我们怎样思维·经验与教育》，姜文闵译，人民教育出版社1991年版。

［美］约翰·杜威：《民主主义与教育》，王承绪译，人民教育出版社2001年版。

［美］杜威：《哲学的改造》，许崇清译，商务印书馆2004年版。

［美］约翰·杜威：《杜威教育名篇》，赵祥麟、王承绪编译，教育科学出版社2006年版。

［美］约翰·H.霍兰：《隐秩序——适应性造就复杂性》，周晓牧、韩晖译，上海科技教育出版社2000年版。

［美］约瑟夫·劳斯：《知识与权力——走向科学的政治哲学》，盛
　　晓明、邱慧、孟强译，北京大学出版社 2004 年版。

［美］约瑟夫·纳托利：《后现代性导论》，潘非、耿红等译，江苏
　　人民出版社 2004 年版。

于伟：《现代性与教育——后现代语境中教育观的现代性研究》，北
　　京师范大学出版社 2008 年版。

杨耕：《马克思主义哲学基础理论研究》，北京师范大学出版社
　　2013 年版。

张岱年：《张岱年全集》（第 1、2 卷），河北人民出版社 1996
　　年版。

张世英：《境界与文化——成人之道》，人民出版社 2007 年版。

张春兴：《教育的应为与难为》，世界图书出版公司 1993 年版。

张春兴：《教育心理学——三化取向的理论与实践》，浙江教育出版
　　社 1998 年版。

张楚廷：《课程与教学哲学》，人民教育出版社 2003 年版。

张楚廷：《教育哲学》，教育科学出版社 2006 年版。

赵光武：《后现代主义哲学述评》，西苑出版社 2000 年版。

赵中建编译：《教育的使命——面向二十一世纪的教育宣言和行动
　　纲领》，教育科学出版社 1996 年版。

钟启泉、崔允漷、张华：《为了中华民族的复兴 为了每位学生的发
　　展——〈基础教育课程改革纲要（试行）〉解读》，华东师范大
　　学出版社 2001 年版。

钟启泉、高文、赵中建：《多维视角下的教育理论与思潮》，教育
　　科学出版社 2004 年版。

钟启泉：《课程的逻辑》，华东师范大学出版社 2008 年版。

中央教育科学研究所比较教育研究室编：《简明国际教育百科全
　　书·人的发展》，教育科学出版社 1989 年版。

安维复：《社会建构主义评介》，《教学与研究》2003 年第 4 期。

安维复：《社会建构主义：后现代知识论的"终结"》，《哲学研究》
　　2005 年第 9 期。

蔡春：《个人知识：教育实现"转识成智"的关键》，《教育研究》
　　2006 年第 1 期。

陈嘉映：《常识与理论》，《南京大学学报》（哲学·人文科学·社
　　会科学）2007 年第 5 期。

陈嘉明：《"一"与"多"：现代与后现代的知识观》，《光明日报》
　　2007 年 5 月 15 日。

陈琦、张建伟：《建构主义与教学改革》，《教育研究与实验》1998
　　年第 3 期。

陈建翔：《量子教育学：一百年前"量子爆破"的现代回声》，《教
　　育研究》2003 年第 11 期。

陈建华：《论知识/权力关系及其对教育知识价值取向之影响》，
　　《比较教育研究》2006 年第 3 期。

陈曙光：《从知识论路向到生存论路向的范式转换——论马克思开
　　辟的人学路向》，《河南大学学报》（社会科学版）2008 年第
　　4 期。

楚江亭、郭德侠：《论自然科学知识的社会建构及其教育意义》，
　　《教育理论与实践》2002 年第 7 期。

崔绪治、浦根祥：《从知识社会学到科学知识社会学》，《教学与研
　　究》1997 年第 10 期。

［美］多尔：《后现代思想与后现代课程观》，王红宇译，《全球教
　　育展望》2001 年第 2 期。

高文：《维果茨基心理发展理论与社会建构主义》，《外国教育资
　　料》1999 年第 4 期。

高文：《建构主义研究的哲学与心理学基础》，《全球教育展望》
　　2001 年第 3 期。

高文：《教育中的若干建构主义范型》，《全球教育展望》2001 年第

10 期。

高文、任友群：《知识的生产与习得的社会学分析》，《华东师范大学学报》（教育科学版）2004 年第 2 期。

高伟：《教育回归生活世界问题的再追问》，《当代教育科学》2005年第 16 期。

郭元祥：《新课程背景下课程知识观的转向》，《全球教育展望》2005 年第 4 期。

[日] 厚东洋辅：《后现代化与全球化》，朱伟珏译，《社会科学》2007 年第 12 期。

胡德海：《论 20 世纪中国的教育改革》，《教育研究与实验》2003年第 1 期。

胡芳：《知识观转型与课程改革》，《课程·教材·教法》2003 年第5 期。

扈中平：《"人的全面发展"内涵新析》，《教育研究》2005 年第5 期。

[美] 霍华德·加德纳：《未来的教育：教育的科学基础和价值基础》，《教育研究》2005 年第 2 期。

黄济：《关于教育改革的几点思考》，《教育学报》2005 年第 1 期。

黄玉顺：《从认识论到意志论》，《北京理工大学学报》（社会科学版）2000 年第 1 期。

黄忠敬：《我们应当确立什么样的课程知识观?》，《南京师范大学学报》（社会科学版）2002 年第 6 期。

黄首晶：《素质教育长期难以实施的教育知识观反思》，《教育研究与实验》2006 年第 3 期。

黄首晶：《哲学"生活世界"知识观及对教育改革的启示》，《内蒙古社会科学》（汉文版）2007 年第 1 期。

黄首晶：《审视当前知识特征观研究：教育学的视角》，《内蒙古师范大学学报》（教育科学版）2007 年第 9 期。

江峰：《客观与主观：当代课程哲学的两种知识观评析》，《北京大学教育评论》2006 年第 4 期。

靳玉乐、张良：《高中课程改革的知识论检讨》，《课程·教材·教法》2016 年第 6 期。

姜勇、阎水金：《西方知识观的转变及其对当前课程改革的启示》，《比较教育研究》2004 年第 1 期。

靖国平、张丽萍：《论当代知识教育方式的变革》，《湖北大学学报》（哲学社会科学版）2003 年第 5 期。

J. 马什：《后现代主义对理性批判的悖论》，黄书进译，《国外社会科学》1990 年第 4 期。

李朝东：《现代教育观念的知识学反思》，《教育研究》2004 年第 2 期。

李醒民：《思想的迷误》，《自然辩证法通讯》1999 年第 2 期。

李醒民：《不必向后现代主义"臣服"》，《中华读书报》2005 年 3 月 16 日。

李文阁：《需要即人的本性——对马克思需要理论的解读》，《社会科学》1998 年第 5 期。

李文阁：《回归现实生活世界——现代哲学的基本趋向》，《教学与研究》2000 年第 1 期。

李文阁：《生活认识论：认识论之现代形象》，《南京社会科学》2001 年第 2 期。

李召存：《知识的意义性及其在教学中的实现》，《中国教育学刊》2006 年第 2 期。

李子建、宋萑：《建构主义：理论的反思》，《全球教育展望》2007 年第 4 期。

李爱铭：《中学实验课如何摆脱"纸上谈兵"》，《中国教育报》2008 年 1 月 29 日。

李三虎：《当代西方建构主义研究述评》，《国外社会科学》1997 年第 5 期。

李越：《认知取向的新知识观及其教育改革意义》，《陕西师范大学学报》（哲学社会科学版）2004 年第 2 期。

李志江：《走出后现代知识观》，《河北学刊》2002 年第 5 期。

林建成：《现代知识论对传统理性主义的超越》，《社会科学》1997 年第 6 期。

林建成：《建构主义科学观的新发展——科尔的实在论的建构主义》，《自然辩证法研究》2001 年第 2 期。

林默彪：《认识论问题域的现代转向》，《哲学研究》2005 年第 8 期。

廖哲勋：《构建新的知识观，深化课程改革》，《课程·教材·教法》2016 年第 6 期。

刘儒德：《建构主义：是耶？非耶？》，《中国电化教育》2004 年第 1 期。

刘和海、李少鹏、王琪：《"互联网＋"时代知识观的转变：从共建共享到共传共推》，《中国电化教育》2016 年第 12 期。

吕林海、高文：《走出建构主义思想之惑——从两个方面正确把握建构主义理论及其教育意蕴》，《电化教育研究》2007 年第 10 期。

鲁洁：《一个值得反思的教育信条：塑造知识人》，《教育研究》2004 年第 6 期。

卢风：《知识与智慧：现代文明中的二律背反》，《社会科学辑刊》2000 年第 3 期。

罗英豪：《建构主义理论研究综述》，《上海行政学院学报》2006 年第 5 期。

孟庆男：《论近代知识观》，《锦州师范学院学报》1999 年第 4 期。

孟建伟：《试析科学教育与人文教育分离的根源——从科学观与人文观的角度看》，《教育研究》2004 年第 1 期。

孟建伟：《从知识教育到文化教育——论教育观的转变》，《教育研究》2007 年第 1 期。

孟建伟：《教育与生命——关于教育的生命哲学的思考》，《教育研究》2007 年第 9 期。

［英］穆尔：《知识与课程》，钟启泉译，《外国教育资料》1995 年第 6 期。

聂荣鑫：《后现代知识观中的课程改革》，《全球教育展望》2003 年第 6 期。

潘新民、张薇薇：《必须走出后现代知识观——试论科学知识教育的作用与价值》，《教育学报》2006 年第 4 期。

潘庆玉：《知识之源与课程之流——试论知识观对课程观的影响》，《山东师范大学学报》（人文社会科学版）2003 年第 4 期。

潘洪建：《当代知识观及其对基础教育课程改革的启示》，《课程·教材·教法》2003 年第 8 期。

彭泽平：《我国新课程改革的价值转型及其知识论与人学根源》，《华东师范大学学报》（教育科学版）2005 年第 2 期。

［德］普朗克：《世界物理图景的一致》，《国外社会科学》1984 年第 6 期。

桑新民：《建构主义的历史、哲学、文化与教育解读》，《全球教育展望》2005 年第 4 期。

石中英、尚志远：《后现代知识状况与基础教育课程改革》，《教育探索》1999 年第 2 期。

石中英：《知识性质的转变与教育改革》，《清华大学教育研究》2001 年第 2 期。

石中英：《缄默知识与教学改革》，《北京师范大学学报》（人文社会科学版）2001 年第 3 期。

石中英：《本土知识与教育改革》，《教育研究》2001 年第 8 期。

盛晓明：《地方性知识的构造》，《哲学研究》2000 年第 12 期。

苏国勋：《社会学与社会建构论》，《国外社会科学》2002 年第 1 期。

孙喜亭：《基础教育的基础何在》（上、下），《教育理论与实践》 2001 年第 4、5 期。

孙喜亭：《再谈"基础教育的基础何在"》，《教育理论与实践》 2003 年第 8 期。

孙伟平：《价值与人》，《山东社会科学》2007 年第 6 期。

孙伟平：《主体认知结构及其对认识活动的影响》，《北方工业大学 学报》1995 年第 4 期。

孙振东：《学校知识的性质与基础教育改革的方向》，《教育学报》 2006 年第 2 期。

宋惠芳：《论皮亚杰认识建构理论的合理性》，《齐鲁学刊》1999 年 第 5 期。

唐德斌、王孝红：《基础教育课程改革中的建构主义理念》，《江西 社会科学》2004 年第 6 期。

唐松林：《建构主义对客观主义的检讨及其教学原则》，《外国教育 研究》2002 年第 1 期。

［荷兰］T. 布尔：《从本质现象学到解释学现象学》，《哲学译丛》 1991 年第 5 期。

田玉荣：《论休谟对康德关于两种对象思想的影响》，《北方论丛》 1996 年第 4 期。

王凤秋：《当代知识的变化与教育改革》，《教育研究》2000 年第 4 期。

王策三：《保证基础教育健康发展——关于由"应试教育"向素质 教育转轨提法的讨论》，《北京师范大学学报》（人文社会科学 版）2001 年第 5 期。

王策三：《认真对待"轻视知识"的教育思潮——再评由"应试教 育"向素质教育转轨提法的讨论》，《北京大学教育评论》2004

年第 3 期。

王虎学：《论"生存论转向"的哲学表征》，《集美大学学报》（哲学社会科学版）2008 年第 1 期。

王玲、周小虎：《后现代教育思想与中国基础教育改革》，《教育理论与实践》2006 年第 5 期。

王治河：《论后现代主义的三种形态》，《国外社会科学》1995 年第 1 期。

王治河：《中国的后现代化与第二次启蒙》，《马克思主义与现实》2007 年第 2 期。

王啸：《教育人学内涵探析》，《华东师范大学学报》（教育科学版）2006 年第 1 期。

吴国盛：《什么是科学》，《博览群书》2007 年第 10 期。

吴平：《知识批判观及其对基础教育改革的意义》，《当代教育科学》2008 年第 9 期。

夏正江：《论知识的性质与教学》，《华东师范大学学报》（教育科学版）2000 年第 2 期。

肖川：《知识观与教学》，《全球教育展望》2004 年第 11 期。

项贤明：《"生活世界"的教育与"科学世界"的教育》，《教育研究与实验》1999 年第 4 期。

薛晓阳：《知识社会的知识观——关于教育如何应对知识的讨论》，《教育研究》2001 年第 10 期。

阎亚军、周险峰：《知识的生存论意义及教学转型》，《湖南师范大学教育科学学报》2007 年第 3 期。

杨晓微：《近二十年我国基础教育课程研究的方法论探析》，《教育研究》2000 年第 3 期。

杨跃：《困惑与超越：知识观的嬗变与教育观的转换》，《江苏大学学报》（高教研究版）2002 年第 1 期。

叶澜：《试论我国基础教育改革深化的若干认识问题——为纪念

"三个面向"发表十周年而作》,《中国教育学刊》1993年第
6期。

叶澜:《时代精神与新教育理想的构建——关于我国基础教育改革
的跨世纪思考》,《教育研究》1994年第10期。

叶澜:《让课堂焕发出生命活力——论中小学教学改革的深化》,
《教育研究》1997年第9期。

叶澜:《"新基础教育"研究引发的若干思考》,《人民教育》2006
年第7期。

俞吾金:《从传统知识论到生存实践论》,《文史哲》2004年第
2期。

俞伟娟:《生存论知识观的教学意义》,《基础教育》2008年第
2期。

于伟:《教育观的现代性危机与新路径初探》,《教育研究》2005年
第3期。

于伟:《后现代科学观及其对科学教育观的消极影响》,《外国教育
资料》2005年第11期。

余文森:《国家级课程改革实验区教学改革调研报告》,《教育研
究》2003年第11期。

余文森:《新课程教学改革的成绩与问题反思》,《课程·教材·教
法》2005年第5期。

赵涛:《建构主义与世界》,《科学技术与辩证法》1998年第1期。

张华:《论课程选择的基本取向》,《外国教育资料》1999年第
5期。

张建伟、陈琦:《从认知主义到建构主义》,《北京师范大学学报》
(社会科学版)1996年第4期。

张建珍、许甜、大卫·兰伯特:《论麦克·扬的"强有力的知
识"》,《清华大学教育研究》2015年第6期。

张建珍、郭婧:《英国课程改革的"知识转向"》,《教育研究》

2017 年第 8 期。

张红霞:《建构主义对科学教育理论的贡献与局限》,《教育研究》
2003 年第 7 期。

钟启泉:《知识论研究与课程开发》,《外国教育资料》1996 年第
2 期。

钟启泉、有保华:《发霉的奶酪——〈认真对待"轻视知识"的教
育思潮〉读后感》,《全球教育展望》2004 年第 10 期。

钟启泉:《概念重建与我国课程创新——与〈认真对待"轻视知
识"的教育思潮〉作者商榷》,《北京大学教育评论》2005 年第
1 期。

钟启泉:《"学校知识"的特征:理论知识与体验知识——日本学
者安彦忠彦教授访谈》,《全球教育展望》2005 年第 6 期。

周志平:《重考知识的性质——一种教育学的视角》,《教育理论与
实践》2005 年第 10 期。

周志平:《教育学关于知识问题研究的方法论反思》,《教育理论与
实践》2006 年第 8 期。

周勇:《现代课程改革的知识重建思路与挑战》,《全球教育展望》
2004 年第 11 期。

周川:《教育中的唯科学与反科学》,《教育研究》2000 年第 2 期。

周艳:《从确定到不确定——传统知识教学的现代转向》,《高等教
育研究》2007 年第 9 期。

周燕:《从知识的外在意义到知识的内在意义——知识观转型对教
育的影响》,《全球教育展望》2005 年第 4 期。

郑毓信:《建构主义之慎思》,《开放教育研究》2004 年第 1 期。

D. Schon. *The Reflective Practitioner*: *How Professionals Think in Ac-
tion*. New York: Basic Books.

C. Kamii, J. K. Ewing. Basing Teaching on Piaget's Constructivis. "
Childhood Education, 1996, 72 (annual theme issue).

Leslie P. Steffe & Jerry Gale. *Constructivism in Education*. Lawrence Erl-
baum Associates, Inc. , 1995.

Lyotard, Jean-Francois. *The Postmodern Condition*. Minneapolis. University
of Minnesota Press, 1984.

N. Gough. "From Epistemology to Ecopolitics: Renewing a Paradigm for
Curriculum." *Journal of Curriculum Studies*, 1989. 21 (3).

R. J. Browhill. *Education and the Nature of Knowledge*. London & Can-
berra : Croom Helin, 1983.

R. McCormick, & C. Paechter (eds.). *Learning and Knowledge*. Lon-
don: The Open University, 1999.

S. Cole. *Making Science—Between Nature and Society*. The University of
Harvard Press, 1995.

Schefler. *Epistemology and Education*. in R. McCormick, & C . Paechter
(eds.). *Learning and Knowledge* . London: The Open University, 1999.

David C. Stove. *Against the Idols of the Age*. Edited by Roger Kim-
ball. New Brunswick, N. J. : Transaction Publishers, 1999.

Von Glasersfeld E. *Construction of Knowledge* . London: Inter Systems
Publications, 1987.

E. Von Glasersfeld. "The Reluctance to Change a Way of Thinking." *I-
rish Journal of Psychology*, 1988.

W. Boyd. & E. J. King. *The History of Western Education*. London: Ad-
am & Charles Black, 1972.

后　记

本书是在我的博士学位论文基础上修改完善而成的。

在 21 世纪伊始启动的我国新一轮基础教育课程改革中，知识教育、知识观乃至课程改革的认识论基础等都是引发争论的热点问题。近年来，随着人们在理论上的深度反思和实践中的自觉纠偏，对这些问题的研讨渐趋沉寂了。然而，这种状况并不意味着这些问题已经得到透彻的理论阐释和实践解决了。事实上，这些问题作为课程改革的核心问题，依然有深入研究的必要。在攻读博士学位期间，我仗着自己有过基础教育一线工作的经历和经验，自认为对基础教育的实践状况还算熟悉，也因为在此前攻读硕士学位期间，正赶上新课程改革在神州大地如火如荼地展开，我亲耳聆听了不少知名课改专家的报告，目睹了新课改以来基础教育课堂教学中所发生的种种变化，也研读了不少有关课改理论争鸣的论文，由是渐渐萌生了研究基础教育新课程改革基本理论问题的冲动。其中，知识观问题便是这一冲动的结果。现在想来，一方面，我暗自感佩当年选此问题的学术勇气；另一方面，我也深为自己的无知无畏而赧颜。因为这一问题的综合性、跨学科性、复杂性需要研究者具有多学科的理论素养，尤其需要较为厚实的哲学理论素养，同时，也需要研究者对我国基础教育的现状有深切的了解和把握。这些条件对我而言，都是短板！这几年来，因实际工作的需要，我的研究兴趣也有所转移，主要集中于语文课程与教学论领域。也因此，论文答辩结束虽已多年，这一问题也时时萦绕于心，我曾间或拿出论文加以修改和完善，但整体上都没有获得实质性的进展和根本性的改观。但不能不说，这个问题是启开我学术研究的"众妙之门"，是我学术研究的一个重要"据点"，也将是我今后持续关注和思索的一个重要问题域。现在，经过多次的增删、修正之后，我将论文作为对这一问题的一点阶段性思考予以出版，不当和谬误之处尚多，祈请学界同仁赐教和批评！

论文从最初撰写到现在出版，都得到了著名教育学家胡德海先生的悉心指导。2006 年，我有幸忝列先生门墙，得以亲炙先生的学问魅力和人格风范，渐开茅塞，稍去愚陋。在论文撰写过程中，先生曾多次提点："知识观问题从根本上说是一个哲学问题，需要从哲学上去思考和解决。"先生的起弱扶羸之言，直击我的软肋，鞭策我知难而进，也成为本研究的指导纲领。可以说，十多年来，我在教育学原理专业方面能有所精进，端赖先生的精心栽培、扶持和陶冶。值本书出版之际，先生以九十高龄欣然赐序，奖掖后学，此情诚可铭感。

感谢靳健先生对本研究的关注和指导。在论文初稿完成之后，我请先生提些修改意见，先生不辞烦劳，利用过年休息时间，审阅了全文，并提示我要在研究结论的合理性方面细加斟酌。在此，谨表达我最诚挚的谢意和敬意。

在论文出版之际，按照学院的要求，我又请浙江师范大学金生鈜教授审阅把关，并提出修改建议。金教授在百忙之中欣然应允，并以精深的教育哲学造诣对论文提出了诸多剀切、中肯的建议，让后学思虑为之一开，信心为之一振。谨对金教授的智识和慧心表示由衷的感谢！

感谢西北师范大学万明钢副校长、教育学院赵明仁院长、李泽林副院长对本书出版的大力扶持与提携。

感谢家人的无私付出和默默支持。亲人、亲情永远是我砥砺前行的最强有力的后盾和精神支柱。

　　本书引用了国内外大量相关研究成果，谨向所有参考文献的著作者致以诚挚的谢忱！

张永祥

2017 年 6 月 5 日